高等教育心理学发展研究

王海云　柯永斌 ◎ 著

吉林出版集团股份有限公司

图书在版编目（CIP）数据

高等教育心理学发展研究 / 王海云，柯永斌著. —

长春：吉林出版集团股份有限公司，2022.10

ISBN 978-7-5731-2484-5

Ⅰ．①高… Ⅱ．①王… ②柯… Ⅲ．①高等教育学—

教育心理学—研究 Ⅳ．① G44

中国版本图书馆 CIP 数据核字 (2022) 第 190097 号

高等教育心理学发展研究

著　者	王海云　柯永斌
责任编辑	陈瑞瑞
封面设计	林　吉
开　本	787mm×1092mm　　1/16
字　数	240 千
印　张	11
版　次	2022 年 10 月第 1 版
印　次	2022 年 10 月第 1 次印刷
出版发行	吉林出版集团股份有限公司
电　话	总编办：010-63109269
	发行部：010-63109269
印　刷	廊坊市广阳区九洲印刷厂

ISBN 978-7-5731-2484-5　　　　　　　　　定价：68.00 元

目 录

第一章 高等教育心理学概述

第一节 心理学概述

研究对象问题，是每一门学科都会首要面临的，也是最基本的问题。正是因为研究对象的独特性，才使一门学科与其他学科区别开来，从而成为一门独立的学科。本节主要论述心理学的一般基础知识，如普通心理学的研究对象、人们的心理现象系统以及对心理现象的基本认识等。

一、心理学的含义

（一）心理学的概念

"心理学"（psychology）一词是希腊文 psyche 和 logos 两词演变合成而来。psyche 意指"灵魂"，logos 意指"知识"或"论述"等，合在一起就指研究人类灵魂的学问。"心理学"一词最早出现在 16 世纪。菲力普·梅兰奥逊（P.Melanchthon，1497—1560）在其《论灵魂》一书首创"心理学"这个词，后来鲁道夫·高克莱尼斯（R.Goclenius，1574—1628）最早使用拉丁文"心理学"（psychologia）作为其著作的名称。真正使得"心理学"一词流传起来的还是克利斯提安·沃尔夫（C.Wof，1679—1754），在他出版的《经验心理学》和《理性心理学》两部著作中首次使用德语来表述"心理学"（psychologie）一词。再后来，鲁斯齐（F.Rausch，1806—1841）首先使用英语"心理学"（psychology）一词。

从古代哲学心理学过渡到现代科学心理学极其的漫长时间内，心理学的定义有过多次的变化。如心理学是研究灵魂之学；心理学是研究心灵之学；心理学是研究意识的科学；心理学是研究行为的科学。到 20 世纪 60 年代，心理学被定义为研究行为与心理的科学。最近，还有人将心理学定义为研究人性的科学。1989 年第二版的《牛津英语词典》将心理学定义为"关于人类心理的本性、功能和现象的科学"。1999 年修订版的《现代汉语词典》将心理学定义为"研究心理现象客观规律的科学"。综上所述，心理学是研究人的心理现象及其规律的科学。

（二）心理学的研究对象

每门学科都有自己的研究领域和对象，心理学的研究对象就是心理现象及其特定规律。

心理现象与物理现象、化学现象不同，心理现象是生命物质发展到一定阶段时产生的。人有心理现象，这是众所周知的。恩格斯曾被赞誉之为"地球上的最美的花朵"。人的心理现象就是指，通常所说的人的心理活动经常表现出来的各种形式、形态或状态，如感觉、知觉、想象、思维、记忆、情感、意志、气质、性格等。这些心理现象或心理活动并不是杂乱无章的。从系统论的观点来看，人的心理现象是一个多层次相关联的复杂的大系统。从心理活动的动态变化过程、相对持续状态和比较稳定特征这三个维度来看，又可以把人的心理活动分为心理过程、心理状态和个性心理三个方面或三个子系统。三个子系统下还分别有许多附属系统。

1. 心理过程

心理过程是指，在人的认识、情感、意志行动方面表现出来的那些心理活动，它们经常处于动态变化的过程中。当人们集中注意观察当前的事物时，就会产生感觉和知觉这样的心理活动；感觉和知觉则是人脑对直接作用于感觉器官的各种事物个别属性和一般意义的认知。当人们在感觉和知觉的基础上进一步思考着什么时，即产生了思维活动；思维是人脑对客观事物的一种间接的和概括的反映，以进一步获得事物本质属性和内在联系的认知。当感知过的事物已不在眼前时，在人脑中还会再次浮现该事物的形象，心理学称为表象。而表象在人脑中再加工改造的过程，即产生着想象活动；想象乃是人的形象思维和创新事物的一种特有的心理现象。此外还必须看到，感觉、知觉、表象、思维和想象等这些心理活动是一个连续的过程，而对构成这个连续过程起重要作用的一种心理条件，就是人对之前历过的各种事物大多会以某种痕迹铭记在头脑中，并在一定条件下通过一定方式回想起来，且继续参与到各种心理活动中去。这种现象我们称之为记忆。记忆是人对过去经验的反映，它也是人类极其重要的一种心理现象。以上所描述的各种心理现象，总而言之，就是人们经常表现出来的，对客观事物和对象在认识方面的心理活动。

2. 个性心理

个性心理就是指，一个人在心理过程的发展和进程中，经常表现出来的那些比较稳定的心理倾向和心理特点。在复杂的现实生活中，由于人的环境和教育的差异，以及自身各种因素的不同，人们在形成需要、动机、兴趣、信念、理想和价值观等方面，总会有这样或那样的个别差异。人们在能力、气质和性格等方面所表现出来的这些差异，心理学统称为个性心理特点。个性倾向性和个性心理特点有机地、综合地体现在一个人的身上，也就构成了一个人完整的个性心理，或简称个性。个性心理是人的心理现象的另一个重要方面，也是普通心理学研究对象的一个重要组成部分之一。

3. 心理状态

在心理活动的进程中，或从心理过程到个性心理特点形成的过渡阶段，常常会出现一种相对持续的状态。这类心理现象，我们称之为心理状态。例如，伴随着心理过程的注意状态；在创造性思维过程中出现的灵感状态；在情绪过程中出现的心境状态、激情状态；在意志过程中表现出来的信心、决心和犹豫状态；等等。这些心理状态，只是在心理活动的进程中，在一定的时限出现的某种相对持续的状态，它既不像心理过程那样动态、变化，也不同于个性心理特点那样持久、稳定。

二、心理学的任务

（一）描述

描述即对心理事实用科学语言予以叙述，以便人们认识它；只说明事实的真相，不探究问题发生的原因。科学不同于艺术描述，它强调确定性、精确性。因此，心理学的描述不仅借助于语言文字，而且借助于数字、公式、图示等。例如，以一份标准化智力测验测量一群小学生，就可以计算出每一名学生的智商，再根据以此在叙述每一名学生的智力在这个集体中所占的地位。正是由于有了科学的描述，人们对心理现象的认识才不再感到无从下手。

（二）解释

解释是对个体行为做进一步分析，探索产生该行为的可能原因。人的心理的产生、发展和变化，包括某种特定性格的形成和改变，都必定依存于一定的条件。找出这些依存条件及其内在的关系和联系，才能够对心理现象的所以然给予科学的解释。例如，假设有统计资料显示，每年5月、6月间，高三年级学生患病的人数，比其他月份高出许多。研究者在分析这个问题的原因时，可能解释为与高考压力有关。一般来说，生理特点、年龄因素、个人经历、生活方式和环境影响等，都可能成为解释心理其重要的依据。当然，具体成因则因人而异。个体内在的心理历程不容易被直接观察，如何依据个体外在行为来判断其内在的心理现象，确实相当困难。所幸的是，近年来有些心理学者，已设计出一些精密的方法，使他们对个体的内在心理历程，能做出科学的解释。

（三）预测

预测是根据现有的资料，估计将来某一事件发生的可能性。心理学不是算命学，但心理学能够运用科学分析手段，在一定程度上预知个体心理和群体心理的发展趋势、表现特点等。这并不神秘，因为心理活动也罢，心理特征也罢，都依条件而发生和变化，掌握了这种关系，就可能预测未来。例如，我们根据青少年心理的发展规律，就能预测青少年今后会表现出某种行为和呈现某种心理特点。心理学的理论不但具有解释行为的功能，同时具有预测行为的功能。

（四）控制

研究心理是为了有效地调控人的心理，使之利于社会、群体和个人的健全发展，这是心理学的根本任务。心理学要做的工作，就是通过控制影响心理的因素来控制心理；减少心理因素的消极影响，增强心理素质的积极影响。例如，人类的心理疾病是可以有效避免的，加强心理健康教育，将有助于控制心理疾病的发生。其中，控制影响心理的因素尤其重要。影响心理的因素既有环境的，也有机体的，而一个人业已形成的心理（个性特点、心理状态等），也是影响当前心理的一个因素。因此，心理学是联系环境因素、机体因素和业已形成的心理因素来研究心理的有效控制。

（五）提升

心理学研究的主要对象是人，许多心理学家从事心理学的应用研究，其主要目的是为了提高人类的生活品质。将心理学的研究成果，应用到生活的各个层面，或直接利用心理学基础研究所发现的理论，提出改善生活品质的建议，成为目前许多心理学家所努力的方向。例如，工程心理学是探讨人类日常生活和工作中的人与工具、设备、机器及周遭环境之间交互作用的关系，以及如何去设计那些会直接或间接影响到人的事物及环境。它的目的是使工程技术设计与人的身心特点相匹配，从而提高系统效率、保障人机安全，并使人在系统中能够有效而舒适地工作。也就是要去改善那些人们使用的器物与其所处的周围环境，使人与人本身的能力、本能极限和需求之间能有更好的配合。其根本目的就是为了提升人类的生活品质和生活质量。

三、心理学的内容

因为心理学的研究对象是丰富复杂的心理现象及心理活动，这就决定了心理学的研究内容不可能简约单纯。随着心理学发展和社会生活的变迁，心理学研究的内容也越来越多。越来越广泛，其中八个方面的课题尤为突出。

（一）行为与心理的生物基础

此课题是由身心关系演变而来。目前的研究重点在于探讨神经系统、内分泌系统、个体生命起源及遗传机制等，从而了解心理与行为和生理功能的关系。

（二）感觉、知觉与意识

此课题是对身心关系问题的进一步探讨，并借助于现代化的科学方法与工具，研究个体如何经感官获得感觉，进而对其周围环境有了初步了解与认识。

（三）学习、记忆与思维

此课题是由知识来源问题演变而来。其目的在于探讨个体对外在信息如何学习、记忆、思维，如何从中学到知识、解决问题。

（四）生命全程的身心发展

此课题是由天性与教养问题演变而来。其目的在于探讨自生命开始后，个体在身体、行为、心理三方面随年龄增长而变化的过程，并研究在发展过程的一切身心变化与遗传和环境因素的关系。

（五）动机与情绪

此课题是由自由意志决定论问题演变而来。其目的在于研究个体行为发生的原因，探讨个体行为的自主性与选择性，从而解答个体在决定其行为表现时是处于被动还是自动的问题。

（六）个别差异

此课题是由心理正常与变异问题演变而来。其目的在于探讨个体的共性之外个别差异的问题。心理学研究个别差异主要集中体现在两个方面：能力差异与性格差异。研究个别差异的目的，除了探讨形成差异的原因之外，且兼有为学校因材施教与为社会通才通用的目的。

（七）社会心理

此课题是由个人与团体问题演变而来。其目的是为了探讨社会生活中个人与团体间如何彼此影响，并借此来发现维护社会互动的原则规范，从而促进人际关系的和谐。

（八）心理异常与心理治疗

此课题是由心理正常与变异问题演变而来。其目的在于探讨心理异常的原因与症状，进而实施心理治疗，借以维护心理健康。

四、心理学的发展

（一）西方心理学的发展

早在两千多年前，古希腊的哲学家、思想家就已有丰富的心理学思想散见于他们的论著之中。古希腊的德谟克利特（Democritos）用原子论解释心理现象，认为感觉是原子从物体表面发射出来并与感觉器官接触的结果。柏拉图（Plato）关于人性的思考引出了人的行为的三个来源：欲望、情绪和知识，并提出了灵魂先于身体且独立于身体的身心观。亚里士多德（Aristotle）写的《灵魂论》一书，则是世界上最早关于人类心理方面的专著。自那时起，直至19世纪中叶，在西方有许多学者论及心理学问题，其中不乏真知灼见，但心理学在这漫长的岁月中至始至终隶属于哲学范畴而无独立的地位。

19世纪中叶以后，由于自然科学的迅猛发展，为心理学成为独立的科学创造了充足的条件。尤其是德国感官神经生理学的发展，为心理学成为独立的科学起了较为直接的促进作用。20世纪初，冯特第一次提出了心理学的体系。但在当时的特殊条件下，心理学形成一个完成体系的条件并不成熟，因此很快就受到了挑战。许多新学派，如行为主义学派、格式塔学派、精神分析学派等纷纷出现，并形成了十分激烈的学术之争。他们都以为自己发现了心理学的全部真理，但事实是在各自做出独特发现的同时，也暴露了各自的片面性。随着争论的深入和科学事实的积累，心理学家们认识到，试图用一个心理学派别的成果去建立完整的心理学知识体系，是经不起考验的，即使建立了理论体系，也难免有偏差。因此，最近二三十年来，流派纷争不息的历史已经结束，各流派的心理学出现了相互融合的趋势。从总体上看，国外的现代心理学可以分为两大阵营——机械主义阵营和人本主义阵营。前者把实验方法作为普遍接受的方法，把人看成被动的机体；后者的工作联系到人的社会性，强调人的能动作用，用调查、观察以及实验的方法来建立自己的理论体系。这里的所谓阵营，并不意味着对抗。由于现代心理学的历史尚短，它所研究的对象是比物性复杂得多的人性问题，因此现代心理学需要所有学派参与工作。缺少任何一种理论观点和探索方法，都会使心理学的科学体系的整体有所逊色，这是现代心理学家的主导观点。纷争结束之后，从科学研究的角度来看，现代心理学的研究形成了三个基本的特点：第一，着重揭示心理和行为的规律，进而对心理和行为的发生、发展进行预测；第二，特别重视人的高级心理过程和社会行为的研究；第三，广泛吸收临近学科的研究成果，参与交叉学科的攻关研究。

心理学的发展与经济和科学技术的发展水平密切相关。美国经济和科学技术在世界上最发达，心理学的发展也最好。在美国，心理科学已与物理化学科学、数学科学、环境科学、技术科学、生命科学、社会经济学一起并列为科学的七大部类。美国心理学家的人数占世界心理学家人数的一半，国内有 5 万 ~ 6 万心理学博士。美国心理学会下属的分会（相当于我国的专业委员会）已经发展到 50 个，其中包括临床心理、康复心理、军事心理、传播媒介心理、妇女心理、宗教心理、成瘾行为心理、人口和环境心理、成人发展和老年心理等专门分会。前苏联也是一个心理学比较发达的国家，其教育心理学、工程心理学、神经心理学、社会心理学以及以心理学为主体的人学都有国际性的影响。

（二）中国心理学的发展

与西方不同，中国古代没有心理学的专著，但有极其丰富的心理学思想。这些思想散见在许多哲学家、思想家和教育家的著作中。在中国先秦时代，儒家、道家、法家等各学派著名思想家都讨论过天人关系、人兽关系、身心关系、人性的本质和发展以及知行关系等，提出过一些重要的心理学思想。例如，春秋时期的孔子提出："知之者不如好之者，好之者不如乐之者"（《论语·雍也》）、"学而时习之，不亦乐乎"（《论语·学而》）以及因材施教等诸多观点，其中已经蕴含现代心理学中的兴趣、记忆和个性差异等问题。战国时期的荀况关于"形具而神生，好恶、喜怒、哀乐臧焉"（《荀子·天论》）之说，阐明了先有身体而后有心理、心理依附于身体的身心观。

中国是世界公认的心理学发源地之一，但科学形态的心理学却是形成于西方。中国心理学的形成与发展，与西方心理学的传播有着特别密切的关系。1889 年颜永京翻译出版了《心灵哲学》。1907 年，王国维翻译出版了《心理学概论》。在清末出版的近 40 种心理学书籍中大部分是译著。从 1917 年开始，是中国科学形态的心理学的创建时期。这一年，国内第一个心理实验在北京大学建立。1918 年，国内第一本大学心理学教本《心理学大纲》（陈大齐著）由商务印书馆出版。1920 年，国内第一个心理学系在南京高师成立。1921 年，中华心理学会在南京成立。此后，现代心理学的许多理论流派开始通过归国的中国学者介绍到中国来，心理学工作者在发展心理研究、教育心理研究、生理心理研究、心理测验研究等诸多领域都取得了成绩。但由于国难当头，从 1937 年起直至 1949 年新中国成立，心理学的发展处于低落时期。

1958 年和其后的 10 年"文革"，中国心理学事业的发展遭受了严重的挫折，但是近 20 多年来，心理学走上了健康的发展道路，并取得了长足的进步。中国科学院心理研究所参与了国家攻关项目的研究，并做出了贡献。1999 年国家科技部确定增加心理学作为 18 个需要优先发展的基础学科之一。2000 年国务院学位委员会将心理学确定为一级学科，北京师范大学成立了我国第一个由学校直接领导和管理的心理学院。2002 年中国科学院心理研究所被确定为进入国家知识创新试点工作的基地性的研究所，中国科学院将持续加大对心理研究所的基础和重要问题的研究投入以及对基地建设的投入。中国心理学在国际心理学界获得了较高的地位。通过老一辈心理学家 20 多年的努力，我国心理学在国际心理学界的影响显著提高。中国心理学会在中国科协的领导下工作不断进步，现在已经发展到了 19 个专业委员会和工作委员会，涵盖了心理学的主要领域。

全国性的心理学刊物已有近 20 种，其中包括《心理学报》《心理科学》《心理科学进展》《心理与行为研究》《心理学探新》《应用心理学》《心理发展与教育》《中国心理卫生杂志》《中国临床心理学杂志》《社会心理研究》《中小学心理健康教育》《四川心理科学》《心理与健康》和《大众心理学》等。直至 2004 年，在我国的高等院校已经拥有大约百个心理学系（所），如北京大学、华东师范大学、南京师范大学、华中师范大学、华南师范大学、中山大学、陕西师范大学、首都师范大学等；甚至已有一批高校成立了心理学院，如北京师范大学、西南大学、浙江大学等，全国心理学专业每年招生超过 1000 人。全国可以培养博士生的单位有 12 个，可以培养硕士生的单位有 27 个，每年招收研究生 500 多人。此外，心理学家们还出版了大量的颇有影响的心理学专著、译著。中国的社会主义现代化事业，给中国的现代心理学的发展提供了强大的动力。在 20 多年的发展过程中，我国心理学在基础与应用研究方面都取得了可喜的成就，某些领域的研究达到国际水平。2004 年 8 月第 28 届国际心理学大会在北京的胜利召开，这就标志着中国心理学的学术地位在国际心理学界得到认可，也预示中国心理学的发展进入高速发展的时期。

（三）现代心理学的发展趋势

辩证唯物观告诉我们，任何事物都是运动变化的，每一门科学或学科的发展也是一种事物的运动变化。事物发展虽然复杂多样，但仍有其规律性，预示着一定的趋势和方向。代表着现代心理学发展的主要理论取向是认知心理学和人本主义心理学，除此之外，心理学还在各个层面的发展上呈现出不同的趋势。

1. 心理学的综合化趋势

科学由综合走向分化又上升到新的融合趋势，这是科学发展的总趋势。现代心理学研究的各种主要理论取向都有其合理的因素和局限，它们都只从某一个层次和侧面对心理现象进行了有益探索，使人们可以从不同的视角去理解人类的心理。这些理论既有相互排斥的一面，也有相互补充的一面。现代心理学家们越来越重视全面而综合地运用心理学的各种方法、理论及研究成果，多视角、多维度、多方法去研究心理问题，显示出了心理学发展的综合化趋势。

2. 心理学的实用化趋势

心理学是一门与人类生活密切相关的学科，其理论的应用和普及是学科发展的生命力。随着现代社会的发展，心理学已渗透到社会生活的多个领域，对人们的日常生活产生着越来越大的影响，从心理健康教育教学、体育竞技、人员选拔到广告营销、产品设计、司法刑侦等方面都取得了显著的效益，与心理学相关的一些专业和职业也相继产生。在发达国家，心理学涉猎的范围也越来越广，包含了人类体验的所有方面，总的目标就是理解人类的行为。这些研究取得了令人瞩目的成就。迄今为止，至少有 4 位科学家因为心理学研究的卓著成就而荣获诺贝尔奖。特别是诺贝尔经济学奖得主美国普林斯顿大学心理学教授丹尼尔·卡恩曼（Daniel Kahneman），他的工作及影响，充分反映出了现代心理学发展对现实生活的巨大影响与贡献。

3. 心理学的全球化趋势

随着全球政治、经济、文化一体化趋势增强，心理学研究的国际全球化趋势日益显著。在这样的背景下，心理学正经历着一场转变，即由只关心单一文化背景转向多元化的融合，由方法中心论转向问题中心论，由单一理论转向复合论。各国的心理学家面临着全球化的经济问题、社会问题和环境问题，这些问题不再是某个国家、某个民族各自的问题，而是全球化的人类共同问题。所以必须要抛开传统的派别之争和理论对抗，一切围绕解决实际问题展开，使心理学的研究具有现实性。这就是心理学全球化的内涵。心理学的研究全球化具有这样一些特点：关注全球社会化的进程；打破种族和文化的偏见；发展本土心理学；以问题研究为中心，鼓励心理学多元性。

4. 心理学的本土化趋势

人的心理是人脑的机能，也是客观现实的反映。所以研究人的心理要以科学的态度和方法去探讨人的心理发展及变化的文化背景、民族传统、风俗习惯及国家意识形态等，因为不可能有全世界完全按一种范式建立起来的"统一"的心理学。在当前西方心理学占据世界心理学主流的情势下，心理学本土化是指一种社会文化取向的问题。每个国家的心理学所采用的概念、理论及方法要能切实反映本国民众的心理与行为，这个趋势适合每个国家的心理学发展。对于中国来说，心理学的本土化也就是中国化的问题，也就是要建立系统的有自己特色的心理学理论体系。

第二节　高等教育心理学的对象与任务

高等教育心理学是心理学和高等教育相结合的产物。高等教育心理学的首要任务在于揭示大学生掌握知识和技能、发展智力和能力、形成道德品质、培养自我意识、协调人际关系的心理规律，充分揭示了大学生的学习活动和心理发展与教育情境的依存关系，从而使教育工作建立在心理科学的基础上，提高高等教育的科学性和效益，促进高等教育事业的发展。同时，高等教育心理学对教师有效地独立学习和自我培养也可提供必要的帮助。因此，广大高校教师都必须具有一定的高等教育心理学基础知识和基本技能，善于从心理学的角度去分析教育过程，并学会从心理学的角度去认识学生的心理特点。在心理科学的指导下，在独立学习和自我培养中，不断丰富和完善自己。

一、高等教育心理学的学科定位

（一）高等教育与高等教育心理学

高等教育是培养高级专门人才的教育，它在整个教育体系中属于是最高层次，包括了专科教育、本科教育和研究生教育。高等教育心理学则是反映高等教育特点的教育心理学分支，它充分反映了高等教育的本质。如前所述，教育是一种自觉地、有目的地影响人的身心发展，把自然人转化为社会人的过程。由此可以从中认为，高等教育的本质则是有目的、有计划、有组织地培养高级专门人才的社会活动。具体地说，高等教育区别于普通教育的特点有以下五个方面：

1. 教育任务不同

高等教育的培养目标是社会各方面需要的高级专门人才，是高级专业教育。普通教育是国民的基础文化科学知识教育，不以传授专业知识为主要目的。

2. 教育对象不同

高等教育培养的对象是大学生，他们属于青年中期，生理和心理发展水平与中小学生有明显差别。他们生理上已发育成熟，心理上趋于成熟或已达到相当高的水平，个性特征比较稳定，世界观正在形成或已定型，独立思考和独立工作能力较强。

3. 社会职能不同

高等教育有三个社会职能，一是培养高级专门人才；二是发展科学技术，开展科学研究；三是直接为社会服务。普通教育不具备这些社会职能。

4. 地位作用不同

高等教育体制改革的目标是逐步建立使学校具有主动适应国民经济和社会发展需要的有效机制。高等教育在经济发展战略中处于首要位置，是社会主义精神文明建设的重要阵地，是发展高科技的重要力量。而普通教育与经济建设和社会发展尚有较大距离。

5. 培养方式不同

高等教育在让学生接受前人积累的知识经验的前提下，将科学研究引入教学过程，引导学生去探索未知领域，在学习中学会发现和创新。而普通教育一般都是传授前人已有的经验知识，讲授的一般都是已成定论的东西。

（二）高等教育心理学的学科特征

1. 高等教育心理学是学校教育心理学的分支学科

高等学校在由各级各类学校构成的学校教育系统中居于最高层次，在诸多教育心理问题中，核心问题是学生的学习活动问题。大学的教育质量和管理水平是以学生学业的成败为显著标志的。高等教育心理学既是一门学校教育心理学，因此对大学生的学习活动的探讨，是其研究的主要方向。与此同时，教学活动是师生双向的交互活动，而且教师在教育和教学过程中还起着主导作用，但是这种主导作用必须严格遵循大学生学习的心理规律才能收到预期的效果。因此，高等教育心理学也必须研究符合大学生学习规律的教学心理与德育心理。这些决定了高等教育心理学应主要研究高等学校教育活动领域中学生的学习活动及促进大学生心理发展变化的教学与德育心理规律。

2. 高等教育心理学是反映高等专业教育特色的教育心理学

高等教育是建立在普通教育基础之上的高等专业性教育，具有"高"和"专"的特点。高等教育心理学研究必须充分反映这些特点，并为具有这些特点的高等教育服务。

"高"是指"高等"和"高级"，它规定了学校的层级和所培养人才的规格，意味着大学生入学要求高，大学生学习的知识高深，脑力劳动难度大、强度高，所要求掌握的技能相对一般从业者和非大学生同龄人也更复杂和高级。与此同时，大学生在精神情趣的追求、生活方式的选择和人格完善等方面的要求也相对较高。高等教育心理学就必须认真和深入地研究具有这些特点的心理学问题。例如，大学生的注意已不是纯粹的"专心"听课的问题，而应研究如何让学生学会抓住教师讲授的思路，培养学生独立获取知识的能力，研究如何注意捕捉学习的疑点，提高发现和研究未知领域的能力。

"专"是指大学教学的专业化和专门化，强调运用专业知识解决专门化的实际问题，特别重视在专业范围内发现问题、分析问题和解决问题的能力，因而提出了培养大学生的问题解决能力和创造力的课题。在教学中可以发现，相当多的学习成绩优异的高中毕业生进入大学后，在相当一段时间内极不适应大学的学习和生活，还有一些在大学一年级、二年级基础课学习不错的学生，进入高年级的专业学习后不仅成绩下降，当要求他们独立解决专业问题时也显得力不从心，无从下手。类似这样的问题，高等教育心理学是不能回避的。

3. 高等教育心理学研究的对象是大学生

全日制高等学校的在校学生，正处于青年中期，他们的生理、心理特点不同于普通中小学生，也不同于走入社会的成年人。大学生生理上已经成熟，可以从事复杂、抽象的高级思维活动了。然而心理成熟度还很不够，在适应能力、挫折耐受力、心理的自我调控能力、人际关系适应能力等方面常有欠缺，严重的甚至会引起心理障碍。在完成大学四年学业后，大部分大学生将直接走上社会劳动岗位。因此，大学阶段是他们培养品德、完成社会化的最重要的时期，也是自我意识完善和人格塑造的基本完成期。这样一批未来国家现代化的建设者和接班人，在大学这一过渡期完成后，能否成为合格的建设者和接班人，有许多有关的心理学问题亟待高等教育心理学深入研究，拿出可行的对策。

4. 高等教育心理学要为实现高校的社会职能和教学方法提供心理学依据

由于高等教育具有"高""专"的特点，且其研究的培养对象又是基本成熟的大学生，因此高等学校具有教学、科研和直接服务社会的三大职能，而普通教育只涉及教学问题。高等教育心理学不仅要重点研究高等教育的教学问题，更应填补高校科研、服务社会这两大职能心理研究的空白。例如为提高大学生科研能力的创造心理研究、大学生社会心理和人际关系心理研究等，都将有利于高校社会职能的实现和发挥。

目前，国家正大力推行高等教育教学改革，高等教育心理学应对高等学校教学方法的特殊性进行专门研究，为这些方法提供科学的心理学依据。相对于普通教育来说，高等教育在教学方法的特殊性具体表现在：①教学中教的比重逐渐降低，学的比重逐渐增加，教师应最大限度地发挥学生的主体作用，引导学生把强烈的自我发展意识转化为本身努力获取知识的实际行为。②教学上由传授法向指导法转化，学习法由再现式向探求式转化。教师应启发学生积极思维，充分发挥出想象力和创造力，去主动探索未知世界，发展自己的能力与人格。③校内教学和社会实践相结合，教学与科学研究相互渗透，并在社会实践和科研活动中，锻炼独立工作的能力。这些都要求大力发展学生的逻辑思维能力和创造能力，并在初步的科研实践中培养优秀的科研心理素质。

如上所概括的高等教育心理学的四个学科特征，都是相对于普通教育心理学而言的。其的研究对象有相同点，也有不同点，它们之间是个性与共性、特殊与普遍的关系。我国的教育心理学正逐步由过去的单一学科发展成一个学科群，学科分化的根本原因是社会的需要，高等教育心理学作为教育心理学科群中的一个分支学科独立诞生，相信它会在高等教育的改革与发展中发挥应有的作用。

二、高等教育心理学的对象

教育心理学是心理学与教育相结合的一门学科，是研究教与学的心理规律的学科。它不仅重视人与人之间的相互影响和社会交往，而且强调数量化的客观科学研究；它最关注与教育教学过程中有着直接或间接关系的事情，但是也重视基本理论问题的讨论。因此，教育心理学是研究学校情境中学生的学与教师的教的基本心理规律的科学，是一门介于社会与自然、应用与理论之间的交叉学科。

根据教育心理学的定义和高等教育的特点，可以把高等教育心理学定义为"研究高等教育情境中学生的学与教师的教的基本心理规律的科学"，它是学校教育心理学的重要分支。在我国，教育心理学虽然已有了长足的发展，但是它们绝大多数探讨的只是中小学生的教育心理问题，而以高等学校学生的学与教师的教作为研究对象的高等教育心理学还是一门诞生不久的新学科，它必将具有强大的生命力。

高等教育心理学研究的主要领域有高等教育心理学的学科基础、高等学校的教学心理、高等学校的德育心理与高等学校的心理健康教育。高等教育心理学的学科基础包括高等教育心理学作为一门学科的基本看法，具体有心理学的基础理论，高等教育心理学的对象、任务、方法与意义，以及大学生的心理发展，包括认知的发展、人格与社会性的发展。除此之外还有高等学校教师心理，其中包括教师的专业素质、教师的成长与发展、教师的心理健康等。

高等学校的教学心理是高等教育心理学的重点研究内容，主要研究学生的学与教师的教的种种心理问题，具体包括学习心理的一般理论问题、大学生学习的特点、大学生的学习动机、大学生的学习迁移、大学生的学习策略、大学生的知识与技能学习、大学生的问题解决与创造性培养等问题。根据对大学生学习心理的研究与分析，促使广大高校教师进一步了解和掌握大学生学习心理的特点与规律，从而增强高校教师教育教学的针对性和科学性。

高等学校的德育心理是高等教育心理学的重要组成部分，主要研究品德的形成及其一般理论、大学生的自我意识发展及特点和大学生的人际交往与人际关系等问题。其目的是为了帮助广大高校教师了解与掌握大学生道德品质、自我意识形成及发展的规律，认识大学生的人际交往及人际关系的现状与特点，从而进一步增强高等学校思想道德教育的实效性与科学性。

高等学校的心理健康教育是高等教育心理学的重要内容和任务。高等学校培养的大学生不仅要有良好的思想道德素质、文化素质和身体素质，而且要有良好的心理素质。本书着重论述了大学生心理健康的现状与分析、大学生心理健康教育的基本理论与基本知识。其目的是促使广大教师认识大学生心理健康教育的重要性与紧迫性，了解与掌握大学生心理健康教育的方法与技巧，帮助大学生塑造完善人格，培养良好的个性心理品质。

三、高等教育心理学的任务

高等教育心理学的基本任务，归纳起来有两个方面：第一，探索、构建本学科的理论任务；第二，用理论指导教育教学，来提高教育效率、学生素质以及教师教学水平的教育实践任务。

高等教育心理学的首要任务是揭示在高等教育心理学实践过程中的心理活动规律，为提高高等学校的教学质量和培养国家建设需要的高层次专门人才。高等教育心理学是一门新建立的学科，在创建和不断完善过程中，有必要在普通教育心理的基础上和在心理科学理论上有所发展，密切结合高校教育教学的实际，总结过去和当前高校教育教学的经验。无论是成功的经验还是失败的教训，都要从心理学的角度加以分析研究，当然包括参考吸收国外已经取得的成就和经验。通过教育实践检验过的理论才是可靠的理论，与之相反，在可靠的教育心理学理论指导下的实践才会减少盲目性。

高等教育心理学的理论和实践是相互促进的，是一个问题的两个方面，而其任务又是统一的。高等教育心理学的理论，通过教育实践才能付诸实施，否则只能纸上谈兵，只有深入教育实践，分析、解决其中的心理学问题，才能从成功的经验中理解其中的心理活动规律，从而总结出高等教育心理学的理论。这正是我国教育家和心理学家长期所忽视的问题。因此，在高等教育心理学的初创阶段，首先深入各高等学校，总结优秀教师的教学经验，优秀学生的学习经验，优秀校长、干部的领导管理经验，从教育心理学的角度加以分析提高，分析反面失败的教训，并与成功的经验加以对照，这既是高等教育心理学的任务，也是丰富完善这门学科的任务。

高等教育心理学应当重视学生的学习、个性形成、道德品质的培养，也要研究教师的心理品质、使其业务能力继续提高的问题，教师的心理品质和能力是高等教育提高教育教学效果的心理前提。现在许多教育家和心理学家都认识到高等教育改革的重点是优化结构问题，其实质就是高校领导和教师的智能素质和品德素质的提高与合理组合问题。这正是高等教育心理学面临的新课题。

第三节　高等教育心理学的方法与意义

教育心理学是心理科学和教育科学的一个分支，属应用心理学。高等教育心理学又是教育心理学的一个新分支，研究方法复杂，既包括了自然科学研究方法，也包括了社会科学研究方法。高等教育心理学的学习对提高高校师资水平、提升教师教学能力、增强教师角色胜任能力、促进教师掌握心理保健知识等均有特别重要的意义。

一、高等教育心理学的方法

学习高等教育心理学，不仅要了解它的基础理论知识，同时要了解它的研究方法。研究高等教育心理学必须以辩证唯物主义和历史唯物主义的方法论为指导思想，遵循客观性原则、发展性原则、系统性原则和教育性原则。从数据收集方式上来看，高等教育心理学的研究方法与心理学是一致的，心理学的研究方法主要包括观察法、实验法、调查法与测验法。

（一）高等教育心理学的基本原则

1.客观性原则

客观性原则，即实事求是的原则。恩格斯说过："唯物论的世界观不过是对自然本来面目的了解，不附加任何外来的成分。"在高等教育心理学研究中贯彻客观性原则：第一，要做到对考察和研究对象的评判，是什么就是什么，不做主观猜测，不加轻率臆断；第二，对高等教育中心理活动的分析，不要只停留在外部或表面上，要善于洞察其内在原因和规律；第三，对研究所获得的材料、结果或结论，能说明什么问题，就说明什么问题，不要任意夸大或滥用。

2. 发展性原则

高等教育心理学所研究的对象是青年大学生，他们正处于从不成熟到成熟的过渡阶段。刚入学的大学生还带有中学生的特点，而快要毕业的大学生则接近成人了。这段时间他们的生理和心理都在快速发展，所以必须坚持发展的原则，从发展的角度来分析影响大学生心理发展的各种要素，研究大学生心理发展的趋势和阶段。

3. 系统性原则

系统性原则，或叫作系统性观点。系统性观点实际上是辩证唯物主义关于事物普遍联系观点在科学研究上的运用。作为高等教育心理学研究的高等教育中的心理现象，具有整体的、动力的系统性特点是很明显的。第一，高等教育中的心理现象是处于整个社会政治、经济、文化的各种运动和复杂的关系中被体现的，这些不同方面的关系，都是在整个自然和社会统一的系统中集中实现的。第二，人的心理、意识活动本身，既是一个整体，又包括了不同的系统。在这些不同的系统中又分别具有各自更小的系统，系统之间的相互联系，就构成了心理活动本身的整体动态系统。第三，对高等教育中心理现象的系统分析，还要看到高等教育中心理活动的不同水平和层次性。

4. 教育性原则

这是由高等教育心理学研究的基本任务所决定的。其研究方法应该符合我国的教育方针和教育原则，能够在日常教育工作中发挥积极作用，绝不能为了获取某些研究材料，而违背教育的原则和规律，这样会给学生的身心健康带来不良的影响。与此同时，研究成果应有助于加深对高等教育本质及其规律的认识，有助于高校教育教学改革的深化。一种研究在没有足够的把握有助于促进大学生身心的某些方面发展时，绝不能贸然地大面积开展。

（二）高等教育心理学的具体方法

1. 观察法

观察法是指在自然条件下，对心理现象的外部活动进行有系统、有计划的观察，从中发现心理现象产生和发展的规律性。观察法可划分为客观观察法和自我观察法。

客观观察法。这是在日常生活条件下，研究者通过观察被试在自然情景中的表情、动作、行为和言语等外部表现，以了解人的心理活动的方法，必要时也可采用录音、录像等辅助手段进行。例如，教师经常通过学生的劳动、学习、游戏等活动，通过学生在课堂上、考试或竞赛中的表现，以及通过学生日常交往情况等的观察，便可以了解学生的许多心理特点和变化，就是采用的客观观察法。但作为科学研究的方法，必须要有严格的要求。观察要有明确的目的性和计划性，要较系统地、长期地进行，对观察的具体情境和被试的各种表现要做详细的记录，对系统观察获得的材料要能做出科学的分析和评估，使其具有理论认识的价值。如达尔文的《一个婴孩的生活概述》和我国心理学家陈鹤琴的《一个儿童发展的程序》等著作，主要就是采用客观观察法所取得的研究成果。

自我观察法。人自己对自己的心理活动也能进行观察和分析，这通常叫作自我观察法。人在实践中的认识活动、自我体验、动机的意识，或对某些心理特点和行为的感受与评价等，都可以进行自我观察和分析。这是因心理学对象的特殊性而采用的一种可行的，也是必要的特殊方法。不过，自我观察时需要按照客观的指标，具备一定的心理学知识和观察技能，才能更有效地实施。自我观察法和客观观察法可以相互补充，相互验证。如研究者对其他被试进行客观观察时，必要时亦可要求被试本人做出自我观察的口头陈述，以进行比较验证，这样更能提高观察研究的效果。

2. 实验法

实验法是指有目的地控制一定的条件或创设一定的情境，来引起被试的某些心理活动而进行研究的一种方法。心理学的实验法主要有实验室实验法和自然实验法两种形式。

实验室实验法。这是指在实验室内利用一定的设施，控制一定的条件，并借助专门的实验仪器进行研究的一种方法。例如，当我们需要知道室内光亮度对学生视觉阅读效果有什么影响时，即可选择正常同等视度的若干学生作被试，在实验室的设备条件下，一面控制室内光亮度的不同变化（自变量），一面测量被试在不同亮度下阅读的速度（因变量），然后通过实验所获得的各项数据，加以处理和分析，即可得到某种光亮度对视觉阅读最适宜的实验结果。实验室实验法，便于对其严格控制各种因素，并通过专门仪器进行测试和记录实验数据，一般具有较高的可信度。通常多用于研究心理过程和某些心理活动的生理机制等方面的问题。但对研究个性心理和其他较复杂的心理现象，这种方法依旧有一定的局限性。

自然实验法。这是在日常生活等自然条件下，有目的、有计划地创设和控制一定的条件来进行研究的一种方法。例如，研究评价（表扬或批评）对激发学生学习积极性的作用问题，即可以采用自然实验进行。如有一个实验，选择100名条件相当的学生作被试，把他们随机分成四个不同评价性质的实验组。然后令所有被试"做算术"加法练习5天，每天练习15分钟。在评定时，表扬组只给予正确评价；批评组只给予批评；忽视组只可以间接了解评价；控制组则不给予了解任何评价。最后检查学习效果，发现表扬组最好，批评组次之，控制组最差。这说明对激发学生的学习积极性，表扬和批评都是十分必要的，而应以表扬为主，不作任何评价反而会降低学生的学习积极性。自然实验法比较接近人的生活实际，易于实施，又兼有实验法和观察法的优点，所以这种方法被广泛用于研究教育心理学、儿童心理学和社会心理学的大量课题。

3. 调查法

调查法的主要特点是，通过以问题的方式要求被调查者针对问题进行陈述的方法。根据研究的需要，可以向被调查者本人做调查，也可以向熟悉被调查者的人做调查。调查法可以分为书面调查和口头调查两种。

书面调查又叫作问卷法。问卷法是根据研究课题的要求，设计问题表格和相应内容让被调查者自行陈述的方法。它可以同时向许多人搜集同类型的资料，加以分析、处理和研究。问卷法的正确实施还应注意：首先要尽可能消除被试的各种顾虑，便于说出真实的想法，为此常需要足够量的被试，以减少可能出现的误差。其次，提出的问题要简单明确，易于作答，而又能反映出某种心理状况。最后，还要注意某些技术性问题，如设问的策略、要求的一致性、问题的量和质的关系、所获答案便于处理和统计等。

口头调查也可以叫作晤谈法。它是根据预先拟好的问题向被调查者口头提出，以一问一答的方式进行的调查方法。要使晤谈法富有成效，首先应创造坦率和信任的良好气氛，使被调查者做到知无不言；同时，研究者应该有良好的准备和训练，尽量使谈话标准化，记录指标的含义保持一致性。这样才有可能对结果进行客观的分析和概括。晤谈法与问卷法相比，其优点是，研究者可以直接控制晤谈进程，可以不同的方式考察被调查者对问题回答的真实程度，并可以根据被调查者的反应即时提出临时应变的问题等。但是晤谈法较费时间，调查的数量有限。

4.测验法

这是采用一种专门的测量工具（如测验量表），在较短的时间内，对被试的某些或某方面的心理品质做出测定、鉴别和分析的一种方法。目前，心理测验名目繁多，如按照其目的的不同，可划分为智力测验、才能测验、人格测验、诊断测验等；如按性质的不同，可分为文字性测验和非文字性测验两种；如按实施方式不同，可分为个体测验、团体测验等。关于心理测验法的实例将在以后有关章节中介绍。不过对人进行心理测验涉及的因素较复杂，测验量表的制定也较困难，实施的精确性和可信性还需要在测定之后的较长时期才能看出。但这种方法如能同其他方法配合使用，仍不失为心理学研究的一种具体方法。

总而言之，每一种具体的方法，其作用都不是孤立的、绝对的，从心理活动的整体来看，它们都有其局限性。因此，心理学的研究经常需要采用多种方法相互补充，相互配合，相互验证，这样才能更好地反映出人的心理活动的客观规律。

二、高等教育心理学的意义

作为高校教师有较高的专业素质和学术水平，只解决了教什么的问题，而掌握有关的教育心理学理论，则有助于解决怎样教和如何教得更好的问题。因此，那种认为高等教育心理学可学可不学，高校教师只要有一定的学术水平不需要掌握教育心理学的知识和理论的观点是错误的。诚然，教师自己学识渊博是学生有效掌握有关知识的重要条件，然而教学任务完成的好坏并不是看教师拥有多少专业知识与专业技能，而是看学生掌握多少专业知识与专业技能。因此，高校青年教师了解和掌握一定的高等教育心理学理论是十分必要的。

（一）高等教育心理学有助于高校提高师资水平

教师队伍建设的重点在青年教师。高校扩招以来，高校师资队伍补充了一大批新生力量，一方面使高校教师队伍总体构成得到了一定的改善，解决了扩招带来的师资队伍短缺问题，也给高校教师队伍增添了朝气和活力，使高等教育后继有人；另一方面又给教师队伍建设提出了新的更为紧迫的任务。目前，35 岁以下的青年教师在许多高校占到教师总数的 50% 左右，在有些新建院校或新兴学科中所占比例甚至还高。这些青年教师的专业学习一般都比较出色，知识面宽广，外语水平高，接受信息能力强，但绝大多数未系统学过教育科学理论，更未受过高等教育职业训练，因而将高等教育心理学列为青年教师培训的必修课是完全必要的。在科学技术迅速发展的今天，作为一种职业的从业者来说，青年教师必须对教师职业的心理学基础理论有充分的认识和了解，对职业心理技能熟练地掌握和运用，这样才能尽快地完成从学生到教师的角色转换，从而尽快成为一名合格的大学教师。

（二）高等教育心理学有助于教师提升教学能力

教学是一个系统的过程，从宏观而言，这过程主要包括教学内容、学生特点、教师特点和教学环境四种主要的变量，学习过程、教学过程和评价与反思过程交织在一起。在一定程度上来说，一个教师的教育教学能力取决于对这些变量和过程的操纵和控制能力。高等教育心理学，是旨在揭示高等教育过程中学与教的心理规律的科学，有利于高校教师掌握教学规律，提高教育教学能力。

高等教育心理学有助于高校教师了解大学生的学习心理。大学生由于抽象逻辑思维能力的成熟，特别是辩证思维能力的发展，以及自主意识的增强，在学习方面也表现出与高中阶段不同的特点，如学习方式的多样性、学习过程的阶段性、学习内容的特殊性、学习组织的主体性等。这就需要高校教师通过高等教育心理学的学习，正确把握大学生的学习规律，从而提高其教育教学能力，增强教学的有效性。

高等教育心理学有助于高校教师把握教学过程的规律，提高有效教学的能力。教学过程，指教师运用教育内容和采取多种教育手段对学生施加影响的过程，它直接决定着教育教学的有效性。通过高等教育心理学的学习有助于高校教师根据教学目标的设置、评价程序的确定、教学形式的选择、教学环境的设置等步骤，确定合适的教学设计，形成独特的教学风格；有助于高校教师加强课堂的控制和管理，创设良好的学习环境。

高等教育心理学有助于高校教师提高其评价与反思能力。自我评价和反思能力，指的是学习和教学效果进行测量、评定和反思，以求进一步改进的能力，它有助于教育者考察预期目标与教育行为效果的关系，寻找二者之间的差异，并通过反思、评价探求其中的原因，从而校正预期目标、调整教育行为，达到最佳的教育效果。通过高等教育心理学的学习，不仅有助于高校教师认识教学过程中评价与反思能力的重要性，而且有助于掌握和实践一些具体的方法和程序来提高其评价与反思能力。

（三）高等教育心理学有助于教师增强角色胜任能力

学习高等教育心理学有助于高校教师正确把握教师角色，增强其角色意识。高校教师是高校教育教学活动的主要实施者和组织者，在整个教育过程中占据着主导地位。他们不仅承担着"传道、授业、解惑"的教学和文化传播任务，还担负着大学生人际关系的协调者、心理问题的咨询工作者以及人格的塑造者的角色。对高校教师而言，能否正确认识其角色和重要性以及能否胜任各种角色，直接关系到教师权威的建立、师生关系的改善以及教学质量的提高。特别是在当代社会，由于社会文化信息渠道的多元化，大学生在一定程度上摆脱了在学习上对教师的依赖关系，高校教师的角色也受到挑战，这就需要他们重新把握也是现代教育理念和现代教育意识对高校教师提出的要求。随着创新教育理念的确立，新形势下高等教育价值观、质量观、人才观和教学观的确立，传统的高校教师角色形象必然不能适应新的教育要求，而必然要代之以新的角色形象。高等教育心理学的学习，有助于高校教师对这一问题的解决。

（四）高等教育心理学有助于教师掌握心理健康知识

学习高等教育心理学有助于高校教师正确认识大学生的心理问题。大学阶段是一个人人格发展和世界观、人生观形成的关键时期。大学生通常面临着一系列重大的人生发展课题，如大学生活的适应、专业知识的学习、交友恋爱、求职就业等，他们常常体验着理想与现实的矛盾与冲突。但是由于身心发展尚未完全成熟，自我调节和自我控制能力不强，复杂的自身和社会问题，往往特别容易导致大学生强烈的心理冲突，从而产生较大的心理压力，甚至会产生心理障碍或心理疾病。因此，高校教师不仅要正确认识大学生的心理健康问题，还应该掌握心理问题应对措施，如情绪宣泄法、自我暗示法、升华法等。只有这样，才能在面对学生的心理问题时，沉着应对，有的放矢，对症下药，促进大学生的心理健康发展。通过高等教育心理学的学习，有助于高校教师对当代大学生的心理问题形成正确的认识，有助于高校教师掌握一定的心理保健知识和心理咨询方法。

第二章　高等教育心理危机

第一节　高等教育心理危机研判

运用创伤理论从更加宏观的角度分析大学生心理问题产生的原因，并在此基础上探讨大学生心理危机干预面临的现实困境。大学生心理危机有其普遍的发展规律，从"全方面""全动员""全赋能""全方位"四个维度构建完善的大学生心理危机干预机制，并关注大学生心理危机后的自我重建与升华。

一、研究背景与工具

（一）研究背景

大学生心理健康教育是高校思想政治教育工作的重要组成部分之一，提高大学生心理健康素质，增强学生承受挫折、经受考验的能力不仅有利于学生的身心健康发展，也有利于高校的安全稳定。受到当前政治经济、成长环境、社会思潮等各方面因素的负面影响，大学生心理健康受到了严峻的威胁。根据相关调查，在我国的大学生群体中，有 16% ~ 25.4% 的学生患有心理障碍，主要表现为焦虑、恐惧、抑郁等。近年来，高校心理危机事件频繁发生，大学生的心理问题也呈现出多样化和复杂化的趋势，建立完善大学生心理危机研判与干预工作机制受到各高校的普遍重视，教育部相继出台了《教育部关于加强普通高等学校大学生心理健康教育工作的意见》《普通高等学校大学生心理健康教育工作实施纲要（试行）》等文件，这些文件明确指出大学生心理健康教育工作的重要性，也为高校开展大学生心理健康教育提供了重要依据与思路。

然而，在当前我国高等教育普及阶段，大学生数量庞大、素质参差不齐、教育资源匮乏等问题都给高校心理危机干预工作带来了很大的挑战。当前的大学生心理危机干预机制虽然在处理心理危机行为，降低危机影响等方面有一定的作用与效果，但所有这些干预手段都是在爆发心理危机事件之后采取的，具有一定的滞后性。而心理危机，或者说心理问题最佳的处理时期应该在萌芽阶段，心理问题的预防与预判相比之下就显得尤为重要。在创伤理论的指导下，探讨大学生心理问题发生的原因、表现特征，从而有利于更好地研判与预防学生的心理问题，并在一定程度上降低心理危机爆发的影响力。此外，创伤理论还强调创伤后的自我重建，为大学生心理危机后的成长以及高校心理帮扶育人提供了思路。

（二）研究工具——创伤理论

"创伤"（Trauma）起源于希腊语，最初的含义是外力对身体造成的物理性伤害。由此可见，人们关于创伤最初的研究，集中在外部身体方面。到了19世纪下半叶，在结合维多利亚时期与工伤有关的临床医学和19世纪末的现代心理学后，创伤的研究开始转向人的心理方面。在这方面做出卓越贡献的是弗洛伊德的心理分析学。弗洛伊德认为，"一种经验如果在一个很短暂的时期内，使心灵受到一种最高度的刺激，以致于不能用正常的方法谋求适应，从而使心灵有效能力的分配受到永久的扰乱，我们便称这种经验为创伤"。另外，弗洛伊德还提出创伤具有"延迟"和"重复"的特征，为后来的创伤理论研究奠定了坚实基础。

1. 创伤体验的普遍性

受到特定时期的社会背景、政治、经济、文化等诸多因素的影响，生活在同一个历史时期的人都具有普遍的一种创伤体验，这种创伤体验是时代的产物，成为一种集体无意识沉淀在每一个人心里。比如在抗战时期，战争与死亡就构成了那个年代人们普遍的创伤体验；在"文革"时期，政治乱斗是当时人们普遍的创伤体验；到了20世纪90年代，独生子女成长的孤独就成了当时人们普遍的创伤体验。综上所述，创伤体验是具有普遍性的特征。

2. 创伤体验的延迟性

创伤研究者认为，"与时间的距离过近，或过远都无法再现创伤事件"，某一个创伤事件会在人的心理上表现出"滞后性"或"延迟性"。换言之，具体创伤事件给人的创伤体验可能具有一定的潜伏期，在这个潜伏期内，经历心理创伤的人可能跟常人并无差异，仿佛那段创伤经历早已被遗忘。但是，一旦受到某种外界的刺激，这种创伤体验就会被激活，从而给身心健康带来了十分严重的侵害。

3. 创伤体验的反复性

创伤研究者凯西·卡露丝指出，"（创伤）病理学仅仅存在于经验结构或感受，（创伤）事件在当时不会被充分吸收或体验，而是被延迟并反复地侵害受创主体"。遭遇心理创伤之后，创伤事件的负面影响会不断地侵袭心理创伤主体，以噩梦、幻觉、回闪等形式不断浮现，使其不断回到创伤情景，反刍心理创伤的记忆。长此以往下去，创伤记忆会不断被累加，创伤的体验感不断得到固化加强，从而导致严重的心理危机。

二、创伤理论下大学生心理危机干预的困境分析

心理危机干预是指采取紧急措施帮助当事人解除十分紧迫的心理危机，使其症状得到缓解，甚至消失，心理恢复平和的过程。危机干预主要通过预防教育、早期预警、重在干

预、后期跟踪等方式进行。大学生心理危机干预是一项系统的工程，不仅涉及面广、难度大，而且具有一定的危险性。虽然大学生危机干预已经受到广泛重视，从教育部开始，各级教育管理部门都出台了相应的政策文件进行部署指导，各高校也都在危机干预方面积累了一定的经验，但是由于主客观因素的复杂性，当前大学生危机干预依然面临重重困境。

（一）危机重重——趋同时代背景下，心理问题的普遍性

目前在校大学生大多是95后。从2018年开始，2000年后出生的学生也大规模进入大学学习。大学生中有相当一部分是独生子女，很多来自农村的学生有留守经历，他们是伴随中国经济迅猛发展而成长起来的一代，也是在互联网络全方位包裹下成长起来的一代。成长在这种时代背景下的大学生，相比父辈，虽然在物质生活条件上得到了极大的满足，却具有承受挫折能力差、依赖心理强、以自我为中心等心理行为。当他们进入大学校园后，来到一个新环境，面临角色转换，有相当一部分大学生会出现适应不良等问题，表现出焦虑、迷茫、社交障碍等一系列连锁反应，从而产生出一系列的心理问题。其次，中国的高等教育发展到今天，已经顺利完成从精英教育到大众教育的转向，根据不完全统计，我国当前在校大学生的数量将近4000万人，面对严峻的就业前景，复杂的职业市场，有相当一部分大学生会有前途无望、希望渺茫等无力感，在巨大的竞争压力中产生心理问题。最后，在以应试教育为主导的教育体系中，学校和家庭大多过分重视学生的成绩，而忽视对其心理状态的关注和人际交往技能的培养，缺少对学生心理素质的锻炼与提升。在这样的时代背景之下，大学生心理问题是具有普遍性的，小到考前焦虑，大到抑郁症，如果不进行及时介入，有效干预，就有可能爆发严重的心理危机。

（二）危机四伏——多重认知偏差下，心理问题的隐蔽性

相比身体方面的病痛，人们更加容易忽视心理方面的问题，因为身体方面的疾病是有形的，具象的，而心理方面的疾病就相对抽象很多。并且，在创伤理论来看，许多心理方面的创伤具有延迟性的特点，因此，很多心理问题发生的根本原因可能要追溯到当事人幼年、甚至更早的时期。在这样的情况下，很多患有心理疾病，或者有心理障碍的学生可能就很难及时觉察到自己的心理问题，更不用谈去反思其中的原因，直到心理问题发展到一定阶段，爆发出严重的心理危机时，才被人发现，实际上已经错过了最佳的治疗时机。其次，由于担心孩子在学校会受到歧视，或者承受不必要的舆论压力，很多家长会刻意隐瞒孩子患有心理疾病的病史，甚至有些家长在得知孩子已经出现异常行为的情况下，仍然拒绝接受，甚至否认孩子心理存在异常的现实。由于受到传统观念的负面影响，很多家长不能够正确地理解和看待孩子的心理问题，其中有不少家长认为孩子的心理问题是孩子不坚强、矫情的表现，这种认知方式在很大程度上恶化了当事人的心理问题。最后，由于对心理问题的认知错误，心理问题常常被"妖魔化"，不仅当事人会有这种认知偏差，旁观者同样也会有这种认知上的错误，把心理问题与"精神病""疯癫"等画上等号，这些认知偏差会给当事人造成很大的压力，不仅会阻碍其寻求援助，更会加重他们的心理负担，引

发次生的心理问题。由此可见，多方面的认知偏差是心理问题隐蔽性的主要原因，这在很大程度上降低了心理危机干预的及时性和有效性。

（三）危机迭起——多元因素影响下，心理问题的反复性

心理问题的发生有其复杂的内在原因，还有多种多样外在的诱发因素。从某种意义上说，某些严重的心理问题是无法根治的，如抑郁症、精神分裂等，只能去控制，避免负性事件的影响，防止心理问题的复发。而在学校中，诸如情感困扰、人际关系、学业困难、就业及升学压力无一不是负性事件，由于心理尚未成熟，在面对这些负性事件时，很多大学生不能正确地去面对处理，容易产生思想上的矛盾与冲突，从而引发心理危机。其次，由于心理问题错综复杂的致因与个性化的因素，心理问题在矫治上具有很大的难度，很多情况下大学生的心理问题在短时间内很难得到有效、有针对性的救治。如此反复之后，有一部分大学生可能就会对心理治疗感到失望，甚至扩大到人生的无望感。最后，很多心理问题产生的原因是在潜意识层面的，就像冰山下层一般无从窥探，在没有正确引导前提下，当事人以及专业的心理咨询人士都无法从中察觉，而这种根深蒂固的心理问题，一旦遭遇到应激事件，可能就会爆发出来，造成反复性的心灵上的折磨。心理问题的反复性给危机干预造成了很大的困难与挑战，不仅给当事人带来持久的身心折磨，对危机干预者来说也是一场持久战。

三、创伤理论下大学生心理危机干预的路径提升

根据创伤理论的观点，心理创伤具有普遍性、延迟性和反复性的特点，这些特点决定了心理危机干预不是一蹴而就的工作，而是系统性、长久性的工程。与此相同，大学生的心理问题也不是一朝一夕就形成的，而是经过长久的积累，加上外在因素的诱导而产生的，其背后既有历史原因，也有现实原因。做好心理危机干预不仅要求干预者有很强的信息收集和总结能力，能够全面认识并且分析心理问题产生的原因，还要求其具有较强的预判能力，不仅能够准确鉴别、觉察严重心理问题学生，而且能预估整个危机干预的效果，这些对心理危机干预来说是一个很严峻的挑战。

（一）全方面——覆盖学生心理信息动态档案

在新生入学之初，通过查档、心理健康普查、谈心谈话、侧面了解的方式建立学生初始心理信息档案。在档案完善和更新过程中，要特别注意以下几类学生，做好重点标注：心理健康普查中有严重预警指标的学生，特别是普查中有抑郁倾向或者有自杀轻生念头的学生；查档中发现家族具有遗传精神病史，或者家长有过自杀行为的学生；患有严重失眠症、情绪持续低落、性格孤僻的学生；身患重大疾病，或者残疾的学生；学业预警，多门考试挂科，或者在考试中作弊受到处分的学生；遭受重大变故，如亲人去世、家里破产等情况；家庭不完整，包括单亲、离异、重组家庭的学生。以上这几类学生是潜在发生心理危机的高危群体，必须时刻关注，做好这几类学生心理动态信息的收集与更新，做好及时地调整

与补充，可以充分反映学生的心理变化，有助于全面掌握学生近期的心理变化，及时发现一些苗头性、倾向性的问题。同时，完善学生心理动态的心理健康档案也有利于提高心理危机干预的准确性和针对性，是进行心理危机干预的最基本要求。因此，及时、全面、有针对性地建立健全学生动态的心理健康档案不仅是做好心理危机干预的首要要求，更是基本的前提条件。

（二）全动员——建立"四方联动"干预机制

建立"学校—家庭—医院—社会"四方联动的危机干预机制，建立多维度的心理支持体系。心理学家强调在心理危机干预中，实现以学校为主，家庭配合、社会参与的多方面支持体系，能够为学生成长成才提供了重要的保障。心理危机干预是一项系统的工程，不是一己之力可以完成的，需要多方的支持与配合才有可能达到预期的效果。学校是大学生活动的主要场所，也是各种人际关系、人际交往发生的平台，同时学校也承担着心理常识普及，以及基本的心理问题咨询与疏导工作。家庭在学生的心理危机干预中有着不可替代的作用，因为有相当一部分学生的心理问题的症结，或者说根源在于家庭，或者说父母的关系，有效的危机干预必须发挥出家庭的力量，家庭的配合与支持是危机干预能够取得预期效果的重要保障。医院是心理咨询与治疗的重要场所，当心理问题发展到一定阶段，超出学校心理咨询中心所能够干预的范围时，必须及时转介专业的心理治疗与咨询医院，接受专业医生的治疗与咨询。社会支持系统的影响是不可取代的，整个社会应该要提高对心理问题大学生的包容度，理性看待心理问题的现象，以正面的鼓励、引导社会舆论走向，避免媒体报道、新闻宣传做噱头，大肆渲染，给心理问题的大学生造成舆论压力。

（三）全赋能——提升心理危机干预者的专业技能

从现阶段来看，针对学生工作队伍的危机干预培训还不够，心理危机干预机制还有待完善。在面对心理危机事件时，绝大多数学生教育工作者依旧凭借经验，或者根据前辈的经验进行，对于一般的心理危机事件，可能这一套思路仍然奏效。但是在新的形势下、面对新时代的学生，如果仍然采取旧的方法，可能就会有问题。因此，提升学生工作队伍专业的心理危机干预技能，参加定期的培训与学习是非常有必要的。一方面大部分教育工作者并非心理学专业出身，在鉴别、帮扶心理问题学生时，不能够从专业角度进行，从而导致学生的心理问题无法得到及时有效的疏导与排解，甚至会延误最佳的心理危机干预时期；另一方面，作为学生思想教育工作的第一线人员，学生工作队伍在处理学生心理问题又具有其他专业人士所不具备的优势，而加强他们心理方面的专业技能不仅有助于提高思想教育工作的效果，还有利于增强学生工作队伍的心理素质。除此以外，年级、班级的主要干部、心理委员等也应该定期进行相关的培训，作为学生工作队伍的组成部分之一，他们在心理危机干预的过程中也具有不可替代的作用。由此可见，对学生工作队伍进行相关业务的专业培训，提升其心理危机学生的鉴别能力，提高对心理危机的敏感度与警惕性，以更加专业的方式和方法应对心理危机事件，是提高心理危机干预效果的根本所在。

（四）全方位——健全重点学生的跟踪机制

加强重点学生危机后的跟踪与预防工作是心理危机干预的重要组成部分，也是巩固心理危机干预成果的主要方式。心理问题的反复性决定了学生心理帮扶工作绝对不是一蹴而就的事情，需要长期的跟踪，定期的观察，持久的预防，才能确保患有心理问题学生的稳定。考虑到心理问题学生压力承受能力较差，过多的舆论压力反而适得其反，因此重点学生的跟踪与观察工作，关键在其舍友、主要学生干部的支持与协助，所以用好主要学生干部是建立跟踪机制的关键所在。在心理问题学生宿舍培养心腹学生，安排班级主要学生干部密切关注重点学生的动态，这种关注不仅局限于线下日常的学习与生活，还应该涵盖其线上的动态，并做好及时有效的汇报工作。除此之外，营造温暖有爱的宿舍与班集体，增强心理问题学生的归属感，让其体会到集体生活的和谐与友爱，对稳定其情绪，增强心理支持系统是非常有利的。因此，在危机干预的后期跟踪方面，除了打造一批"精兵良将"协助做好重点学生的关注与情况汇报工作之外，更重要的是，要建立全方位的帮扶体系，构造有爱有温度的学习生活环境，不仅有利于防止心理问题的复发，而且有利于促进同学之间人际关系的和谐，从而预防新的心理问题的产生。

四、创伤理论下大学生心理危机后的自我重建

大部分学者认同一个观点，"只有当创伤主体把创伤经验整合成一个'有序的，具体的，并且基于时间与历史背景下的'言说'，才能从创伤的记忆中恢复过来"。根据这个观点不难发现，心理创伤的产生与愈合其实是一个破碎与整合的过程，这个过程虽然是艰辛的、困难重重的，却蕴含着更好的可能和重生的机会。大学生正处在思想和心理发展的关键时期，容易接受和适应新的事物，具有较强的可塑性。从危机的字面上理解，其意思是危险中蕴藏着机遇，如果心理危机爆发已经成为一个既定的事实，那么如何在危机中寻找机遇是心理危机干预的重要议题。大学生心理危机爆发是一个发现问题、寻找症结的过程，而危机干预后的恢复是一个自我完善与提升的过程。

（一）认知的自我重建

由于缺乏全局观念和足够的生活阅历，大学生容易片面地去看待问题，有心理问题的学生更甚，他们在看待问题时往往持着"非黑即白"的态度，情绪化和极端化特点显著。认知偏差是造成心理问题的重要原因之一，生活中总有大大小小的负性事件，在面对同样一件负性事件时，心理调适能力强的人能够很好地进行自我疏导与排解，而心理调适能力差的人就容易陷入思维的"死胡同"无法自拔，从而爆发心理危机。心理危机干预的重要环节就是帮助当事人学会正确地看待问题，来更加全面的视角去看待生活中的挫折，并且学会从逆境中寻找希望。认知的自我重建对大学生的心理健康而言是至关重要的，因为心理问题存在复发的可能，如果不改变以往错误的认知观念，在面对新的挫折时就可能会再次出现心理问题，甚至爆发出更严重的心理危机。因此，在心理危机干预中，除了给予当

事人外在的鼓励与帮助以外，更需要去引导学生去勇敢地面对问题，理性地分析问题，以更加客观的方式去看待挫折与困难，积极寻找更好的可能和美好的希望。

（二）价值观的自我重建

具有心理问题的学生往往自我评价过低，或者自我价值感较低，往往会有"自己很没用"或者"自己不值得被爱"的想法，在面对困难与挫折时，容易退缩与逃避，甚至一蹶不振。给常抱有这种想法学生会陷入一种死循环，在事情还没做的时候，他们就想到了很多失败的结果，从而消极应对，自我放弃；而一旦结果出来以后，如果是失败的，他们又会有一种"自证"心理，认为自己就是这么差劲，这种结果是理所应当的。幼年时期没有得到无条件的爱，加上成长过程中没有获得足够的成功体验，是造成这类心理问题的主要原因之一。在处理这类心理危机时，危机干预者应该侧重给予他们成功的体验，肯定其克服困难与挫折的能力，激发和挖掘其积极的力量，让他们看到自身的价值和潜能。同时心理危机的克服对他们来说，也是一次不可多得的成功体验，引导他们在心理危机干预中发挥自身的力量，看到自己无限的可能是其完成自我重建的关键所在。

（三）心理弹性的自我重建

"心理弹性"的英文是"Resilience"，用于表示个体面对生活逆境、创伤等重大生活压力事件时的适应程度，即面对生活压力与挫折的"反弹能力"。有研究表明，心理弹性较高的人与较低的人相比，在经历挫折与压力事件时，有更好的适应能力，更容易有效避免心理障碍的发生。应激事件是引起心理变化的外在原因，而面对应激事件时的心理承受能力是心理危机是否产生的关键所在。心理承受能力弱，适应性差的大学生在面对新环境、新问题时，心理防线容易出现崩塌，产生恐惧、抑郁等一系列不良的反应，进而爆发严重的心理危机。在爆发心理危机后，通过有效的干预、心理疏导、团体辅导等形式，可以有效提高当事人的心理弹性。在经历困难与挫折以后，心理危机干预后的学生会对困难与挫折有更加深刻的认识，会以更加积极勇敢的心态面对生活中的各种不顺遂，其人格中积极的因素得到激发。增强大学生心理弹性的意义在于提高其承受挫折、经受考验的能力，在危机后获得成长，实现从"他助"到"自助"的过渡，这是心理危机干预的终极目标所在。

（四）支持系统的自我重建

大学生要维持心理健康，需要有一个来自亲人、朋友、同学等多方面的心理支持系统。有很多大学生的心理比较封闭，即使有心理问题也不愿意向周围的人倾诉，长此以往，一旦超越心理承受能力，必然会引发心理危机。心理危机的爆发往往是因为积累了太多的情绪无法得到及时的排解，无法找到宣泄的出口。而那些有心理问题的学生的背后，往往是糟糕的家庭关系或者是不良的人际关系，在出现心理问题时，没有强大的心理支持系统，就容易导致心理危机的爆发。然而，心理危机的爆发却是重建支持系统的良好契机，因为心理危机的产生必然会引起当事人家庭的高度重视，让当事人的家长看到事态的严重性，有利于唤起亲情方面的支持系统。在危机干预中引入家庭的参与不仅是重要的，也是非常必要的，一方面大多数心理问题产生的根源在于原生家庭，探究家庭因素是找到心理危机致因的关键所在；另一方面，家庭的支持系统是帮助大学生战胜心理危机的坚实后盾。在心理危机干预后，当事人与家庭的关系会得到一定程度的缓解，父母与子女能够在心理危机中学会更加恰当的相处与沟通方式。

关注心理问题是培养健全人格的前提，大学生是社会主义的建设者和接班人，心理健康教育是高校育人绕不开的环节。然而受到主客观因素的影响，大学生心理健康受到了严峻的威胁，心理危机事件时有发生，对高校的安全稳定造成一定的危害。创伤理论从更加宏观的角度分析大学生心理问题产生的原因，并在此基础上探讨大学生心理危机干预面临的现实困境，进而提出心理危机干预的优化路径，具有一定的理论借鉴意义。与此同时，创伤理论也关注心理危机后的自我重建，为高校心理帮扶育人提供了思路。

第二节　高等教育心理危机的识别

大学生心理危机的识别与有效应对对于促进大学生心理健康、确保校园安全稳定、筑牢学生心理安全防线具有极其重要的意义。本节对新时代大学生心理危机的表现、类型、特点、成因等进行了分析，并结合大学生实际，提出了善于觉察、勇于面对、敢于求助、成于配合的心理危机自我应对策略。

一、新时代大学生心理危机的含义表现

（一）什么是心理危机

心理危机是指个体或群体运用习惯的应对策略无法应对目前所面临的困境时的一种心理失衡、失序或失控状态。通常只有符合下列条件的才算是心理危机：①有诱发性事件或行为的异常变化。个体在躯体、认知、情绪、意志和行为等方面的出现异常，如出现抑郁、恐惧、悲伤、愤怒、心慌、手脚冰凉等心理、生理和行为的变化。②个体用平时的应对方法无效，因而产生无助、无力和绝望感等。

心理危机对人的影响是双重的：一方面，它会给人带来巨大的冲击，损害人的身心健康，甚至对未来生活留下阴影；另一方面，心理危机能够历练心智，危机中也潜藏着机遇，它能促使个体充分调动心理资源去应对将要面临的困难，获得再生。

（二）心理危机个体的典型表现

一是认知变化，如悲观失望、自我评价降低、生活意义感缺失、学习兴趣下降等。二是生理变化，如失眠、食欲不振、头痛眩晕、心跳加快、呼吸短促、胸口疼痛、手脚冰凉等。三是情绪变化，如"情绪低落、焦虑不安、无故哭泣、意识范围变窄、忧郁苦闷、喜怒无常、易激怒、持续不断地悲伤、自制力减弱等"。四是行为变化，如个人卫生习惯变差、

自制力丧失、过分依赖、孤僻独行、无缘无故生气或与人敌对、人际交往明显减少、行为紊乱或古怪、丢弃或损坏平时珍爱的物品、酒精或毒品的使用量增加等，较为严重者甚至会流露自杀念想，与身边人谈论死亡或与死亡有关的问题。

二、新时代大学生心理危机的主要类型

（一）境遇性心理危机

境遇性心理危机，是指在生活中出现的由于个人对其无法预测和控制的罕见或超常的事件而产生的危机。境遇性危机带有随机性、突然性、强烈性、意外性、震撼性和灾难性等特点，如意外交通事故、被绑架、被强奸、突发的重大疾病、亲人或同学好友的死亡、父母离异、重大自然灾害等。比如，面对失去亲人的创伤后应激障碍，是十分典型的境遇性心理危机。这种危机由于事发突然、变化剧烈，给当事人带来了极大的震动，容易引发剧烈的心理反应，如果处理不当，则会产生严重且不可挽回的后果。

（二）冲突性心理危机

冲突性心理危机也叫存在性心理危机，这是一种伴随着重要的人生问题而出现的内部冲突和焦虑。这是一种基于现实性冲突的危机，如理想与现实的冲突、多重驱避冲突、回避冲突等。这种危机往往与重大的人生问题和选择相关联，如人为什么活着、活着的目的和意义是什么、人生的意义何在、我该如何选择等。比如，现在部分大学生存在"空心病"现象，对自己生活或者学习的意义感到困惑、迷惘或者虚无，不知道学习乃至人生的价值和意义，对学习生活工作的兴趣不浓，有些时候会莫名感到情绪低落，感到非常孤独，注意力不集中，甚至无精打采，这是一种典型的冲突性心理危机。冲突性心理危机不易觉察，持续时间长，内心痛苦大，也易出现极端事件。

（三）成长性心理危机

成长性心理危机也叫发展性心理危机，这是一种伴随每个人一生中不同阶段都会出现的危机。如环境适应、人际矛盾、恋爱困扰、婚姻困境、家庭冲突、学业压力、考试焦虑、就业困难等。成长性心理危机表现不剧烈，进程缓慢，持续时间长，一旦成功化解，将有助于大学生朝着更加成熟的方向发展。但如果成长性危机事件已远远超出当事人的应对能力，则需要进行直接或间接干预。

（四）病理性心理危机

病理性心理危机是由某些严重心理障碍、神经症或精神病性问题所引发的心理危机，如抑郁症、焦虑症、强迫症、恐惧症、精神分裂症等。也有的是由失范行为或犯罪行为引发的危机，如品行障碍、违纪违法等。病理性心理危机需要进行专业的干预才能解决，精神病性的问题必须接受精神科专业医生的诊疗。

三、新时代大学生心理危机的特点分析

（一）时代性

中国特色社会主义进入新时代，当前大学生大部分为95后、00后，他们面临的心理危机具有鲜明的时代性。当代大学生面临的学业困扰、就业困难、创业困境、婚恋压力、房价压力、舆论压力等都呈现出新的特点，除了焦虑、抑郁、强迫等常见的心理问题，"空心病""佛系"等现象也成了当代大学生生动的心理写照，大学生还经常面对着理想与现实的冲突、自我与他人的冲突、驱动与回避的冲突。此外，还面临着贫富差距、环境污染、隐私泄露、健康隐忧、风险隐患等诸多不确定、不安全的因素。这些问题一旦应对不好，就很容易产生心理危机。

（二）易感性

正处于青年初期的大学生是心理危机的易感人群。大学时期年龄一般都在18~25岁，虽然生理成熟，但心理发展处于由不成熟向成熟发展的过渡阶段，社会性发展相对比较滞后，认知容易出现偏差，心理容易出现各种矛盾与冲突，心态容易失衡，情绪容易发生失控，存在潜在的风险。如果负性情绪蓄积太久，极易做出极端和偏激的行为，引发极端事件。近年来，大学宿舍发生的几起典型的事件就是深刻的教训。例如，2004年的马加爵事件，由于马加爵的不良情绪长期没有得到合理的疏导，最终因一件小事导致其心理危机的爆发。

（三）多重性

当代大学生个性张扬、价值观念多元多样，加之历史虚无主义现象时有抬头，西方对我国意识形态渗透从未停止，大学生经常对一些问题和看法的认知能力有限，辨别是非真伪能力不强，容易引发各种内心冲突。比如，对于什么是对的、什么是错的经常会存在困惑，对于教材上和老师讲的与自身亲眼看到的现实经常存在出入时该相信谁？面对身边各种过度消费、超前消费、攀比消费等现象，是否该继续保持节俭的消费观？面对市场经济的深刻冲击，该追求金钱和享受的生活还是继续坚守心中的理想？这些困扰都容易引发大学生的心理冲突和危机。

（四）动力性

心理危机是伴随着人的一生必然发生的，只要人活着，那么就会有危机。在大学生活之中，伴随着角色转化、环境适应、人际交往、恋爱受挫、学业压力、就业焦虑等出现的心理危机并不都是负面的，机遇与风险同在，挑战与考验并存，危机与成长共生。一些心理危机具有动力作用，能够促使大学生在应对危机中增强积极心理资本，变得更加自信、乐观，更具韧性、活力，获得更多心理成长的力量。

四、新时代大学生心理危机的产生原因

（一）角色转换难以适应引发心理危机

在成长和发展过程中，每个人的角色都会随着时间地点和条件的变化而变化，但是如果不能较好地适应，就容易引发心理危机。从高中学习到大学学习，学习方式、内容和途径都发生了很大的变化，有的同学难以适应大学"放养式"的学习模式，因此时常会感到不知所措，有的同学对于自己没能考上理想的大学而灰心丧气。从家庭生活到宿舍生活，有的同学第一次尝试集体生活，与同学在生活方式、兴趣爱好等方面存在很大不同，又不懂得如何与同学进行正确的沟通，容易产生摩擦和矛盾。此外，部分大学生可能还会遇到异地上学水土不服、宿舍矛盾、人际冲突、失恋、挂科，甚至家庭发生变故等多重生活应激源。这些都容易导致大学生的各种心理危机。

（二）多元价值深刻冲击引发心理危机

从教育本身发展的角度来看待教育供给侧结构性改革的必然性。随着高等教育普及率日益提升，高等教育的供给数量得到了极大丰富。但是以陈晨明为代表的一批学者通过对高等教育的人才培养跟踪分析，发现高等教育的供给质量没能有效提升，出现了人才培养供需之间不一致的现象，主要体现在学校给予求学者的知识技能与求学者潜在的知识技能需求不一致、与用人单位对劳动力的工作岗位技能需求不一致，即高等教育在人才培养方面出现了结构性失衡现象。具体到人才培养的各个环节上，主要集中体现在以下三个方面：专业设置与社会经济发展需求的不匹配、课程资源建设内容与行业企业对知识技能的要求不匹配、求学者的实操技能与工作岗位的实际需求不匹配。

（三）现实社会转型变革引发心理危机

当前，我国社会正处于全面转型变革当中，经济发展处于由中高速增长到高质量发展的转型升级中，发展不平衡不充分的问题突出，传统行业深受挑战，社会竞争激烈，生活节奏加快，部分地区环境污染较为严重，这些都很容易引发大学生的焦虑和不安全感。加上有的高校专业设置与人才培养模式同社会市场不接轨，无法满足社会的需求，人才培养与市场需求不匹配，大学生就业难度加剧、创业风险增加，甚至有的学生一毕业就面临失业的处境，这也给部分大学生带来了潜在的危机。

（四）网络世界险象迭生引发心理危机

当代大学生是互联网时代的"数字土著民"，他们从一出生就开始接触互联网，深受互联网的影响。大部分学生习惯于通过QQ、微博、微信等新媒体进行虚拟社交，通过百度、知乎、搜狐、手机App等网络平台收集资料、获取信息，通过支付宝、天猫、当当、京东等网络交易；部分大学生整天沉迷于"王者荣耀""英雄联盟""吃鸡"等网络游戏，喜欢通过直播、抖音、自拍等方式进行自我呈现。网络已然成为当代大学生学习、娱乐、

消费的重要场域。但网络风险也无处不在、无时不有。而现如今，网络攻击、谩骂、色情、诈骗等现象时有发生，各种网络乱象层出不穷，网络舆论经常一点即发，大学生很容易成为网络生活的受害者。有的大学生深受校园贷、网络贷、网络诈骗等的伤害，导致出现抑郁、焦虑、恐惧、失眠等各种心理和生理方面的非适应现象。网络风险呈现出各种新的形式和形态，都容易引发大学生的各种心理危机。

五、新时代大学生心理危机的自我应对

（一）善于觉察

觉察是应对危机的第一步，也是改变现状的基础。大学生在遇到心理危机时，首先要觉察到自己对危机事件和自我的认知、情绪和感受。经常问问自己现在的认知是否存在以偏概全、糟糕透顶的偏差？目前的情绪状态有利于应对危机、解决问难吗？要经常问问自己真正想要什么、能做些什么，哪些是通过自己的努力可以控制的，哪些是不可控需要主动适应的。要经常进行积极的自我暗示，善于觉察自己拥有或可以利用的资源，给自己赋予积极的能量和力量以应对危机。

（二）勇于面对

遇到心理危机并不可怕，可怕的是不敢去直面它，或者是选择逃避。大学生要认识到心理危机是普遍存在的，当遇到危机时，要全面分析危机发生的原因，辩证看待心理危机带来的影响，多看到心理危机的积极意义。要相信"否极泰来""不经历风雨怎能见彩虹"的道理，不要总是怨天尤人，要学会在困境中把握机遇，获得心理成长。

（三）敢于求助

"自助者天助。"大学生要增强"自己是心理健康第一责任人"的意识，遇到心理危机要主动寻求帮助，不要等待，可以将自己真实的困难和痛苦告诉值得信任的人。"一个篱笆三个桩，一个好汉三个帮"，大学生要相信有人愿意帮助你支持你，既可以向辅导员、校心理咨询中心寻求帮助，也可以向心理热线或校外的心理咨询人员寻求帮助。

（四）成于配合

如果寻求心理咨询，要积极配合心理咨询师。心理咨询并不是一次就能解决心理危机，可能需要反复多次去见咨询人员或心理医生。如果到医院精神科诊疗医生有开药，要严格按照医生的嘱咐并坚持服用，不能擅自断药。特别是对于存在严重心理问题、神经症和精神病性问题危机的学生，更需要积极配合治疗，才能有效渡过危机。

第三节　高等教育心理危机干预

为了有效解决日益普遍、严峻的大学生心理危机问题，本研究提出了积极心理学视角下的心理危机干预模式。一方面，要从"内生力量"和"社会支持"两个方面强化大学生心理危机应对的积极力量，实现"救火队"工作模式到"防疫者"工作模式的积极转变；另一方面，重视"以幸福为中心的生命教育"和"以逆商为中心的挫折教育"的积极心理危机预防工作，践行"基于积极心理品质测查的心理潜能激发"和"基于积极心理支持建构的心理资本聚力"的积极心理危机干预工作，实现"被动干预"到"主动预防"的积极转变。

意外人身伤害、公共卫生事件、突发自然灾难，包括作弊、失恋、求职等心理应激事件给大学生造成了难以承受的心理危机，甚至会导致自杀等悲剧发生，因此高校的心理危机干预工作受到了教育相关部门、高校和学生家庭的高度重视。但是当前的大学生心理危机干预工作还存在着预防不足、干预滞后、干预不彻底、干预病理化等缺陷，本研究将基于积极心理学在大学生心理危机干预中的适用性分析提出大学生心理危机的积极应对结构和大学生心理危机干预的实施路径。

一、积极心理学在大学生心理危机干预中的适用性分析

（一）突发应激事件的不可控性与积极化心理危机预防的重要性

意外事故、自然灾难、公共卫生事件等突发应激事件的发生具有不可控性，甚至具有一定的必然性，这就使得有观点认为心理危机预防是一个难以实现的"伪命题"。心理危机干预理论创始人卡普兰认为心理危机 (Psychological Crisis) 是个体在遭遇突发重大应激事件时，运用个人常规应对方式无法解决后，出现的情绪混乱、行为偏激或人格解体的心理失衡状态。这样来看，突发性的心理危机事件并不是心理危机出现的充分必要条件，个体的心理应对品质也是决定是否出现心理危机的关键因素。这就意味着尽管心理危机事件的出现是不可控且无法绝对预防的，但是从优化个体心理应对品质的角度可以做到心理危机的预防。

突发危难事件的不可控性决定了心理危机是一种常态，特别是对于心理矛盾性明显、抗逆力脆弱的大学生群体而言，心理危机具有较大的人群普遍性、发生常态性和后果恶劣性，这就要求高校的心理危机干预工作要着力提升大学生的积极心理品质。积极心理学倡导以个体的积极情绪体验、积极人格品质和积极组织氛围为工作要点，优化个体的辩证思维、勇气、意志、善良、自控、乐观和希望等积极心理品质，一方面以积极的应对方式去面对生活中的危难，从而达到降低心理危机发生概率的目的，另一方面凭借积极的心理品

质抗御心理应激事件，达到降低心理危机伤害性的目的。因此，积极心理学是大学生心理危机工作创新变革中的重要思路，危难事件无法先知、难以预防，但是抗击心理应激事件的积极心理品质却是可以未雨绸缪、尽早提升的。

（二）传统心理危机干预的病理化与积极心理危机干预的优越性

传统的大学生心理危机干预以"哀伤辅导"为主要工作思路来处理应激事件给大学生带来的心理失衡状态，以症状的出现作为危机干预工作的起始点，也以症状的消除作为危机干预工作的结束点，这种危机干预模式具有一定的心理治愈效用，但是也存在着一定的不足：①心理危机处理不彻底。"哀伤辅导"为代表的心理危机干预模式更多的是运用情绪舒缓、放松减压和社会支持等方法实现干预对象的短期心理适应，而造成心理危机的根本原因（社会认知偏差、心理韧性不足和危机易感性强等）没有得到深层解决，这就无法避免同类事件继续对危机对象产生严重不利影响的可能性。②心理危机的后续追踪不足。事实上，危难事件造成的心理危机往往具有潜伏期，如创伤后应激障碍通常出现在强奸、致残、丧亲等恶劣事件的三个月后。③心理危机干预对象不全面。灾难幸存者和灾难急性心理障碍不明显的大学生也是心理危机干预的重要对象，可能会遭受到"污名化标签""社会性歧视"和"自罪倾向"等心理危机风险。

甚至一些高校在心理危机干预工作中还存在着行政化思维，在学生陷入心理危机后首先以维护校方的"良好形象"为目的开展危机公关、责任处分等工作，或者是粗暴地把学生的心理危机处理工作交给家长或医院等机构，甚至以"休学、劝退"避免学校责任。

积极心理学视角下的心理危机干预不再止步于心理应激状态的解除，也不再单凭危机干预人员的专业力量开展心理危机干预。而是激发危机干预对象的积极心理潜能来对抗心理危机状态，并且注重干预对象在危机处理过程中的积极品质塑造以防患于将来可能出现的心理危机，具有更加深刻和长效的治疗意义。

（三）当前心理危机预警的滞后性与积极心理危机干预的必要性

传统的高校心理危机干预基本以事后干预为主，通常在心理应激事件出现后或心理危机产生后才采取相应的应急干预措施。目前，大部分高校心理危机干预都引入了"学校心理健康中心（专业咨询师为主）—院系（辅导员为主）—班级（心理委员）—宿舍（心理联络员）"的四级心理危机预警机制，希望以此来防患于未然。然而这一系统化程度很高的心理危机预警机制依然只起到"亡羊补牢"的作用，未能摆脱其滞后性的问题。四级心理风险防控系统是一个垂直组织，任何一个节点人员的专业性和尽责度都会有显著影响到心理危机干预的及时性和有效性，然而这些节点人员的专业性和尽责度并没有绝对保障；四级心理风险防控机制依然是以危机事件和学生的异常反应为基本汇报指标，做到了"早发现"的心理防控目标，无法从根本上预防心理危机的出现。

从"被动干预"到"主动预警"体现了高校心理危机干预工作的进步性，但是都存在滞后性的缺陷。积极心理学实现了从"被动干预"到"主动预警"再到"积极预防"的升级变革，工作场景从突发危机事件转移到了日常的积极心理教育之中；工作对象从心理危机对象转移到了全体的大学生群体中；工作目标从危机状态的解除转移到了积极心理能量的塑造中，工作思路从及时预警和快速干预转移到事先预防和积极防控中。据此，本研究进一步提出了积极心理学视角下的大学生心理危机干预的框架设计和实施路径。

二、积极心理学视角下的大学生心理危机应对结构探索

不同于其他的心理危机干预模式，积极心理学视角下的大学生心理危机干预更加重视大学生自身对心理危机状态的积极应对、主动防范与正向抵御。心理学家勒温在社会行为的形成中提出了 B=f(P，E) 的模型，社会行为 (behavior) 是个体内在因素 (Person) 和社会环境 (Environment) 综合作用的结果。大学生的心理危机是其常规应对方式无法承受到外在危机事件刺激时出现的心理紊乱状态，那么大学生的心理危机积极干预模式就需要一方面着力优化其内在的积极应对力量，另一方面要在提供必要的外在支持的条件下重点提升其社会支持领悟能力和运用能力。

（一）内生力量

大学生心理危机应对的内生力量是大学生自身所具备的对抗心理危机压力时的心理资本。积极心理学认为，个体存在着消极和积极两种此消彼长的心理能量。当个体出现心理障碍时，既可以通过降低消极能量的方法直接解决心理危机，也可以通过建设积极心理能量来对冲心理危机的负面影响，并且后者具有更大的可能和更快的效能。大学生心理危机的内生力量主要包括积极归因风格、积极人格品质、积极能力品质和积极危机意识四部分。

1. 积极认知风格

大学生在面对突发性应急事件时最先、最快起作用的便是其对危机事件的认知风格。认知风格不是根据事件的特殊性出现的具体化认知方式，而是一种自上而下的常规化稳定认知模式。换句话来说，并不是危机事件决定了某个大学生会持有某种必然的消极认知，而是某个大学生的认知风格决定了他对危机事件的看法与评价。正如心理学家埃利斯的 ABC 理论所述，导致心理问题的不是客观事件本身，而是对客观事件的看法和评价，绝对化要求、过分概括化、糟糕至极等不合理信念是心理危机出现的重要预测变量。

相同的危机事件发生在不同的人身上会有不同的结果，其中起着调节作用的便是个体的认知风格。心理学家 Lyn Abramson 的研究表明，把消极事件归纳为内在的、整体的、稳定的因素更容易导致抑郁等心理问题，而把消极事件归因为外在的、局部的、不稳定的因素则不容易发生心理问题，前者为抑郁型归因风格，后者为乐观型归因风格。积极心理学认为个体的认知风格、归因风格或解释风格是后天习得的，通过积极训练个体可以具备乐观型解释风格，这一内生积极力量将有效地降低心理危机的发生概率。

2. 积极人格品质

已有研究表明，出现心理危机的大学生个体通常具有性格内向自卑、孤独冷漠、自尊

水平较低等共性特征。这就说明人格是大学生心理危机的重要区分变量，积极人格品质在抵御心理风险上具有较大的优势。积极心理学非常强调积极人格品质在心理治疗和个体发展中的作用，甚至认为积极心理品质的发展就是个体发展的目标。

"乐观""希望"等积极人格品质能够帮助大学生在危机当中看到新生，激发转危为机的潜能；"友善""社交智慧""团队精神"等积极人格品质能够帮助大学生获取社会支持、增强协作能力，借力解决心理危机或走出现实困境；"坚韧""勇敢""热情"等积极人格品质能够帮助大学生增强心理弹性，直面突发应激事件带来的苦难。总而言之，在积极人格品质有优势的大学生一方面能够降低心理危机易感性从而不容易落入心理危机的困境中，另一方面也能够积蓄充分的积极心理能量从而克服心理危机。

3. 积极能力品质

如果说人格和认知风格是大学生心理危机应对的恒定、被动资本，那么积极的能力品质是大学生积极应对心理危机的主动内生力量，能力是个体顺利完成某种任务的基本心理条件，心理危机的解除需要大学生凭借强大的挫折耐受力和灵活的心理调控力来得以实现。针对大学生常见的心理危机，有效的积极能力品质包括挫折耐受力、情绪调控力和幸福获取力。

第一，挫折耐受力。挫折耐受力是指个体在遭遇挫折时能够抗御心理压力，避免心理失衡和行为失常，走出心理困境的能力，也有研究把这一种能力成为心理韧性、心理弹性或心理逆商 (Adversity Quotient)。挫折耐受力强的大学生能够在突发应激事件发生后依然保持生命的活力和生活的热情，积极从自身角度寻求问题解决方法以突破困境，而不是自怨自艾或者怨天尤人。

第二，情绪调控力。大学生的心理危机状态通常伴随着抑郁、焦虑、愤怒或恐惧等消极情绪状态甚至情绪崩溃状态。这就需要大学生具备认知调节、人际调节、宣泄调节等情绪调控手段和冥想、腹式呼吸、肌肉松弛、睡眠节律调节等放松减压方法，以此较早、较快地走出负面情绪的困境。

第三，幸福获取力。积极心理学视角下的心理危机应对策略不止步于危机状态的解除，而是从根本上增强大学生的幸福感来对冲已然存在的心理危机和预防可能出现的心理危机。这就需要大学生具备积极的幸福价值观和幸福获取力，一方面辩证地看待生命的价值和生活的意义追求自我实现式的心理幸福，另一方面以豁达的态度接纳生命中必不可免的危难并从中寻求"痛并快乐着"的幸福。

4. 积极危机意识

除了积极的认知风格、人格品质和能力品质之外，积极心理学视角下的大学生心理危机应对还必然地包括了大学生对心理危机的基本意识。积极的危机意识是有效调动积极认知风格、积极人格品质和积极能力品质的原动力。

首先，合理化对危机的认识。突发事件、意外事故均在正常的防范能力之外具有不可控性。大学生的心理正处于自我同一性的延缓偿付期具有矛盾性、脆弱性和不成熟性，再加上学习困难、考研（升本）失利、作弊被抓、失恋分手、求职失败等大学生危机事件时有发生，这就导致当代大学生的心理危机是一种常态，对自己可能出现的心理危机持有淡定、平和的心态。

其次，积极的危机求助意识。已有研究表明，不少身陷心理危机的大学生并没有一开始就寻求社会支持和外力帮助，甚至已经走到自杀边缘的一些大学生也没有向他人发出求救信号。尽管可以从"习得性无能为力理论"的层面上理解遭遇心理危机的大学生已然丧失其求助的信心和效能，但是没有明确的求助意识确实让本来不应该发生的悲剧重复上演，这就越发彰显出在日常心理教育中提升大学生心理危机求助意识的重要性和必要性。

（二）社会支持

积极心理学的三大研究领域包括积极心理品质、积极情绪体验和积极社会组织。前两者是大学生积极应对心理危机的内生力量，而积极社会组织会以外在支持的方式影响大学生对心理危机的应对效果。

1.社会支持的建设与重构

人是社会性的群居动物，社会支持对人的心理健康状态和心理问题解决起着关键性的作用，尽管身陷心理危机的大学更多地要凭借内生力量来处理心理危机，但是撬动危机解决的支点或者起点确是社会支持系统的建设与重构。

第一，情感支持系统的建设与重构。大学生在应对心理危机时需要充分的情感支持和心理帮扶，学校心理咨询师、辅导员、班主任是重要的引导者和鼓励者，特别是家庭的支持和同辈的辅导在大学生心理危机康复中起到至关重要的作用。这就需要大学生一方面要建构合理的心理支持网络，另一方面要基于对自己情感支持网络的审视重构强有力的情感支持系统。

第二，赋能支持组织的建设与重构。教育、卫生、民政、政法、公安和团委等系统都是大学生心理危机干预的重要赋能机构、支持组织和干预力量。高校的心理危机干预要积极引入各种心理危机干预的有效力量，大学生要从多个层面、多个角度、多个系统中寻求现实问题的解决方法和心理危机的支持力量。

2.社会支持的领悟与运用

已有相关研究表明，身处心理危机的大学生并不一定是缺乏社会支持的来源，而是他们未能感受到社会支持网络带来的正向支持，或者不能恰当地运用社会支持使之转化为心理支持。这就需要引导大学生积极地看待自己所拥有的社会资源和心理支持，充分地运用自己的积极社会支持网络。

相比较于社会支持的建构与重构，社会支持的领悟与运用是积极心理学视角下的心理危机干预模式更加重视的因素。一定程度上来讲，某一大学生所拥有的社会支持网络的数量、性质和质量是一个既定的常量，很难短时间内实现质的变化，但是对社会支持的领悟与运用可以通过积极引导和积极训练实现显著优化。

综上所述，积极心理学视角下的心理危机应对结构应包括积极认知风格、积极人格品质、积极能力品质、积极危机意识等内生力量和社会支持的建设与重构、社会支持的领域与运用等社会支持，本质上实现了以危机干预人员为主导的"救火员中心模式"到以心理危机干预对象为主导的"防疫者中心模式"的转变。

三、大学生心理危机工作的积极化路径

不同于传统的心理危机干预模式，积极心理学视角下的大学生心理危机工作更加重视心理危机的常态化预防工作，并且不只是刻板式地开展心理健康教育课程，而是以"积极心理学"为灵魂引领科学化、具体化的积极心理危机预防教育活动。与此同时，积极心理学视角下的心理危机干预工作不再是"明知不可为"地去解决现实困难，也不只是单纯地解除或被动地接受当前的心理失衡状态，而是通过激发干预对象的积极潜能来长效、彻底地解决心理危机问题。

（一）积极心理危机预防

1. 以幸福为中心的生命教育

心理危机，特别是自杀等严重的心理危机威胁着大学生的生命健康安全。正如一位心理危机当中的大学生所言"我不怕死，但我怕活着""别说是追求幸福，活着对我来说已经是竭尽全力了"，这就意味着生命教育对预防心理危机有着极大的必要性。

以积极心理危机预防为目的的生命教育核心是让全体大学生意识到生命的价值、存在的意义，让大学生掌握幸福的能力、快乐的真谛。一些大学生认为幸福是远高于"活着"的生命层次，这根本上来讲是降低了生命的意义且夸大了幸福的难度。事实上，生命的全部意义就是幸福，而幸福的条件只需要保证自己活着即可。儒家讲求以"仁"为核心的精神富足给自己带来的幸福，"一箪食，一瓢饮，在陋巷，人不堪其忧，回也不改其乐"，正是因为颜回可以在"仁、义、礼、智、信"中实现自己的人生价值，陋室中的温饱生活也无法击垮颜回的幸福状态。道家讲求以"无为"为核心的天人合一给自己带来的幸福，"祸福无门，唯人所召"，祸福得失是自然规律，喜怒哀乐是心理常态，看淡得失就是幸福的能力。当然看淡得失的"无为"不是避世、沉沦，如庄子所言"物物而不物于物"，追求成功、物质等外物并没有问题，而是不要沉迷于外物。这就显示出了一个人的幸福可以超然现实的得失忧患之上。

以幸福为中心的生命教育的重点不在于是否到达"或然"的幸福，而在于能否从"实然"的幸福出发，通过乐观的态度审视生活，以豁达的态度应对失败，以幸福的态度享受生命。据此，本研究认为与其说幸福是一种状态或体验，不如说幸福是一种能力或观念，通过以幸福为中心的积极生命教育必然会优化大学生的幸福观，增强大学生的幸福力，最终体验到持续的、真实的幸福感。

2.以逆商为中心的挫折教育

心理危机是个体的常规应对方式和既有心理资本无法抵御突发的、重大的心理应激事件的结果。这就需要积极心理学模式下的大学生心理危机预防工作要着力增强大学生应对突发应激事件时的积极心理资本。

大学生正处于自我同一性的心理延缓偿付期，有着较为旺盛的自我探索需求和较为沉重的人生发展任务，学业困难、就业困难、恋爱波动、社交障碍，包括家境悬殊等因素对大学生的心理考验不断普遍化、严峻化，再加上当代00后大学生独生子女的比例较高，普遍存在着挫折耐受力较弱的心理特点，这就会导致当代大学生对心理危机事件的风险抵御能力不足。大学生的学业进步和人生发展不仅需要高超的智商和情商，逆商也成为大学生抵御心理危机、走出现实困境和应对人生考验的重要心理品质。

以逆商为中心的挫折教育一方面要完善大学生的积极应对方式，训练和践行"解决问题""求助""合理化"等成熟型的心理应对方式，避免和减少"退避""幻想""自责"等消极的心理应对方式；另一方面要增强大学生的心理韧性，强大的心理韧性来自一次次逆风翻盘的经历，来自一次次凤凰涅槃的过程，"艰难困苦，玉汝于成"，在挫折训练、事后复盘和积极反思中锻造坚韧的心理弹性挖掘积极的心理能量，不仅不怕困难，还能解决苦难；不仅不怕失败，还能从失败中汲取营养；不仅不怕危机，还可以从危机中找到成功的契机。

积极心理学视角下的心理危机预防工作实质就是心理危机相关的教育工作。但是需要指出的是：首先，积极心理危机教育并不是体现为心理危机的事后应对知识和技能的输出，而是体现在积极心理品质、积极情感体验和积极社群组织的心理资本建设上。其次，积极心理危机教育并不仅仅局限于心理健康教育课堂，校园心理文化建设、心理拓展训练、团体心理辅导和社会实践锻炼才是更加有效的教育方式。

（二）积极心理危机干预

危机事件的突发性和个别大学生积极心理资本的脆弱性，使得心理危机的存在成为一种必然的常态。不同于其他心理危机干预模式，积极心理危机干预模式更加重视危机干预对象本身的力量和危机干预的长效作用。

1.基于积极心理品质测查的心理潜能激发

大学生心理危机干预是一项个性化的心理个案工作。不同的个案应该采用不同的应对策略。积极心理危机干预模式的个性化策略依据不是触发事件的个性化差异，而是干预对象在积极心理品质上的个性化区别。这是因为，积极心理学视角下的心理危机干预模式认为，解除心理危机的根本力量和长效力量是危机干预对象自身，能够激发出大学生自身的心理抵御能力和心理康复能力才是解决心理危机的最短捷径和最终归宿。

塞里格曼等人研发的《积极心理品质量表》和孟万金等人编制的《大学生积极心理品质问卷》都可以作为了解危机干预对象积极心理品质的重要手段之一。基于大学生危机干预对象积极心理品质的客观、量化解读，积极心理危机干预重点，在于激发和引导干预对象运用既有的积极心理品质一方面来抵御心理危机事件造成的心理失衡，另一方面开辟新的建设性活动来积极化心理基本面。

2.基于积极心理支持建构的心理资本聚力

不同于常规心理咨询，大学生心理危机干预面对的问题更加严重，同时对问题解决的时效性要求更高，必须要借助于相关联的社会支持力量来促进心理危机状态的尽快解除。特别是在积极心理学视角下的心理危机干预模型来看，积极心理支持的建设不仅是解决问题的方法，更是危机干预的长效目标。

具体而言，大学生的积极心理危机干预模式首先要为身处心理危机的大学生提供必要的社会支持和心理支持，支持、鼓励大学生形成稳定的心理抗逆效能感和心理成长自信心，启发、引导大学生找到问题解决的创新性路径；其次，帮助大学生构建和评估社会支持网络的来源、数量、质量和有效性，特别需要注重家庭、同学、好友等社会支持的领域与运用。但是这不等同于一般意义上的社会支持，需要基于积极心理组织相关理论评估当前的干预对象的人际网络的效价，有的时候父母、舍友并不一定是积极的心理支持来源。总而言之，通过积极心理支持网络的建构、评估和重构等工作，聚合成为大学生对抗心理危机、预防心理危机再次发生的心理资本。

第四节　高等教育心理危机干预体系

大学生心理健康教育是思想政治教育的重要组成部分，是一项专业性较强的助人工作。大学的心理危机事件不是孤立的事件，已成为具有一定代表性和典型性的社会问题。建构科学、有效的心理危机干预体系至关重要。本节从危机干预的角度出发，对建构大学生心理危机干预体系提出了建议。

我国经济正在高速发展，大学生的价值观也在变得越来越多元化，但是大学生也面临着很多挫折和压力的挑战，很多大学生在这个阶段容易陷入心理危机当中，从而出现较为严重的过激行为，这不仅会威胁到当事人的生命安全，同时还会影响到家庭、校园和社会的稳定。心理危机是由于某些因素所诱发的心理状态失调的情况，为了提升大学生的心理素质、进一步促进校园及社会的安全稳定，高校采取合理而有效的手段对大学生心理危机进行预防及干预是极为关键的。

一、大学生心理危机与心理危机干预

（一）心理危机与心理危机干预概述

我国学者在进行心理危机的相关研究时，对心理危机的概念通常采用美国心理学家

G.Caplan 的观点：心理危机是一种暂时性的心理失衡状态，其产生的原因往往源自某个或者某些困难的情境，此情境是心理危机出现者当下没有足够能力应对的，这种令其感到困难的情景会导致心理困扰的出现并形成心理危机。

心理危机干预是一个较为短期的过程，此过程是为那些经历过心理危机以及正在面临心理危机的人提供支持，帮助其能够更快地恢复到心理平衡状态。危机干预是以简短的心理治疗为基础进一步发展而形成的治疗方法，能够有效地解决心理危机的问题。心理危机干预主要是在发生严重的突发事件之后，针对面临心理危机的大学生采取快速、高效的应急方式对其进行干预，采用较为合理的方法对于应急事件进行处理，从而使其能够渡过危机时期，帮助其逐渐恢复到心理平衡状态。

（二）大学生心理危机的研究现状

目前，人们对于大学生心理危机的认知仍然不够全面，有些文章当中甚至会出现一定的误解，因此对其进行正确的认识和界定是极为关键的。在国内学者对大学生心理危机的系列研究中，关于大学生心理危机概念的界定较少，其中比较有代表性的有：邵昌玉提出大学生心理危机主要是指高校学生运用寻常应付方式不能处理，由于无法克服心理冲突或外部刺激而对所遇到的内外部应激事件所发生的一种反应；高留才认为心理危机是指当大学生受到一些突发事件或面对的困难情境超过了他解决此类问题的能力时而产生暂时的心理困惑。

二、当前大学生心理危机干预存在的主要问题

（一）心理危机识别不精准

目前，我国高校对心理危机的干预意识并不强，依旧未形成危机精准识别的干预机制。大学生心理危机出现的原因复杂，学业问题、经济问题、家庭环境、生活事件、个性心理等因素均可能会影响大学生的心理健康，情况严重的甚至会引发心理问题产生心理危机。大学生的心理危机具有隐匿性、变化性和反复性，其自身难以察觉，同时，我国高校在处理大学生心理危机时也存在着经验严重不足等问题，这导致大学生的心理危机难以被准确识别。

此外，我国高校的心理健康工作者的能力培养体系并不完善，这就导致了部分心理健康工作者对心理危机干预专业知识了解不够深入，专业化标准尚且未达标。同时，这也与高校辅导员的专业背景相关。在我国目前的高校辅导员专业背景中，教育学、心理学、思想政治学等相关专业出身的辅导员比例并不高。然而具备教育学、心理学、法学、社会学、思想政治学等社会科学的知识却是准确高效地应对和处理学生心理突发事件的基本条件。虽然有些高校采取了变通的办法，会求助于专业机构来处理大学生心理危机事件，从而弥补专业性不足的缺憾，但很大可能会使心理危机无法在第一时间内得到化解，错失了消除危机的最佳时机。

（二）心理危机干预模式僵化

在大学生的心理危机干预中，通常更加倾向于采用自外而内的单向干预模式。通常个体在遭遇了一些主观感受超过其承受能力且仅凭个人力量已无法实现心理平衡的事情时，必须通过外界的介入，才能使其有进一步的调整。这种外界主导的单向干预，在一定程度上是较为合理的，但个体的长期消极被动导致其主观能动性的压抑这一局限性也不容忽略。

马克思主义哲学的辩证法告诉我们，任何事物都是内外因素相辅相成的结果，内因决定事物发展方向，是根本；外因促进事物变化，并通过内因对其进行作用。所以我们对于大学生心理的危机干预，除了重视外部导向的模式，也应该对于个体自身的潜能来进行调动，从而能够使得其心理平衡得到进一步的恢复。在内外并行的新型模式处理下，大学生的危机个体有着较为动态的特点，个体对于危机的应对潜力被激活与唤醒，主观上克服危机的积极性被提高，从而能更有效地使用外界的支持和帮助，共同战胜心理危机。

（三）心理危机干预力量单一

在进行大学生心理危机干预时，干预主体存在着单一化的问题。大学生远离家庭，尚未步入社会，在大学校园内进行生活，学校应当承担问题学生的心理危机干预责任，一旦出现心理危机，学校就会当即采用预案来进行介入，为防止危机事件发生赢得了宝贵的时间。但家庭和社会却在干预过程中地位产生缺失，其作用没有得到充分的体现。这种割裂了学生和家庭、社会之间的关系，把整体的问题只是放在学校这个层面来进行考虑，没有全面地探讨大学生心理危机的复杂性，使得问题简单化的状况势必会影响干预成效。

大学生心理问题的产生受到多种因素的影响，家庭因素是其中非常重要的一方面。很多危机的诱发因素在于家庭，如经济的问题、父母离异等方面；因此，家庭对孩子心理健康的主要作用和当前家庭干预心理危机的缺失形成的反差值得特别关注；同时由于大学生还没有走向社会，和社会的联系是较弱的，但是社会上有着较为丰富的危机干预资源，比如说专业的心理辅导以及较为先进的医疗条件等，在这个特殊情况之下，学校需要将危机的学生转介到专业的医疗机构对其进行诊治。

三、大学生心理危机干预体系建构

（一）建立心理危机反馈识别系统

高校为了有效地帮助出现心理危机的学生化解危机，需要构建快速、高效的反馈识别系统，以在学生出现心理危机时能够及时干预、稳定情绪，帮助学生走出当下困境。

建立心理危机反馈识别系统首先要做好细致的行为观察。行为观察主要是指辅导员、班主任、心理委员、班干部等，要在日常生活中细致入微地观察学生的行为，掌握学生的基本情况，以便及时发现问题、尽早进行干预，防止和避免事态恶化升级。辅导员、班主任需要经常性地走访学生宿舍、开展谈心谈话、深入学生课堂，充分发挥学生骨干的作用，及时了解学生的日常状态和心理变化。其中，有下列问题的学生为重点筛查对象，晚点名未假外出、去向不明的，早操、课堂、宿舍违纪的，人际关系紧张的，课程不及格的，学籍异动的，感情受挫的，家庭变故的，突发事件的等。上述行为问题是心理危机产生的必要不充分条件。要对辅导员、班主任、心理委员、班干部等开展针对性的专题培训，增强发现和识别心理危机的能力。

其次，要做好大学生心理测评工作。从新生入学开始，要定期为所有学生开展心理普查，建立学生心理健康档案动态数据库，在此基础上对心理危机高发的学生进行准确摸排、分级管理、重点关注。通过心理测评和分级关注，一方面可以帮助学生形成重视心理健康的观念，另一方面可以让高校心理健康教育工作者实时掌握学生心理动态，及时发现心理危机的诱因，提前预防、化解危机事件，最大限度地降低危机发生率。

最后，高校要加强与学生家长的沟通交流，将学生的心理健康状况及时反馈给家长，保障信息反馈过程畅通无阻。在新生入学时，让每一名学生填写新生档案卡，收集学生的家庭地址、家庭主要成员信息、家长联系方式等，为家校信息互通打下基础。在新生报到期间，通过组织召开新生家长会、建立年级家长 QQ 群和微信群等方式，向家长和学生灌输学生的健康成长离不开家庭支持的观念。在此基础上，定期与家长交流学生的心理健康状况，做好家长的心理工作，帮助家长及时准确地了解孩子的心理状态。当学生陷入心理危机时，第一时间与家长进行联络并做好沟通协调工作，共同为心理危机学生提供支持和帮助，并及时让有需要的孩子进行转介，尽早接受专业治疗。

（二）心理危机干预要多措并举

要做好大学生的心理危机干预工作，提升高校心理健康教育工作者的专业技术水平是重中之重。大学生心理危机干预工作是一项专业性较强的工作，仅凭借工作热情是难以妥善处理的。因此，要想更好地适应高校心理危机干预工作的要求，提高心理健康教育工作团队的综合素质、对其开展专业培训是十分有必要的。

此外，要普及心理健康的专业知识，引导学生学会主动寻求帮助，提升大学生面对心理危机时的应对能力，并在有需要的时候主动接受专业的咨询或治疗。定期邀请心理学专家为大学生普及心理危机应对的基本知识，以专题讲座、心理健康知识培训、座谈交流会等形式定期普及心理健康教育的知识。同时，还要结合学生的实际情况，引导学生发挥自助、助人的功能。高校要依托心理健康教育中心、学生组织多渠道、多载体、多形式地开展系列教育活动，帮助学生更好地融入大学生活，增强了学生的心理健康意识，为开展心理危机干预工作奠定良好的基础。

在进行心理危机干预时要进行双向干预，既要自外而内又要自外而内，要将解决实际问题与解决心理问题相结合。比如，有的学生出现了挂科、违纪等问题，真有很大的可能性与其心理问题相关，心理健康教育工作者一定要在处理问题的同时应该尽可能深度挖掘发生问题的原因，抓住每一个可能了解学生心理问题的契机，进一步预防心理危机。

（三）心理危机干预要多方联动

高校在进行大学生心理危机干预时，心理健康教育中心教师、辅导员、班主任、心理委员、班干部、党员等往往是中坚力量，但是心理危机干预是个复杂、系统化的工作，干预效果却时常不尽如人意。这是因为许多高校在进行危机干预时，仅仅依托于学校内部资源，而心理危机干预不仅只大学生的健康成长息息相关，也是关系到学生家庭和谐、学校及社会安全稳定的重要工作，因此，高校在充分利用学校内部资源的同时，还需要借助来自学生家庭以及社会环境的资源和支持。

高校应该以学校的内部资源为基础，充分利用好家庭与社会的支持力量，将危机干预工作与学校、家庭、社会三者关联起来，构建起学校—家庭—社会三方合力、三位一体的大学生心理危机干预体系。在这样一个三位一体的危机干预体系中，心理健康教育中心教师、辅导员、班主任、心理委员、班干部、党员等的协同作用能得到充分的发挥，家庭和社会的资源被积极地调动，成为辅助学校开展相关工作的强大支撑力。当大学生出现心理危机的时候，学校应当立即采用应急预案，对危机学生进行干预的同时，尽快联系学生家长到校配合开展相关工作。而一旦发现危机程度超出了学校、家长干预能力的范围时，就应该及时转介，借助社会专业心理机构的力量来对其进行帮助。在危机学生接受治疗期间，学校应与专业机构保持联系，充分了解治疗进展情况。在危机后干预阶段，也需要保持良好互动，使危机学生恢复和保持心理平衡。在这一过程中，保持畅通的交流与沟通是危机能够得到顺利解决的重要条件，而学校在其中所扮演的角色是非常重要的，它既是信息的传递者，又是整个事情的监督者。家长应与学校保持沟通，如实反馈相关信息。学校、家庭和专业机构一方面各司其职，另一方面三方应保持畅通的交流与沟通，形成合力，做到信息及时透明共享，相互补充，在对学生进行心理危机干预时能够做到井然有序、多方联动，共同帮助问题学生走出困境。

大学生心理危机干预是大学生心理健康教育工作中至为重要的一部分，它与大学生的健康成长息息相关，并且关系到了到国家和社会的和谐稳定，我们应当寻找经验，通过较为科学的方案来对其进行处理，充分发挥心理危机的干预作用，充分调动家庭和社会的资源，家校互通、在社会系统的辅助下，构建完整的危机干预生态体系。

一方面，学校应该加强和家长的沟通，对于家庭心理教育的作用进行进一步的发挥，向家长传输新的教育理念和心理危机的干预模式，使得心理存在着危机的学生能够获得家庭的理解和支持。同时，需要对学生家长进行系统的培训，最后，当学生面临心理危机时，需要充分发挥家庭的作用，帮助面临危机的学生得到家庭的支持，使其能够坚定地度过危机。

另一方面，要充分调动社会系统的资源。社会系统可以有效地协调个体、学校、家庭之间的关系，达到系统间的互动、互助发展。目前，我国的社会教育系统的建设工作才刚刚起步，运转过程中的系统性仍有不足。因此，需要建立以高校和家庭基础，以医疗单位、专业预防救援机构为辅助的大学生心理危机干预体系，进一步提升对心理危机大学生干预和帮助的及时性和有效性，将是我们继续努力的基本方向。

第五节 价值观与高等教育心理危机

一个人的行为是以价值观作为基础的，大学的心理危机主要是因为价值观冲突引起的，为了建立良好的心理危机防御体系，就需要确立健康的价值观。基于此，本节对文化视角下大学生心理危机干预研究进行深入探讨。

价值观指的是一个人对四周客观事物重要性的看法和评价，直接决定了一个人的人生态度、从什么样的角度去了解社会以及从什么样的角度去对自身的行为进行规范。大学生由于自身的身心发展还不够成熟，面临复杂的社会，大学生的价值观很容易和现实社会发生冲突，进而引发心理危机。因此，从文化的角度对这些问题进行审视就显得非常重要，不仅可以更好地进一步对已经存在的心理危机干预理论进行拓展和延伸，还可以建立出良好的心理防御体系，提高大学生的心理危机干预实效性。

一、大学生心理危机干预过程中需要重视的价值观因素

（一）导致价值观冲突的主要原因

价值观是人们用来对事物进行指导和评价的一种心理倾向系统，是指导人们活动的精神力量和驱动力，人们的行为也都是在价值观的支配下开展的，在社会的转型时期，各种评价标准和价值观念越来越多元化，人们经常需要面对各种斗争和冲突，在社会转型期的人们由于失去了基本的价值标准，内心深处就会感到无所适从，感到矛盾，对未来失去信心。用来安身立命的原则就产生了动摇，行为的合理性丧失，出现尺度混乱，是非颠倒的情况，在行动时，缺乏方向感，失去了理想的根基，面对复杂的社会，充满迷茫。作为一个特殊的群体，大学生的自我意识和身心发展正在由矛盾和分化走向统一，是人格建立和发展的关键时期，受到价值观的直接或间接影响比较大。在各种价值观相互交织、相互转型的世界中，社会矛盾越来越明显，对于大学生来说，由于社会阅历比较浅，很多青年大学生出现了抉择方向、数据失准，认同失标的情况，在心理上出现了失态和失衡，再加上现在很多大学生多为独生子女，成长环境比较舒适、安逸，缺乏意志力，耐挫能力和社会适应能力不高，经常会以自我为中心，存在比较严重的叛逆心理，对于不同的问题，存在不同程度的认知偏差，部分人在遇到挫折和困难时，很容易产生沮丧、无助等消极情绪，如果不对其进行积极的引导，就会使其对未来感到茫然，价值理想、价值信仰和价值评价方面也会产生困惑和迷茫。当自身的价值观和生活经验不能解释遇到的困难时，就会产生心理方面的危机，如果的价值观教育也缺乏正确性，就会进一步导致个体出现认知和人格

方面的偏差，在遇到情境性危机和苦难挫折时，没有信念支撑，缺乏面对压力、解决压力的方法，进而产生心理方面的危机。

（二）要将价值观引导作为心理干预的重点

危机干预指的是帮助危机中的家庭或者个人的一项技术，通过将个人潜能激发出来，使其心理恢复到一种平衡的状态，简单地说，就是让处于危机中的人，心理恢复到一种平衡的状态，目前，我国高校在心理危机的干预方面提供了很多的方法和策略，并且已经取得了较大的发展，但是总体来说，还缺乏危机干预意识，相关的经验也相对比较缺乏，没有合理地对价值干预手段进行引导和分析，从而使价值观得到重塑，使其具有防御心理危机的能力，在心理上进行自我调节和自我控制。过去在对大学生群体进行心理干预时，都是在出现心理危机后进行的，这个时候心理危机已经出现，没有在萌芽状态将心理危机消除，而通过价值观构件引导的心理危机干预系统，是通过对大学是进行引导，然后让其树立正确的价值观，让大学生产生心理危机的抵抗力。此外，传统的干预系统，都是使用一套全面、详细的指标体系评定大学生的心理危机，由于看待问题的角度和认识度存在差异化，导致相同的心理危机会产生不同的判断，不能更加系统、全面地分析遇到的危机问题，而心理危机的消除，需要通过当事人不断地进行自我摆脱、自我调节，专业人员只需要根据当事人的实际情况给予帮助和指导，是扮演着辅助者的角色。专业人员根据当事人的偏差采取合理的治疗措施，通过对其进行合理的引导，使其树立正确的价值观，让其可以在心理方面产生防御性，在遇到心理危机时，可以进行自我调节和控制，从而达到解决心理危机的目的。

（三）建立正确的价值观

一个正确的价值观是引导学生建立心理危机防御系统的重要环节，在提高学生心理健康水平，降低学生心理危机方面非常重要，通过对大学生的价值观进行正确的引导，使其建立解决危机的对应机制，具有完善的个体人格，从而建立出顽固的心理防御系统，这是防止个体心理出现危机的一种有效措施。可以从根本上防止和降低心理危机的出现，在提升大学生心理素质，培养健康人格，降低心理危机方面具有重要意义。

在一般情况下，大学生的抗拒心理和刺激的承受心理是心理危机形成的主要原因，而心理抗拒力量和承受力量的大小又和大学生心理活动的动力结构系统有密切的联系，作为一个人格的关键部分之一，大学生的价值观和人生观是组成动力结构的关键，发挥着调解危机和化解危机的作用，而人格教育重点是引导大学生做一个什么类型的人。通过对大学的价值观进行引导，让大学生具有坚定的价值观点和人生信仰，具有良好的责任心，可以将社会利益和自身利益紧密地结合起来，将社会利益放于自身利益上，实现自我价值。在情感方面更加的成熟、稳定和乐观，在个体认知方面具有良好的自尊心、自信心和自制力，在意志方面可以更加果断、坚强和自立。在人格方面具有远大的抱负和离心，具有乐观向上的人生态度，不断努力追求自己的梦想，不难想象，一个热爱生活的个体，越是执着地追求自己的人生，生活也就会变得更加充实，思维会更加深刻，思想境界也会提高，情绪会越来越稳定，对社会的认知也会更加敏锐，个体在具备了健全的人格后，就会具有良好的心理状态，心理危机出现的可能性就会降低。此外，对于个人来说，一生中遇到挫折和困难是正常的，可能会出现短暂的心理失衡，而通过将个体的价值观内化，可以帮助个体从危机状态脱离出来，实现心理危机的自救，铸造出抵御刺激和抗击压力的人格 盾牌。

二、价值观对心理危机进行干预的方法

作为一个系统复杂的过程，价值是在一个特定的环境中，个体在自我意识、自我需求和经验影响的作用下形成的，这些因素的差异性导致个体的价值观也存在比较大的差异化，作为心理构建的基础，价值观主要通过意志力、影响态度、认知方式等方法对心理造成干预。首先，价值观会通过影响态度的方式来对心理危机进行干预，对个体对危机的认识造成影响，可以让人主动进入客观事物的认识和选择中，不同的个体，面对事物时的态度也会有比较大的差异性，可能会导致个体产生不同的情绪，因此，态度的差异会使个体在面对危机时，产生不同的认识，并影响个体心理危机的形成。其次，价值观通过意志力来对心理危机造成干预，对个体面对危机时心理的承受能力造成影响，由于困难和心理危机是共同存在的，个体意志力的强弱直接会对个体抵御外界压力的能力造成影响。最后，价值观会利用认知来对人的心理危机进行干预的，个体生活过程中，表现出来的举止、行为爱好、对客观事物态度的差异性等，除了受到客观条件的限制以外，还和自身的价值观有直接的影响。在追求某些事物时，人们往往会选择和自身价值观念相符合的一些东西，对于和自身价值观冲突的东西，一般会选择放弃，也就是说，人总是做一些对自己具有意义和价值的事情。所以，人的个体价值取向，会直接对人的道德标准、行为举止和人生目标造成影响，而且会对人的心理危机发展方向造成影响。

三、文化视角下大学生心理危机干预的措施

为了对大学生心理危机干预的有效性进行全面提升，就需要开展大学生心理健康教育，提高大学生的心理素质和内在修养，加大大学生的文化教育力度，多向大学生灌输一下正确的价值观念，使大学生可以正确地认识人生，不仅可以提高大学生的心理抗压能力，而且可以提高大学生抵御外界压力的能力。

在开展教育工作时，高校心理教育工作人员，要让大学生树立正确的文化观念，使大学生可以更加客观、理性地看待事物，对自身的行为进行规范。在对心理危机进行干预时，要把价值体系的树立作为重点，遇到个体经验和现实生活经验不一致的情况时，个体就会产生焦虑的情绪，如果大学生具有良好的价值观体系，就会对这些外在的因素进行自动抵御，可以更加理性地面对外来的因素。在社会经济的发展下，大学生在生活的过程中，会受到权利、金钱、物质等方面的诱惑，会逐渐将自己所肩负的使命和理想抛弃，生命的真

实意义也逐渐被淡化，价值观发生了扭曲，作为培养高素质人才的重要场所，高校要肩负起人才培养的重要使命，要可以将自身的教育功能充分发挥出来，对大学生的精神生活进行正确的引导，使大学生树立正确的价值观和人生观，如此在生活的过程中，当大学生遇到冲突和矛盾的时候，可以更加理性地控制自身的行为和思想，对自身的价值观念进行规范。此外，这种方法可以更好地帮助大学生解决心理危机预防过程中遇到的问题。

其次，在教育的过程中，大学生心理教学要将心理健康教育作为理论基础，将新的教学理念体现出来。在实际的教育过程中，由于各种方面的因素，限制了社会的发展，导致人们普遍认为心理健康教育只是为了将存在的心理问题找出来并进行教育，这种教育方式不仅不会减轻学生的心理负担，而且会对学生的心理健康造成影响，产生心理上的负担。除此之外，大学生心理教育也主要是集中在负面情绪的消除和心理障碍的消除，很多学生都不知道怎么样培养自身的积极性。所以，在开展心理健康教育时，要使用科学的方法对个体教育的价值进行研究，将个体的潜力充分挖掘出来，让学生树立良好的自信心，使学生从中找到可以快乐生活的方法，在提高学生心理教育，解除学生心理危机方面具有极其重要意义。

总而言之，大学生心理危机干预是大学生心理健康教育工作的一个重要课题，从文化角度对大学生的心理问题和心理危机进行探讨，可以有效地对大学生的心理健康范畴进行拓宽，提高大学生的危机心理健康理论范围，增强大学生心理干预的实效性。在教育的过程中，高校心理健康工作人员要对自身的观念进行更新，提高对价值观的重视力度，将文化教育对心理危机的干预作用充分发挥出来，使学生身心更加健康发展。

第三章　高等教育的心理发展

　　大学生一般正处在青年中期这个年龄阶段。根据研究表明，大学生在生理发展方面已接近或达到成熟，为他们的独立生活和学习提供了必要的生物前提。随着生理功能的成熟，大学生的心理功能得到全面发展。他们自我意识加强，个性逐渐形成并趋向稳定，其他各种心理品质已全面而完整地发展起来；但是由于大学生社会经验的不足和心理发展的不完全成熟，在一些复杂问题面前还会表现出幼稚或片面性。所以，大学生的心理发展，正是处在迅速走向成熟，但又未真正完全成熟阶段。

第一节　心理发展概述

　　大学生的心理发展处于青年中期，这是个体心理发展的特定阶段，它与前后发展阶段紧密相连，但又有自身质的特点。大学生心理发展总体趋势是：正迅速发育成熟而又未达到完全成熟，心理发展有很多过渡性的特点。正因如此，大学生既具有由于迅速走向成熟而形成的主导的积极面，又存在由于未真正完全成熟而产生的某些消极面，这就是大学生心理发展特点的两面性。

一、心理发展的含义

　　发展是指个体从出生至成人再到老年的发展和变化过程。心理发展是指个体随年龄的增长，在相应环境的作用下，获得新结构或引起心理结构发生改变的过程，是一种体现在个体内部的连续而又稳定的变化。一般从种系心理的发展和个体心理的发展两方面来研究心理发展，通过对种系或动物演化过程的研究，考察动物心理如何演化到人类心理，以及人的心理又如何从原始、低级的心理状态演化到现代、高级的心理状态。

　　心理发展与心理变化密切相关，但并不是所有的心理变化都可谓之"发展"。从狭义上来说，心理发展只是指个体从出生到成年期间所发生的积极变化。这种变化意味着人对客观现实反映活动的扩大、改善和提高，心理发展是连续的、由量变到质变的过程。这种积极的变化是由经验和学习所产生的，并且是比较持久的。那些暂时的、局部的变化，如疲劳、疾病等情况引起的变化不是心理发展。人的心理发展经历着不同的年龄特征阶段，这一过程是连续的，又是有阶段性的，这个阶段性与人的年龄相联系。后一个年龄阶段承接着前一个年龄阶段的某些特点；但作为发展的连续更有着该阶段的质的特点，这些质的特点是该年龄阶段最一般的、典型的、本质的特点，这就是年龄特征。在这之中，青年期是从儿童、少年发展到成人的过渡期，青年期是人心理发展的一个重要的年龄特征阶段。青年期可分为青年初期（14～18岁）青年中期（17～23岁）和青年晚期（22～25岁）三个年龄阶段。大学生正处在青年中期，其心理发展正处在迅速走向成熟的重要阶段。

二、个体心理发展的基本规律

（一）个体心理发展的先天与后天规律

遗传是个体心理发展的生物前提。遗传是一种生物现象，通过遗传，可以把祖先的生物特征传递给下一代。遗传的生物特征主要指那些与生俱来的解剖生理特征，如机体的构造、形态、感官和神经系统的特征，这些遗传的生物特征也叫遗传素质。遗传素质对个体心理发展的作用，主要表现在：首先，个体正常的心理活动必须以正常的遗传素质为前提，遗传素质一旦有缺陷，就会影响个体心理的正常发展。其次，遗传素质奠定了个体心理发展差异的先天基础。世界上除同卵双生子具有同样的遗传模式外，每个个体都有一副独具特色的遗传模式，因而人们都是千差万别的，遗传模式的差异，就是个体心理发展差异的先天基础。遗传大致上规定了一个人智力发展的可能范围和潜在能力。

生理成熟是指机体生长发育的过程，特别是神经系统和内分泌系统生长发育的过程。生理成熟主要是依赖于机体的遗传基础而发生变化，不需要特别的训练和学习。生理成熟又是某些心理活动出现的必要条件，当生理发展达到成熟状态时，就为新的心理活动的出现做好了准备。这时若是给予相应的适当刺激，新的心理活动就会有效地出现；如果个体尚未达到成熟或缺乏准备状态，那么即使给予有关的刺激，也很难引起新的心理活动的出现。科学研究证实，个体心理的发展与生理成熟直接相关，并以生理成熟为基础。而生理的成熟又具有严格的程序性，生理成熟的程序性，特别是脑的发展的程序性，严格地控制着个体心理发展和行为表现。

当然，遗传素质和生理成熟对个体心理发展的影响过程，绝不是自我扩张、自我暴露的过程。遗传素质和生理成熟只是对个体心理的发展提供了必要的物质前提和先决条件，提供了发展的可能性，它不是发展的原因，也不能预定发展的方向和水平。要想把可能性变为现实性，还要依存于社会条件、教育条件和个体具体的生活条件，受到社会环境和教育条件的制约。从教育和发展的关系来说，教育应该适时地走在发展的前面，并施以最佳的教育，这样才能有效地实现从教育到发展的复杂的转化过程。

（二）个体心理发展的内因与外因规律

个体心理发展的内部矛盾是在主体与客体相互作用过程中产生的社会和教育向个体提出的要求所引起的个体新的需要和已有心理结构之间的矛盾。这一矛盾运动推动着个体心理的发展。所谓新的需要是在不断变化的社会环境和教育的要求下产生的对一定客观现实的反映。所谓心理结构是各种心理因素以一定的方式结合成的整体，它代表着一定的心理水平。个体的心理结构是在个体一定的素质和生理发育的基础之上，反映客观现实的结果。

在一定条件下，个体的需要与心理结构相互适应，相互依存，处在相对平衡之中。但需要是不断变化发展的，是一种活跃的因素，而心理结构则要经过一定时间才能形成，因而相对稳定。因此，新的需要一旦出现，个体原有的心理结构，就不能适应新的需要，不能使新需要完全得到满足，于是两者发生矛盾与斗争。斗争有两种可能的结局：一是某种新的需要无法得到满足而被迫放弃，个体在这方面的发展遭到挫折；二是个体在新的需要的推动下，积累新的知识，掌握新的技能，发展新的能力，形成新的个性特点，组成一个能满足新的需要的新的心理结构，这就意味着个体的心理发展到了一个新的水平，个体新的需要与新的心理结构达到新的平衡。但在新的平衡基础上不断产生的新的需要又会使刚刚达到的平衡遭到破坏，新的矛盾和斗争重新开始。

（三）个体心理发展的量变与质变规律

每一个质的变化，都是由量的变化积累起来的，而众多小的质变过程构成较大质变的量的积累过程。首先，个体心理的发展过程，既表现为量的增长，又发生着质的改变，是一个从量变到质变的过程。其次，个体心理发展的过程，也是一个从一种质过渡到另一种质的转化过程。这一过程主要是通过新质要素的逐渐积累和旧质要素的逐渐消亡或被改造而实现的；与此同时，这一转化已表现出许多小的质变常成为一个大的质变的量变准备，即质变中又包含着量的变化。例如，在儿童学习语言的过程中，每一个词的掌握就是一个质的变化，在掌握许多词的基础上，进而掌握句子，这是一个较大的质变，但对掌握句子来说，每一个词的掌握又是一个量变，是构成大的质变的量的积累。

所以说，个体心理的发展过程是一个在量变的基础上产生质变，质变中又包含量变，许多小的质变常常构成较大质变的量的积累过程。

（四）个体心理发展的连续性与阶段性规律

个体心理的发展，是一个从低级到高级，从简单到复杂，从量变到质变的复杂过程。在这一发展过程中，由于旧质要素相对不变，新质要素又不断产生，整个发展过程就呈现出不同的阶段性。肯定个体心理发展的阶段性，并不意味着不同阶段之间是无联系、突然地产生、孤立地存在着的，而是按顺序一个阶段接着另一个阶段。每个阶段虽各有其独特性，但各阶段之间又互有连续性。上一阶段之末，由于量变的积累，产生了下一阶段的若干因素，为过渡到下一阶段做好了准备。下一阶段之初，无法避免地还会保留着上一阶段的许多特点。

所以说，个体心理的发展是有规律地从一个阶段过渡到另一个阶段。过渡的前后顺序，各个阶段的基本心理特征，每一阶段相应的基本年龄，处于不同条件下的个体大体一致，但发展的速度和进程，每一阶段所能达到的发展水平和相应的年龄幅度，则随个体所处的社会历史条件和教育条件的不同而有所波动。个体心理发展的年龄阶段特征，是确定学制、安排教育教学内容、选择教育教学方法的心理依据。

三、大学生心理发展的阶段

（一）适应准备阶段

新生步入大学，怀着不尽相同的心态开始了大学的学习生活。大学与中学相比有着很大的不同，学习方式发生了改变，考试的方式有了不同，学习内容甚至完全失去了与中学阶段的联系，生活环境是那样的陌生，师生关系也需要赋予新的意义。凡此种种，都会使他们感到很不适应，整个身心可能处于动荡不安之中，原有的习惯化了的心理结构被一下子破坏，心理平衡遭到扰乱。大学生要在不适应的同时，尽快争取适应，建立新的心理结构以达到新的心理平衡，这种从不适应到逐渐适应的过程，称为适应准备阶段。适应准备阶段是整个大学时代的困难时期，很多问题解决不好，会给后来几年的大学生活带来麻烦。适应准备阶段持续的时间长短因人而异，这与个人适应能力强弱有关，对于多数大学生来说，需要一个学期左右。如果入学一年尚不能适应，就需要一些专业性的帮助了。

（二）稳定发展阶段

此阶段入学时的不适应基本消除，新的心理平衡已基本建立。通过各类专业课的学习，参与各种丰富多彩的大学生社团活动和各种性质的人际沟通过程，大学生的智力得到进一步发展，性格得到进一步完善，人际交往能力和社会性也获得了极大的提高，心理的发展进入了稳定发展阶段。此阶段一般经历 2 ~ 3 年的时间。大学生极强的可塑性在这一阶段得到了充分展示，每个人都按照自己独特的方式塑造着自己，此间可能会遇到许多对个人来说具有极其重要意义的问题。但是正是在自觉地克服困难解决问题的过程中，大学生的心理才得到了丰富和发展。

（三）走向成熟阶段

经过三年以上的大学生活，大学生的自我意识有了进一步的提高，他们的想法也越来越现实和成熟。他们开始做毕业、择业的各项准备工作，为了自己毕业后的去向而忧心忡忡，第一次真正尝试着将自己的命运和社会的需要联系起来的活动。通过这种活动，他们对社会和人生都有了新的认识，这种自我再认识的本身将促进大学生的心理发展，使其真正走向成熟。

综上所述，大学生心理发展是有阶段性的，各发展阶段都有不同的心理特点和差别，但发展阶段的区分是相对的，它充分反映了心理发展水平的差异。各阶段是相互贯通、相互渗透的。阶段性和连续性相结合构成了大学生心理发展的过程。

四、大学生心理发展的矛盾

（一）大学生心理的闭锁性与交往需要的矛盾

由于大学生的社会知觉和情绪体验更关心别人和自己的内心世界，在分析别人的活动时更多地着眼于思想、情感和个性品质，并借助于对别人的分析来认识自己的心理品质，从而意识到自己的思想、情感与他人的区别。自己具有了特殊的不同于他人的各种生活体验，这种思想和情感体验，又不能轻易地向不了解自己的人透露，他们不像少年那样坦率，较少隐讳。大学生的内心世界是秘密的，而且思想情感越成熟，自尊心越强，随着心理上需要的越来越多，越来越感到自己的心理特点与别人存在的差异，因而产生了大学生心理的闭锁性。这种闭锁性往往造成儿女与父母之间的距离，父母抱怨儿女的思想情感变了，不能倾心相谈。当大学生感到没有知心人谈心或倾吐真情时，就把自己内心的感受隐藏起来，以致产生孤独感，但是大学生又迫切期望与人交往，希望得到成人的帮助或与同龄的知心者倾谈思想、感受、愿望和理想。

（二）大学生求知欲与识别力之间的矛盾

大学生渴求知识，求知欲强烈，无论社会生活领域或自然环境领域中的一切，他们都感到新奇，都想了解和探求究竟。社会生活领域很复杂，各方面的影响纷至沓来，各种知识从不同的渠道涌至大学生的面前，随着大学生身体和个性的成熟，这种情况是符合他们渴求知识的要求的。但是由于大学生的辨别力低，有时分不清哪些是积极的、有益的，哪些是消极的、有害的，以致良莠不分、瑕瑜不辨，把错误的、含有毒素的东西也接受下来。这样就产生了求知欲强和识别力低之间的矛盾。童年期的儿童遇到不懂的问题、乐于向成人请教，中学生已不像儿童那样喜欢提问题，大学生由于独立性更强，总是按照自己的需求与爱好吸取知识，甚至在多渠道的信息交流中，受到不良读物、影片、录像、录音的影响。

（三）大学生渴望独立与仍然依赖的矛盾

新生进校以后，在这个环境中，社会气氛很浓，大学生的成人感迅速增强。中学生、小学生在大家眼里似乎还是小孩子，到了大学以后，大家都觉得他已经长大了，因此，大学生渴望独立，强烈要求社会承认他们的成人资格。与此同时，大学生生活中又有很多事情要他们完全靠自己的能力来处理，使他们的独立意识迅速发展。如自己每个月生活怎样计划，今天要和同学在一起，怎么来安排自己的工作和角色等。但也不是事事都得自己来处理或者作决策，特别是他们的经济还没有独立，必须一靠父母，二靠学校。所以，在大学生身上，一方面有强烈的独立意识；另一方面却又事事要依赖别人，这就使他们在心理上出现了独立性和依赖性的矛盾，并经常困扰着他们的心灵。

（四）大学生情绪与理智的矛盾

大学生的情绪很容易激动，往往因一点小事而发怒、怄气、争吵不休；振奋起来，非常热情；消沉下来，灰心丧气。情绪在两极端摇摆，他们的自我体验很复杂，不能冷静地控制自己的情感。这主要表现在有时产生烦闷不安、懊悔；有时由于对自己估计不足，而产生优越感或自卑感；有时对别人的评价很敏感和生气；有时有强烈的竞争心、好胜心和嫉妒心，这一切都说明大学生容易感情用事，而难以用理智控制。这个时期的大学生出现新的需要，强烈地从情绪上反映出来。当激动的情绪平静下来时，在理智上完全能明晰地分析问题，但是在事情发生的当时，不能抑制自己的情绪。这说明当大学生的认识与需要不一致时，理智上知道怎样行动，但是不善于处理情绪与理智之间的矛盾，不能坚持正确的认识，难以控制自己的情绪，以致于懊悔莫及。

（五）大学生理想的"我"与现实的"我"的矛盾

大学生的抽象逻辑思维发展到一个新的水平，这种思维能力使大学生能从现实的具体条件出发，把自己所获得的感性印象，抽象地、概括地反复思考。同时，由于大学生对未来的热烈的向往，想象比较丰富，往往离开现实条件构想自己未来的前景，这样就形成一个理想的"我"。远大的理想为大学生的生活指明奋斗目标，但是大学生理想的"我"与现实的"我"不一定完全相符，会发生矛盾。如果他们对这一矛盾，不从自己本身的思想认识、智力特点考虑问题，就会把这种不切实际的幻想夸大，而对现实产生不满，这也是大学生爱思索、情感易于激动的一个原因。

（六）大学生性生理与性心理的矛盾

对大学生来说，性生理已经成熟，性心理正趋向成熟。可是大学生需要在大学校园里进行半封闭的学习，经济上不独立，他们的未来又有许多不确定因素，性心理成熟落后于性生理成熟的现实。导致许多与性有关的心理矛盾产生，如性认知偏差和性冲动困扰、性特征过虑和性行为失当等。性方面的问题既多却又隐蔽，使许多人默默忍受痛苦，却没有勇气去接受指教和疏导，这更加剧了大学生的心理困惑、心理冲突。

处于转变阶段的大学生出现以上心理矛盾是过渡时期具有的正常现象，这些矛盾中同时蕴藏着转变中的真正起步。这些矛盾交织冲突，对大学生的心理发展与心理健康产生深刻的影响。如果能将这些矛盾给以妥善解决，就会促进心理的进一步发展；与之相反，就可能产生心理问题，成为心理发展的障碍，影响心理健康水平。

第二节 大学生的认知发展

认知活动是人脑对客观现实的反映过程。大学生认知活动能力的发展，主要表现在注意力、记忆力、观察力、思维能力和想象能力的发展等方面。

一、大学生观察力发展的特点

（一）观察的目的性、自觉性显著提高

大学生入学后，由中学时期的被动学习转为主动学习，他们以明确的目的为导向，有意识、自觉地去探索与自己学习和生活密切相关的事物，从而促进了观察目的性和自觉性的发展。他们在系统的专业学习和实践活动中，逐渐形成了本专业的认知结构，使他们喜欢从专业的角度去观察事物，对与所学专业有关的问题特别敏感，观察活动带有十分明显的专业特点，具有很强的目的性和自觉性。

（二）观察具有准确性和深刻性

大学学习活动要求学生必须根据目的认真地学习，在思维的积极参与下，仔细地观察、深入地发现问题。这样随着观察目的性和主动性的发展，大学生观察的准确性和深刻性也相应地得到快速发展。

（三）观察具有坚持性和敏锐性

由于大学生学习目的性明确，学习动机和意志力均达到较高水平，也由于思维能力的发展，他们的观察力具有坚持性和敏锐性的特征。在观察活动中，他们能根据任务的需要持久地进行观察，善于发现一般人所不容易被发现或容易忽视的重要细节和特征。

二、大学生记忆力发展的特点

记忆力是人积累知识经验的能力，主要表现在记忆的敏捷性、持久性、精确性和准备性上。它是智力结构的储存器，是个人知识的仓库。大学生时期是人的一生中记忆力发展达到成熟和最旺盛时期，其发展特点主要是：

（一）意义记忆占主导地位

大学生的记忆力是在他们的活动过程中尤其是学习活动中发展起来的。大学时期，学生需要学习和掌握系统、抽象的专业知识，这就要求学生善于对所学知识进行分析、综合，从逻辑体系、本质特征、内在联系等方面去把握它，从而促使大学生意义记忆能力的发展。与此同时，由于他们知识经验的增多，思维能力和理解水平的迅速提高，使得大学生在学习时有可能在理解的基础上进行意义记忆，这样在大学阶段意义记忆就占据了主导地位。

（二）记忆的敏捷性和准备性迅速增强

记忆的敏捷性和准备性是良好的记忆品质。敏捷性是指记忆速度的快慢，一般是以一定时间内能记住多少事物或回忆多少事物来衡量；准备性是指能及时地、迅速地从记忆中回忆出所需知识。由于大学生学习的是有严密逻辑系统的专业知识、由于他们在学习过程中在理解基础上的意义记忆占据了主导地位，这样不仅有利于形成良好的认知结构，而且新知识容易被原有认知结构所同化或改造已有认知结构形成新的认知结构。同时，由于大学时期注意力发展达到一个新的水平（注意的广度拓宽、注意的稳定性增强、注意分配能力的提高），而注意力是一切智力活动的维护者，是大学生进行认识和提高学习效率的前提条件。这一切都促使大学生记忆敏捷性和准备性迅速发展起来。

（三）记忆的持久性和准确性显著提高

记忆的持久性和准确性是记忆的重要品质，对人们掌握知识积累经验有重大意义。持久性是指记忆保持的长久；准确性是指记忆的正确和精确的程度。由于大学阶段以意义记忆为主，从而形成良好的认知结构，良好的认知结构不仅促使记忆敏捷性和准备性的发展，而且促使记忆持久性和准确性的发展，这一结论已被国内外许多研究所证明。

三、大学生想象力发展的特点

想象力是人对表象进行加工改造，创造出新形象的能力，集中表现在想象的主动性、丰富性、鲜明性和新颖性上。想象力是大学生智力中非常活跃的成分，犹如智力的翅膀。大学生随着知识经验的增多，思维能力的发展，他们的想象力也出现了一些新的特点。

（一）想象具有一定的现实性

中学阶段，因种种原因中学生的想象偏重于"理想化"，具有天真烂漫、浮想联翩的特点。进入大学后，由于活动领域的拓宽，他们与客观现实接触范围日益扩大，也由于独立思考能力的提高，在现实与理想、思想与行为、个人愿望与社会要求之间出现了各种矛盾，他们原来那种天真烂漫的想象不断受到强烈冲击，使他们变得注重从现实思考问题，从现实憧憬未来，从现实设计自己。大学生的想象正处在由理想转为现实的关键期。

（二）想象目的明确

根据上海师大等高校的大学生心理研究组对上海市 10 所高校的大学生调查研究表明，93.1％的学生有明确的理想，只有 6.9％的学生理想模糊不清。由此可见，绝大多数大学生的想象目的明确，他们能根据要求和需要朝着一定的目标进行想象。

（三）想象内容丰富

随着大学生生活范围扩大和表象积累的增多，他们想象内容也逐渐丰富起来。他们不仅对自己所学内容有关问题展开想象，而且对专业学习以外的各种现象进行想象；不仅考虑与自己切身利益有关的问题，而且十分关心社会和国家的前途命运。

（四）想象的创造性显著增强

随着大学生抽象逻辑思维迅速发展，思维的批判性、独立性和创造性进一步增强，他们克服了少年时期想象力的局限性，想象中的创造性成分日益增多。根据有关资料表明，大多数大学生具有较丰富的创造想象力，他们创造想象的形象常带有新颖、奇特的特点。

四、大学生思维力发展的特点

思维力是指人脑借助语言对客观事物的本质及其规律进行间接、概括反映的能力，或者说是以概念、判断、推理的形式进行解决问题的能力。主要表现在思维的独立性、广阔性、深刻性、灵活性、逻辑性和创造性上。思维力在大学生智力中占有特殊重要地位，它对观察力、记忆力、想象力以及获得的信息具有运筹和加工的作用，是智力的核心内容。大学生智力发展特点集中体现在思维能力的发展上。大学生思维力发展特点主要表现在以下四方面：

（一）理论型逻辑思维和辩证逻辑思维逐渐占主导地位

人的思维发展，一般要经历直觉行动思维—具体形象思维—抽象逻辑思维这样一个由低级到高级、由具体到抽象的发展过程。初中阶段，抽象逻辑思维迅速发展并开始占据优势，但在很大程度上还属于"经验型"，他们的抽象思维经常需要具体的、直观的感性经验的直接支持。高中学生，他们的抽象思维从经验型向理论型急剧转化，并开始形成辩证思维，这时，他们已掌握了较多的抽象概念、原理和法则。大学阶段，随着知识经验急剧增加，抽象概括能力向前发展，专业学习需要学生掌握更多、更抽象的概念、原理、法则、公式，并利用它们解决实践活动中所遇到的问题。他们在思考和讨论问题时，已不满足于对一般现象的罗列、现成的结论，而喜欢对问题进行多侧面、多层次的分析和认识，找出事物间的相互联系，揭示事物的内在本质特征。这就有效促使大学生抽象逻辑思维更进一步迅速向前发展，使理论型逻辑思维和辩证逻辑思维逐渐占主导地位。当然，大学生抽象逻辑思维能力还未达到完全成熟的水平。

（二）创造性思维有了明显发展

创造性思维是指有创见的思维，即通过思维不仅能揭露事物的本质和规律，而且能产生新颖的、前所未有的思维成果。大学生由于时代的需要，他们在校期间不仅是学习知识，更重要的是培养创造性思维和开拓能力，学会自己寻求知识的本领。只有这样才能适应知识不断更新变化，在现代化建设中发挥作用。由于大学具有优越的教学条件，不仅拥有从事科学研究的现代化的实验室、仪器设备和丰富的图书资料，有学术造诣较深的师资队伍和良好的学习环境，也是教学和科研的中心，这样优越的条件对培养学生创造性思维是十分有利的。与此同时，由于大学生经过长期的学习和实践，积累了比中学生更多的知识经验，他们的各种心理水平特别是良好的思维品质和想象力的发展，都促使其创造性思维有了明显发展。根据对上海地区及中国科大少年班部分大学生的研究，结果表明，大学生的发散性思维已有较大发展，他们在图形、符号、语义三方面单位时间内发散量较大，思维流畅性较高，变通性和独立性也达到一定水平。创造性思维的发展，使大学生在学习和生活中表现出喜欢标新立异，能灵活运用各种思维技能，提出新的设想和见解，以获得新颖、独创性的思维结果。

（三）思维的独立性和批判性进一步增强

独立性和批判性是良好的思维品质。大学生由于学习活动由被动转为主动，由依赖教师到独立自主，他们在理论型思维发展的同时，思维的独立性和批判性进一步得到增强。大学生们喜欢用批判的眼光看待周围一切，对他人的意见不轻信和盲从，不唯上，不唯书，遇事要问问"为什么"，"是否有道理"，喜欢怀疑和争论，敢于大胆提出自己的独立见解，能对自己的思考结果进行检查和评价。

（四）思维的广阔性和深刻性显著提高

在独立性和批判性迅速发展的同时，随着大学生生活经验日益丰富、掌握的知识日益增多，他们的视野迅速开阔起来，思考问题的范围明显扩大，喜欢在不同的知识和实践领域进行思考。他们既思考专业学习有关的问题，也涉及各种社会现象；既思考政治方面的问题，也涉及经济、文化等方面的问题；既考虑个人有关问题，也涉及班级、学校、国家命运等有关问题。他们在考虑问题时，不停留表面现象，不满足知其然，力求探索现象的本质和规律，这一切表明了大学生思维的广阔性和深刻性有了显著的提高。此外，大学生思维的灵活性和敏捷性也在迅速提高。他们能非常灵活地从不同的角度、用不同的方法来进行思维，做到举一反三、多向迁移，以较快的速度解决问题。

第三节　大学生的社会性发展

大学生社会性的发展主要是指大学生情感、意志、自我意识和人生观等的发展。总体来说，大学生社会性的发展带有两极性的特点。

一、大学生情感发展的特点

（一）大学生情绪情感的两极性

情绪、情感的两极性是指情绪与情感无论从哪个角度来分析，都存在两个对立的方面，其基本表现形式有肯定与否定、积极与消极、紧张与轻松、强与弱等。在一定的条件下，相反两极的情感可以相互转化。

进入大学后，崭新的大学校园生活环境令他们激动，对知识的追求、对社会接触范围的扩大、人际关系的拓宽，使他们的情感体验内容相应地变得十分丰富多彩。他们在学习中感受艰辛与兴奋、成功的喜悦与受挫的焦急；在人际交往中品尝友情的滋味；他们对祖国命运的关心中有期待、责任、参与的体验；还有对个人的前途和人生意义进行思索时的情绪激荡。他们开始领略人生多方面的情感体验：兴奋、激动、困惑、迷惘、忧虑、欣慰的情绪时常相互交织在一起，形成丰富、复杂的情感世界。

大学时期是人生情感体验最丰富阶段，是内分泌激素与情绪兴奋有直接关系的肾上腺激素进入旺盛分泌阶段，使得大学生易兴奋、易激动，情绪体验强烈，常易出现"急风暴雨"式的激情状态。我们经常可以看到，课堂上教师的一个生动例子，立即会引起学生热烈的情绪反应。大学生们的激情状态具有二重性：积极的方面，他们热情奔放，豪情满怀，勇往直前，可能成为做出惊人业绩的巨大动力。例如，可以表现出为真理、正义斗争而献身的热忱和壮烈的行动，历史上的五四运动的参与者大多是青年人。消极方面，则表现为易冲动，不冷静、盲目的狂热，因而可以导致做出一些蠢事和坏事。如他们常常为一点小事，被激怒、怄气、对抗、出现不理智的行为。由于大学生辩证逻辑思维发展水平还不高，对待问题易产生偏激，也由于影响大学生情绪的各种社会因素（如学习成绩、师生关系、同学交往、社会工作等）大量出现，致使大学生的情绪、情感易起伏波动。他们会因一时的成功（如获得奖学金）兴高采烈、兴奋不已，又会因一时挫折（如考试成绩不好）垂头丧气、懊恼不止，有时还会出现莫名其妙的情绪波动。但是与中学生相比较，大学生们在学习、生活、人际交往过程中，知识经验日益丰富，对情绪、情感的控制调节能力逐渐增强，他们的情绪、情感出现了较稳定的特点，有明显的心境化趋势。他们会因考试受挫或人际关系矛盾而在相当长的一段时间里，处于不良的情绪状态中，也会因获得成功使他们生活在良好的心境里。与此同时，大学生的情绪表现具有文饰、内隐的性质，即他们的内心体验和外部表现不一致，有的甚至完全相反。考试不及格，明明心里很难过，却装得若无其事；明明上课未听懂，却装出已听懂的神态，这种情绪文饰、内隐现象，表明大学生对情绪已具有相当的自我控制能力。

（二）大学生情绪的稳定性和波动性

一方面，大学生普遍具有较高的智力水平和知识素养，加上社会和自我的高要求、高期望，因而在日常生活和活动中，具有一定的自我控制情绪的能力，一般能用理智约束冲动，对不良情绪进行自我调适，从总体上看来，大学生情绪是比较稳定的。

另一方面，大学生的情绪仍有不稳定因素存在，突出表现在情绪经常在两极之间起伏、动荡：时而平静，时而激动；时而积极，时而消极；时而肯定，时而否定；时而外显，时而内隐，呈现出波动性的特征。这种波动性是由大学生在生理、心理和社会性三方面发展的特点决定的。

大学生的生理发展已经成熟，由于性成熟和性激素分泌旺盛，在大脑皮层和皮层下中枢之间出现暂时的不平衡，特别容易产生情绪波动。另外，从人体生物节律来看，人的体力、情绪和智力都有周期性的变化，处在高潮期时，人感到体力充沛、心情愉快、思维敏捷；处在低潮期时则正好相反，人会觉得疲劳乏力、心情沮丧、思维迟钝，也呈波动的特点。

大学生的心理发展正处于由不成熟向成熟过渡的时期，产生各种内心矛盾并不断冲突。如独立与依赖、自尊与自卑、理想与现实、闭锁与开放等，这些内心矛盾和冲突常会打破大学生的心理平衡状态，引起情绪的波动起伏。

大学生的社会性发展尚未成熟，虽然他们对社会现象和政治事务极为敏感、活跃，但是人生观的不稳定、认识上的不成熟往往使他们不能对社会现实和现象进行全面的分析，容易以偏概全地加以肯定或否定，从一个极端走向另一个极端。尤其是在遇到困难和挫折时，更容易跌到悲观失望的谷底，难以自拔。

（三）大学生情绪的丰富性和复杂性

首先，大学生的情绪极为丰富，不论在日常生活、学习、交往中，还是从事社会活动时，无不带有浓厚的感情色彩。大学生在自我情感体验方面敏感丰富，注重独立感、自尊心、自信心和好胜心；在学习活动中有强烈的求知欲、好奇心，热爱科学和真理，憎恨迷信和谬误。大学生对祖国、社会和集体有着深厚的情感，他们有强烈的民族自豪感和自尊感，有"天下兴亡，匹夫有责"的责任感、义务感，疾恶如仇，善恶分明，正义感鲜明；大学生对纯洁的友谊和爱情十分向往，还积极地在发现美、欣赏美、创造美的活动中体验到美的感受等等。

其次，这些丰富的情感在表现形式上复杂多样，呈现出外显和闭锁、克制和冲动交错的特征。在一般情况下，大学生对外部刺激的反应迅速、敏感，喜怒哀乐溢于言表，内心体验和外部表现是一致的，呈现出明显的外显性特点，例如为比赛胜利欢呼雀跃，因考试失败而垂头丧气。然而，在一些特定场景和事件上，大学生的情绪外在表现和内心体验往往并不一致，有时会把内心真实的情绪隐藏起来，显得冷淡无所谓，如当大学生感受到不友好、不公正的对待和压制时，在得不到理解和尊重的场合中，在对立紧张的情况下，他们就会把心扉紧闭起来，不轻易表露自己的真情实感。

大学生正处在青年期，他们精力充沛、血气方刚，在外界刺激下，极易产生冲动性情绪和行为，尤其是在感受到挑衅和敌意时，容易情绪失控，呈现出冲动性的特点。大学生对自己的情绪和行为有一定的自制力，多数情况下都可以用理智克制冲动，自我约束、自我调节，因而冲动性与克制性并存。

（四）大学生情绪的阶段性和层次性

大学生情绪的发展呈现出明显的阶段性和层次性的特点。一方面，随着年龄的增长、知识的积累和阅历的增加，不同年级阶段的大学生各有特点；另一方面，同一年级的大学生由于成绩、能力等方面的差异，又表现出不同层次的情绪特点，二者交织共存。

1.不同年级阶段大学生情绪的特点

低年级学生情绪的特点：刚刚跨入大学校园的新生，心中涌动着成为一名大学生的自豪感，对校园中的一切都感到新鲜、好奇，体验到走出"黑色七月"的轻松和愉快；与此同时，由于没有考上更好的专业和学校，或在新班级中失去原有的中心位置，以及理想中的大学生活与现实的巨大落差等原因，许多大学生感到强烈的失望、迷惑和自卑。激烈的竞争、繁重的课程、不同的教学方法使大学生在短暂的轻松后，很快便感到压力和紧迫感。陌生的环境和人、生活上的不适应，使得低年级大学生产生恋旧感，深深地思念父母家人和旧日同学。因而，一年级大学生的情绪体现出自豪感和自卑感交织、轻松感和压力感交织、新鲜感和恋旧感交织的特点。

中年级大学生情绪的特点：二、三年级的大学生经过一年的调整后，已逐渐融入大学生活和学习之中，适应性情感增强，表现在：专业思想渐趋稳定，学习兴趣浓厚，求知欲强，思维活跃，对自我的认识进一步深入，独立感、自尊感和自信心得到发展。此时大学生的人际交往逐渐增多，与班级同学的感情较为密切，并建立起深厚的友谊，一些大学生还开始了对爱情的追求。中年级大学生爱好广泛，积极参加社会活动和审美活动等，社会责任感、义务感、荣誉感和美感进一步发展并成熟。情绪总体看来较为平稳。高年级大学生情绪的特点：经过近四年时间的大学学习，高年级学生即将告别学校，走上工作岗位，此时他们的社会责任感明显增强，社会性情感日趋丰富，主要表现为更多地关心个人与社会的关系、思考人生价值和意义的倾向。毕业在即，高年级学生大多面临毕业考试、论文答辩、求职择业、恋人去向等诸多抉择和压力，因此紧迫感和忧虑感十分明显，同时对母校和班级、同学产生惜别留恋之情。但是也有个别大学生，因学习或择业中遭到挫折，产生愤怒、焦虑、紧张情绪，在冲动中做出毁坏公物、打架斗殴等恶劣行为，这需要引起注意，并加以教育和引导。

2. 不同层次大学生情绪的特点

优秀生的情绪特点：优秀生的独立感、自尊心和自信心较强，情绪大多积极、愉快、乐观，他们的求知欲极强，学习兴趣浓厚，能体验到获取知识和有所创造时的快乐，对班集体的责任感和荣誉感较强。后进生的情绪特点：后进生的内心充满了矛盾，一方面他们想努力学习，奋发进取，甩掉落后帽子；另一方面又常因缺乏毅力和恒心，半途而废，徘徊不前，因而内心常常感到苦恼、痛苦、自责。他们既有强烈的自卑感，又有一定的自尊心，怕被人瞧不起。

（五）爱情逐渐成为情感体验的重要方面

爱情是人的一种高尚的情感，是异性友谊得到进一步发展的一种特殊情感，诚挚的爱情可以塑造和谐完善的人格。大学生的身体已经发育成熟，性意识已觉醒并趋于成熟，期望得到爱情的体验成为大学生情感发展的一个重要特点。大学生生活在开放、活跃的环境中，男女学生在一起学习、共同活动，相互交往接触的机会甚多，为大学生们获得异性的爱情提供了有利的条件。在这种环境中，大学生的爱情会因不同的动机，蕴含着不同的内容，在不同的层次上发展起来。有的学生出于对未来事业和婚姻问题的严肃考虑，同中意的异性恋爱了，如果能把爱情和事业统一起来，很可能成为他们在大学期间学习和生活的推动力量；有的学生是考虑到毕业分配而急于谈恋爱；有的学生尤其是低年级的学生由于受其他学生谈恋爱的感染而谈恋爱；也有的学生是出于无聊，希望可以通过谈恋爱来为生活增加一些情趣，安慰自己的心灵。大学生正处在求知的黄金时期，面临着繁重的学习任务，为了更好地掌握建设祖国的本领，不辜负人民的期望，必须要集中精力搞好学习。如果对爱情与学业、爱情与事业的关系处理不当，把过多的时间花费在恋爱上，甚至乐此不疲，则会造成消极后果。对待大学生的恋爱问题既不能消极回避，放任自流，亦不应压制、堵塞。正确的做法是对大学生进行正确恋爱观的教育，使得爱情服从于学业，使他们把主要精力用在学习上，并引导他们加强道德情操和性道德的修养，向需要帮助的大学生提供必要的爱情心理咨询。

（六）大学生高级情感日趋成熟稳定

在高校教育环境中，随着大学生知识经验的增多，能力的提高，他们的道德感、理智感和美感获得了高度的发展，日趋成熟、稳定，并逐渐成为个性特征的一部分。在道德感的发展上，由于大学生道德认识不断提高，使道德情感进一步深化，符合社会准则和期望的道德感逐渐形成。他们热爱祖国和人民，有高度的使命感和责任感；他们期望平等和谐的人际关系，憎恨不正之风；他们颂扬助人为乐无私奉献的道德行为，鄙视损人利己的丑恶行为；他们珍惜集体荣誉，崇尚团结、正义。大学生在理智感方面的发展更为突出，他们的求知欲望、认识兴趣趋向深刻和稳定，对社会、自然和自身的探索已变成一种自觉的追求。研究结果表明，求知需要在大学生众多的需要中占据了首位，正是这种强烈的求知需要，为大学生理智感的高度发展提供了内在的基础。他们在学习新知识的过程中经常会出现迫不及待的紧张感，会因一个理论观点争得面红耳赤，也会因一道难题冥思苦想而倍感学习中的甘苦喜忧；在科学实验和社会实践过程中表现出好奇心和惊讶感。在美感发展方面，大学生的审美观和审美情感日益深刻。他们对美有着敏锐的感受性，对美好事物不论是自然美、社会美、艺术美还是人格美均有着强烈的需要和执着的追求。因而他们喜爱在大自然的美景中陶冶崇高情操，渴望良好和谐的社会风气和人与人之间的真挚友情，并不断从品德、心灵、语言、行为等方面加强修养以追求人格的完美。

二、大学生意志发展的特点

（一）自觉性普遍有所提高，但还存在惰性

随着大学生独立性的增强，自我意识的进一步发展，行为的目的性、自觉性有了进一步提高。主要表现在：第一，大学生对生活有明确的目的和追求，能够自觉地根据自身特点和有关实际情况，制定出合适的生活和学习目标，积极制订计划以实现相应的目标，并在实现目标过程中能够自觉调整自己的目标和计划。第二，大学生的自觉性还表现在能够一定程度上抵制外界的干扰。大学生在学习和成才过程中，难免会受到来自外界的各种各样的干扰和影响。例如，你要看书，别人可能会来邀请你去看电影、跳舞等，在上网查阅资料时可能会受到有关网上不良信息的诱惑。在这些情况下，大学生一般能够根据自己既定的目标支配自己的行动，而不受到外界的干扰，保持较高的自觉性。

惰性在相当部分学生身上存在。有的学生过去长期在父母和老师的监督下学习，缺乏学习自觉性，到大学没有了老师和家长的监督，自己管不住自己，自觉性差，得过且过。大学生的惰性通常表现为：无法将精力集中到学业中去、无法从事自己喜爱的某项工作、喜欢玩游戏或者大白天睡大觉、许多事情一拖再拖、做事磨蹭等。惰性是大学生实现目标的内部障碍，使心理潜能无法有效发挥，通常会带来低效能感和失败感。因此，克服惰性便成为大学生心理发展中必须加以解决的问题。

（二）理智成分大大增强，但自制力仍显得薄弱

大学生个性成熟的标志之一在于能够用理智战胜冲动。通常情况下而言，大学生随着知识经验的增长，处理事情时理智成分大大增强，他们能够比较理性地思考和行动，

努力地调节自己的冲动。在遇到挫折时，一般能从事情产生的复杂原因、自己行为的可能后果等方面加以考虑，用理智对抗战胜自己的情感。但是，由于大学生的知识经验水平有限，对社会生活的复杂性缺乏体验和认识，因此，对自己的情绪和行为的理智控制水平还不算高。

不少学生常常为自己的自制力差而深感苦恼，他们感到自己常容易受内在情绪和外在环境的干扰，自己想做的事做不到，定下的计划往往执行不了几天就坚持不下去，难以控制自己强烈的情绪等。尤其是一些与大学生自尊心和切身利益密切相关的因素最能影响学生的情绪，他们深感难以自控，显得理智水平不高。例如，有的大学生认为自己应该得到奖学金而事实上没有得到时、有的学生在追求异性而遭到拒绝时、有的学生有某种不足而受到他人嘲讽时，通常会表现出较为强烈的情绪状态，而不能理智对待。

（三）有勇敢精神，但毅力相对不足

大学生血气方刚，富有正义感，敢想、敢说、敢做，内心充满为真理而勇于牺牲的大无畏英雄气概，他们积极地模仿英雄人物，锻炼自己的勇敢顽强。

但是与勇敢精神相比，毅力则显得相对不足，对待事情缺乏韧性，持久力不够，容易随着时间的推移和困难增多而失去信心，虎头蛇尾。例如，有的学生立下决心，每天早起跑步、背外语单词，可坚持不了几天就不了了之；有的学生想练习书法、弹琴，然而，常常三天打鱼，两天晒网；有的学生发誓从明天开始，一定不再找任何借口逃课，可一到第二天该去上课的时候，又发现上课枯燥无味而不愿意到教室；有的学生表示再也不吸烟、不上网，可是却难以经受其吸引的考验而坚持不了几天。

（四）独立性明显提高，但同时伴有依赖性

随着年龄的增长和大学生生活的特点，使他们的独立性得到充分的发展，大学生有强烈的独立欲望，希望自强自立，成为一个有独立见解、能决定自己命运的人。他们反抗权威、不遵循传统的规矩，总想标新立异。大学生的独立性表现在他们希望自己能够为自己各方面做主，对父母"总把自己当小孩"内心十分不满意，对老师以教训口吻与他们交流十分反感，这充分表现出大学生在独立性上日益走向成熟。

但是，要真正在社会生活中独立，必须要有丰富的社会生活经验和一定的物质条件，这样才能使自己对基本的生活条件、复杂的社会局面能够有效驾驭。而从大学生的实际情况看，不仅经济上难以独立，社会地位没有确立，而且心理上没有完全成熟，导致他们对许多问题无法有效地驾驭，对家庭、朋友等依恋仍然十分强烈。因此，这就出现了有的学生在为有充分的时间感到高兴的同时，感叹"没有自由时间不自由，有了自由时间也不自由"，怎么安排自由时间成为内心十分苦恼的事情，这恰恰体现了大学生内心的独立性与依赖性之间的冲突与矛盾。

（五）果断性显著增强，但带有冲动性

由于独立性的提高、能力的增长，多数大学生的果断性品质有较大发展，他们愿意自

己选择，自己对自己负责，因而一般情况下，喜欢自己做决定，表现得自信、果断。但有时这种果断带有轻率、冲动的特点，情绪色彩较重，容易事后后悔。

总体来说，大学生的意志品质已较中学有明显的提高，主要的意志品质特征在多数大学生身上已基本形成，并逐渐趋于成熟。但是大学生意志品质的发展呈现出差异性、不平衡性。有的大学生发展得较好，已表现出很强的意志力，有的则较弱。

就个体而言，其意志品质的各方面也存在差异，并且在不同情景下也会伴有不同的表现。一般来说，大学生在面对学习中的困难时，表现出坚强的意志，但在克服生活上的弱点时，则决心不大，自制力不强；在克服物质困难和肉体痛苦时，则意志力水平较高，但在情绪波动和抵抗精神压力方面，则显得意志水平较低。因此，尽管大学生的意志品质正在逐步趋于成熟、稳定，但仍然会随个体的内外条件而起伏波动。

三、大学生人生观发展的特点

人生观是人们对于人生目的和意义的根本看法和态度。人为什么而活着？人的价值是什么？人应当如何度过自己的一生？怎样的人生才有意义？人们对这些问题的不同看法和态度，就是他们不同的人生观。人生观的基本结构包括人生的目的、人生态度和人生评价三个方面，幸福观、苦乐观、荣辱观、恋爱观、生死观等是其具体表现。人生目的是人为什么而活着，是为社会、为绝大多数人民谋幸福而活着还是为个人谋私利而活着；人生态度是指如何对待人生，是以积极进取的态度对待人生还是以消极悲观的态度对待人生；人生评价是指怎样的人生才有意义，是为社会多做贡献最有意义还是追求个人享受最有价值。人生目的、人生态度、人生评价体现在一个人身上是相互联系的统一体，其中人生目的是人生观的核心。人生观是大学生个性意识倾向性中的核心问题，也是个性结构中处于最高层次的东西，它指导、调节个人的行为。

大学时期是人生观确立、稳定的决定性阶段，是形成人生观的最关键时期。这是因为人生问题要进入个体意识必须要具备三个心理条件：其一，思维发展达到抽象概括水平。人生观的形成要在思维发展到能够抽象地概括涉及社会进步和发展的社会事件，能够掌握社会标准，并以此来衡量各种社会现象，以及能够确立自己的未来生活设想时才有可能。从个体思维发展来看，只有到了青年期，思维才能到对社会生活事件的意义进行概括的水平，才具有抽象的理论思维。其二，自我意识发展达到较高的层次。当自我意识发展到能够经常地进行自我观察、自我评价、自我完善，并能解决自我矛盾时，才可以充分地认识到自己，正确看待社会生活中的各种事物，考虑如何有意义地度过一生。从个体自我意识发展来看，只有到青年期才能达到上述发展水平。其三，社会性需要达到一定的发展水平。个体的社会性需要由社会的要求转化为个体自己的需要而来，人生意义的理解与个体所承担的社会任务和意义分不开，只有到青年期，个体在完成社会所交给他们的任务过程中，才能意识到自己所承担和完成的任务在社会生活中作用，从而使人生的价值、社会生活的意义等问题有可能进入个体的意识领域。

上述三个心理条件到大学阶段才获得充分的发展，同时大学生的学习和生活环境、社会地位与中学生相比较发生了很大变化，他们的视野更为宽广，所接触的社会生活范围更大，所了解的社会实质问题更为深刻，特别是大学高年级学生，初次步入社会、选择职业更为迫切地摆在他们面前，社会问题与个体的利害关系更加明朗，从而促使大学生开始集中思考人生观问题，所以我们说大学阶段是形成人生观最关键的时期。研究结果充分表明，现代大学生人生观的发展有如下两个特点：

第一，大学生的人生观绝大多数是积极向上的。根据北京大学一年级新生对人生目的和意义的根本看法和态度的调查，77.5%的学生认为"人生在世要有利于社会"。研究生的情况也大致如此。他们能正确地对待人生的目的和意义、正确地对待人生的价值，把为社会、为人民服务看作人生的根本意义所在。也有部分人把人生目的和意义放在为社会集体、为他人和为自己结合起来综合考虑。

第二，大学生的人生观还没有完全稳定系统化。前面已述，大学阶段是人生观确立、稳定时期，这是从人生观的形成过程而言，已日趋稳定。我们还应当看到由于大学生所承担的社会任务还没有像成人那样直接，因此大学生的人生观还没有像成人那样完全固定下来，而是具有相当大的可塑性。

第四章 高等教育心理评估

第一节 心理评估概论

自 J.M.Cattell（1860—1944）首先提出心理测验（mental test）这个名词以来，历时百余年，发展了几个相关名词，以现在所见的有关心理测验的教科书来看，有心理测量（psychological measurement），心理测验（或测查，psychological testing），心理评估（psychological assessment）和心理测量学（psychometrics）等。心理测量学是侧重心理测验理论，而其他三种则侧重测验应用。本书称心理评估则侧重测验的综合应用。为了讨论方便起见，会对一些测验做个别介绍，但在实际情况下，是根据需要解决的问题来组合有关测验，运用多种手段，进行全面而系统的评价。

限于篇幅，本书只讨论了以下几章，即：第一章，心理评估概论；第二章，智力测验；第三章，能力倾向测验；第四章，成就测验；第五章，人格测验；第六章，兴趣和态度测验；第七章，临床心理学用量表。其中以第一、二、五这三章作为重点来讨论，因为概论这一章包括了测量学和应用的一般方法，是心理评估的基础，而智力和人格测验是心理评估中普遍使用的工具。

现在讨论的第一章，除了讨论心理评估概念，传统测验理论，编制测验方法和实施心理测验一般方法以外，还包括特殊人群心理评估方法，以及如何写作评估报告等内容。

一、心理评估概述

心理测验一词，有时指进行心理测验所用的工具，有时指进行测验的活动。如用英文表示，前者为 psychological test，后者为 psychological testing。用中文时，前者为心理测验，后者为心理测查，如果都用测验一词时，便从上下文的意义上来理解。心理测验（测查）是采用某种可以将心理现象量化或划分范畴的测验（test）或量表（scale）来取样（sampling），然后对所测查的对象进行描述。心理测查有时同心理测量互用，不过测量强调对测查对象的数量化。心理评估一词出现时间较晚，本意是较心理测查或心理测量的内容更广，所用手段除测验和量表外，还要利用观察、访谈和个案法等所获得的有关信息来对评估对象做全面和系统的描述，但是现在也有将心理评估与心理测验互用的。在实践中，对心理现象的描述，很少是只限于当时和个别的心理现象，而是做全面和系统的描述。例如，在咨询和临床心理工作中，用心理测验帮助来访者了解自己，做出选择和诊断等方面，便不是某一项测验或量表所获得的信息能做到的，往往需要通过多种手段。在教育咨询上以学生选择学科为例。除了用智力测验，学习能力倾向测验，兴趣量表等获得一般智力、能力倾向和兴趣方面的信息以外，还必须要通过访谈，参考以往学校成绩记录等得到学习动机与学习经验等信息，才能得到对这学生的完整认识。然后分析一些有关学科的心理要求，供来访者参考做出决定。再如，在临床心理学家做智力障碍的诊断时，除了用智力测验知道患者现在的智商外，还必须要通过访谈观察、精神状况检查以及个案史来获得智力发展史（智商水平）、以往和现在的适应能力，以及健康史（包括临床诊断）等信息，才能做出智力障碍的鉴别诊断。通过一系列手段，获得足够的信息后综合分析，最后来完成心理评估任务。在本书中，将分别讨论一些心理评估的手段，但在具体应用时不可孤立地用个别测验或量表的结果来做结论，而应该对个人的横向和纵向心理材料做综合分析。心理评估用于多种场合，当用于临床时，称临床心理评估或简称临床评估。在临床心理学中，所谓临床，不限于医学临床，凡需要解决个别人的具体心理学问题，如心理咨询、儿童教育咨询等，历来都是临床心理工作的重要内容，都需要依靠心理评估，所以也属于临床评估。

二、心理测验简史

心理测验源于对人们心理的个别差异的注意，直到 19 世纪科学心理学出现，现代心理测验才随之而来，20 世纪初开始有了正式的心理测验。心理测验的历史可分为以下三个时期来讨论：

（一）古代对心理个别差异的一些描述

西方心理学家将心理测验溯源于我国科举考试制度。在西方早期关于个别差异的记载，可见于柏拉图（前 427—前 347）和亚里士多德（前 389—前 322）的著作（Aiken，1988）。而我国孔子（前 551—前 478）早就按照智力将人分为三种，即上智、中人和下愚。《黄帝内经·通天篇》（成于秦汉之际）将人格按阴阳分成五型：①太阴型（贪得无厌、能得不能失，保守、不入时）；②少阴型（见人有失，幸灾乐祸；见人有得，遂生嫉妒）；③太阳型（好高骛远，大言不惭。即使失败，义无反顾）；④少阳型（容易满足，又自责，偏好外交，不事内务）；⑤阴阳和平型（安静，情绪稳定，与人无争，与时变化）。诸葛亮在《心书》中提出七种观察人格特点的方法：问之以是非，以观其志；穷之以词解，以观其变；咨之以计谋，以观其识；告之以祸难，以观其勇；醉之以酒，以观其性；临之以利，以观其廉；期之以事，以观其性（注：即信）。

（二）与西方近代心理测验兴起有关的一些人和事

在达尔文的《物种起源》发表后，科学家对人的个别差异的兴趣更浓厚了。1879 年冯特（Wundt，1832—1920）在德国莱比锡建立心理实验室，直接影响到心理测验的兴起。

法国精神病学家和心理学家对精神障碍的研究，推动了临床评估技术和测验的发展，并影响美国将学校考试发展成标准化成就测验和量表。

19 世纪 80 年代，在心理测验史上特别有影响的是英国戈尔登（S.F.Golton，1822—1911），美国卡特（J.M.Cattell，1860—1944）和法国比奈（A.Binet，1857—1916）。戈尔登为研究智力与遗传的关系，编制了一个智力测验，测量视、听觉的敏锐性、肌力、反应时以及其他一些简单的感觉运动功能，他还用评定量表和问卷、自由联想等方法，用统计分析个别差异。卡特曾在冯特实验室学习，后来在英国工作，并成为戈尔登的心理测验助手。回美国宾州大学工作后，他将测验反应时和感觉分辨作为"心理测验"（mentaltest），求与学校成绩的相关，发现相关不高，但这方法保留到比奈与西蒙（T.Simon，1973—1961）所编制的第一个智力测验中（1905）。心理测验一词，从此也流传于世。比奈-西蒙量表的目的是甄别学生进入常规学习的能力，包含 30 个项目，按难度排列，测量判断、理解和推理能力。以后于 1908 年和 1911 年连续进行了修订，修订本被译成许多语言版本，特别是美国推孟（L.Terman，1877—1956）修订的斯坦弗比奈量表（1916）流传更广（参见智力测验章）。

从 20 世纪早期开始，心理测验进入全面发展期，在这期间，有如下一些人和事：如斯皮尔曼（C.Spearman）对测验理论的贡献，桑戴克（E.L.Thorndike，1874—1949）的成就测验，在第一次世界大战中所编的陆军甲种和乙种测验，以及吴伟士（R.S.Wood-worth）的人事材料纸，洛夏（H.Rorschach）的墨迹测验，斯特朗（E.K.Strong）的兴趣测量，奥迪斯（A.Otis）的纸笔智力测验等。

因此使测验的领域（从智力到人格和成就测验）、测验形式（从常规到投射测验）、测验方式（从测验到评定）和实施方法（从个体到团体测验）都有了很大发展。特别是统计学用于测验，在测验理论上和发展测验门类上都起了极其重要的作用。20 世纪后半叶（"二战"以后），能力倾向测验和临床用的量表发展得特别快。

（三）现代心理测验在我国

心理测验的发源地是我国，现代心理测验却自西方传入我国。据载 1915 年在广州开始用记忆测验（Pyle，1916），1918 年在清华大学开始用推孟修订的比奈量表原版（《教育年鉴》）。后来翻译、修订和自编测验工作都快速开展，于 1931 年成立中国测验学会。从 1915 年到 1940 年的 25 年里，我国已有多种测验，据不完全统计已达到 74 种（左任侠，1940）。抗日战争后，新编测验减少，至 20 世纪中期，在我国大陆很少或完全不用心理测验。直到 1979 年卫生部通知湖南医学院举办全国临床心理测验学习班，心理测验工作才开始恢复（龚耀先，1999），根据 1996 年的一个全国调查，当年 457 个单位中常用测验（10% 的单位在用的测验称常用测验）有 22 种，包括自编和修订的各类测验（龚耀先，李庆珠，1996）。如果包括非常用测验，总数上百个，其中临床用的量表比率大于心理测验的。缺乏近几年的调查资料，但根据有关专科期刊所发表的文章，近些年来，新的临床评定量表继续增加，而新的心理测验则比较少，据期刊发表的论文，社会上使用心理测验的领域在扩大，开发心理测验或使用心理测验获奖的数目也在增加。

三、心理评估方法

心理评估方法是对心理的某个方面进行描述的各种方法，包括了观察、访谈、个案史和测验等方法。

（一）观察

1. 概述

观察方法是许多科学研究和工作常用的方法，在心理评估中多用于测查过程，同时它也可以作为评估的单独使用方法。对人的印象，是概括以往经验，用非正式观察和系统观察所获得的信息而形成的，经验的和非正式的观察因观察者的重点和所用的描述语言不同，所获得的信息难以比较。如果有观察提纲或者评定量表，并且它们有详尽内容，一定含义的术语，甚至严格的评定等级，观察结果更系统可靠。

观察还可分自然观察和控制观察，这是按观察条件来区分的，前者指不加控制情况下对人的行为（包括以往和现在，心理和生理的）进行观察。其中有直接的，即观察者与被观察者直接接触；有间接的，即通过某些记录和检验手段如录像录音，取样本做实验室化验等。控制观察是指控制被观察者的条件，或对被观察者做某种"处理"来对行为改变进行观察。

观察范围因目的和内容而异，一般来说包括以下六方面：①仪表，即穿戴、举止、表情；②身体外观，即肥瘦、高矮、畸形及其他特殊体形；③人际沟通风格，如大方或尴尬、主动或被动、易接触或不易接触；④言语和动作，言语方面，表达能力、流畅性、中肯、简洁、赘述；动作方面，过少、适度、过度、怪异动作、刻板动作；⑤在交往中所表现的兴趣、爱好和对人对事对己的态度；⑥在困难情境中的应付方法等。

观察方法的效果不仅有赖于观察能力，更有赖于判断能力，观察能力包括判断，但观察与判断在程序上毕竟有一定区别，观察相当于信息收集，判断是对信息的加工。观察力的素质是敏锐、全面、深入；判断力是在大量信息中提出与问题有关部分，弃去无关部分。对信息的筛选能力取决于经验和有关业务知识。

观察是对人进行评估的非常重要而又常用的方法，却不是容易精通的方法。对此技术的掌握，不仅需要具体知识，更重要的是有系统的实践。应有哪些具体知识？因专业不同而异，若是以临床观察来说，必须有三个方面的知识：①基础知识：包括心理学知识，一般医学知识，社会科学知识。②专业知识：教育和教育心理学，临床心理学评估，咨询和治疗，司法鉴定和优生优育等。③有与各种年龄、性别、教育程度、职业，以及各种心理问题的人的沟通经验。

2. 观察错误原因

观察来的信息难免有错误。常发生错误的原因有如下内容：

（1）参照标准不同：对观察对象的评级，如用评定量表，有的量表有客观的评分标准，所以不同观察者的结果较一致。有的量表则没有客观的评分标准，或者只有一些简单的词语描述。此时，观察者对这些描述语的理解标准不一，或者在评定一现象时常以观察者自己做标准，于是不同观察者会得出不同结果。例如，在观察某一现象出现的频度时，常用"经常""时常""间常""偶然"和"从未"等一些时间副词。如果量表对它们未做严格界定，不同观察者的理解很可能不同，所以评分结果不一，又如在评定情绪状态时，观察者本人如带有抑郁心境，便常常低估有此心境的受观察者，如果相反，观察者是带兴奋心境，则将高估抑郁。同样，在能力的观察上，其结果也往往因观察者自己的能力高低而异。高者低评，低者高评。

（2）偏倚倾向：客观评定，不偏不倚；有倾向性的评定，或偏高或偏低。这种偏倚倾向包括所谓的"荣光效应"，也叫"光环效应"（halo effect）；"株连效应"，也叫"魔鬼效应"（devil effect）。前者是高评倾向，即"一好百好"，一个被评内容中的某一因素高评定者以为它的其他因素也都高，所以高评。后者相反，即所谓的"一坏都坏"，出现低评倾向。

（3）信息来源方面：直接观察时，要观察的现象不一定在当时出现，便只能间接观察，由儿童的父母或老师、成人的配偶或上级提供观察材料，因此出入往往很大。这不只是由于他们与受观察者接触不够亲近的原因，而且由于感情或观察力问题。如父母往往高估低能儿女的智力水平，老师比较倾向将成绩差的学生看作是智力低。

（4）期待效应（expectancy effects）：又称 Rosenthal 效应，因为首先由 R.Rosenthal（1966）公开报告此现象而得名，日常生活中常见这样的情况，在等待某人的电话时，一听这人的电话便立即听出他的声音。如果不是正在等待他的电话时，便要问来电人的姓名才可分辨。同一个人的声音，在分辨能力上的差异如此明显，这是由于期待效应不同的原因，在观察某现象时，有无期待，对一些现象的敏感度是不同的。在科学研究中，当评定观察实验组和对照组出不出现某效果时，观察者了解与不了解谁是实验组和谁是对照组的评定结果就不一样。这种不同，不是有意识的，而是潜意识的。因此好的研究设计，常用盲法观察以提高其客观性，故在心理评估中，也要考虑期待效应影响观察结果。

（二）访谈

1. 访谈概念和目的

访谈（或称晤谈）是心理工作中最常用的方法之一。在心理评估、心理咨询和治疗中，都用访谈技术来工作。

在心理估量中，收集资料最简单而又重要的手段，要算评估访谈。没有访谈材料，大多数心理测验是无意义的（Grothe-Mamet，1990）。访谈可提供其他方法不能获得的信息，包括对来访者的有特质性特征行为的观察。再者，访谈还是建立测量中协调关系的重要手段。

访谈要利用会话，但不同于简单的会话。访谈是为了达到一定的目的，因此有一定程序，并围绕目的来组织访谈内容。评估访谈也不像正常会谈，因为访谈者和受访者需要讨论一些不愉快的事和感情。访谈的总目标是收集那些用其他方法不易得到的信息，建立起一种获得信息的关系，使来访者和接待者对问题行为有更多了解，帮助来访者知道问题行为的方向，并给以帮助。接待者不仅要有指导和控制相互作用，来达到特殊目标的技能，而且要有访谈所计划探究领域中的知识。

2. 访谈方式和技术

（1）访谈方式。最初的访谈方式是模仿医学的提问和回答的形式，但是受到精神分析理论的影响，产生了开放式的、自由流畅的方式，以后又产生了一种有结构的方式，起源于 Adolf Meyer（1866—1950）提出的精神状况检查。它是评估来访者的当前功能领域，如一般仪表、思维过程、思维内容、记忆、注意力、言语、自知力和判断。不管所用形式是什么，访谈都有一共同目的，即获得对来访者的心理学描述，当前困难原因的概念，做出诊断，以及形成处理计划。

在 20 世纪 50 年代，Snyder（1945）概括当时的访谈方法，认为主要分非指导性的和指导性的两类。前者是造成来访者自己改变和自己探索，后者是用说服和解释来促进来访者的改变。20 世纪 50 年代和 60 年代，对儿童的心理评估主要是通过与父母访谈来进行，同儿童的直接访谈，是为了治疗，而不是为了心理评估。

（2）访谈技术。①言语沟通——听和谈。听和谈在晤谈中非常重要，都起沟通作用，而听比谈更重要。言语"能有力地控制人们的思想和动作，能使你做未曾想到要做的事，可改变你的观点和信念。可欺骗你，可使你快乐和忧愁，能将新的观点置于你的头脑，能使你想到没有的东西，也可以用它来控制你自己，所以它是一个广泛使用的很有用的工具"。

听的技术因目的不同而不同。如听来访者的叙述、听他们在交谈时的反应、听对测验问题的回答等。听来访者谈话，既要让他自由陈述，又要有中心内容，不能谈得漫无边际。既要细心，但是又不是消极地接收，而要积极地联系、综合和分析；既要抓住谈话要点，又不要疏漏有意义的细节；既要分析判断，又不能塞进自己的观点。

访谈者的语量总是要少于来访者的。访谈者虽然操纵着整个晤谈过程，但是大部分时间是在听，只在个别时间做一点提示或鼓励（如果在测查情况下，只鼓励受试者对测验做出努力，而不能给回答做任何暗示或提示）。

②非言语沟通———表情和姿势。面部和眼睛表情在交谈中很有作用，例如微笑通常表示同意交谈者的意见，对谈话内容感兴趣，但有时也用微笑来表示反对或不同意，观察来访者的"眼神"，特别是瞳孔很重要。视线的接触是相互交往的开始。视线接触频繁表示双方都被吸引到话题中来了。对方若凝视着你，表示在接受你的谈话；他的眼睛一溜，表示他想讲话了。注视的时间，一般为 1～7 秒。但听对方讲话时比自己讲话时注视对方的时间长些。如果瞳孔变大起来，表明他对谈话内容感兴趣或兴奋起来。

来访者可有如下行为：理头发、摸嘴巴、拨弄戒指、扯扯衣服、交叉两腿、摇脚、敲手指、耸肩、点头、使眼色、伸舌等，有的无意义，有的有意义。例如身体前倾，通常表示在注意或接近访谈者；后仰或侧身表示消极或撤离话题。挺胸、抬头、耸肩表示傲慢。身体前倾、垂头、垂肩、缩胸表示沮丧。在松弛时身体姿势对称，双眼视线取高位的比取低位的要松弛些。呈中等程度松弛的情况表示对接谈者有好感，趋向他。呈极度松弛时表示对接触者不太感兴趣，两人谈话时的相距间隔因文化背景不同而有不同意义。在大多数情况下有如下的关系：一男一女坐的距离近，两个男性谈话距离远，两个女性谈话居中。儿童谈话距离较近，成人较远，少年居中。在临床交谈中，与有暴力行为的病人交谈时的间距远，与暴力犯人的距离更远。

总而言之，从交谈活动中得到的信息，不只是凭言语内容，还要靠非言语的表情。

3. 心理评估访谈种类

从访谈形式来分，可分无结构访谈、结构访谈和半结构访谈。无结构访谈的优点是灵活性大，更易建立协调关系，能评估来访者如何组织他们的回答，以及容易获得来访者的详细历史。其缺点是信度和效度程度很不一致，访谈者必须受过严格训练，因此发展了有高度结构或半结构的访谈。它们的效度较稳定，访谈者也不用经过严格训练。

按访谈目的来分，有心理评估访谈、心理咨询和治疗访谈，在这里主要讨论心理评估访谈。心理评估访谈目的，一般是评估来访者适应能力的水平，来访者强点，问题的性质，问题的历史，有关的家族史。达到这些目的的技术，彼此不完全相同，但是大多数访谈者使用某种有一定结构的辅助手段，如核对表（访谈内容清单），以便于保证所有有关的领域都不遗漏。心理评估访谈，包括心理诊断访谈、收集个案史访谈和精神状况检查访谈。

（1）心理诊断访谈。要做好这种访谈，可按如下的提纲来进行：智力和思维过程。用外部言语所表达的思维的准确性、速度和复杂性；远近回忆的好坏；解决问题时的准确性和速度等。感知觉障碍。如幻觉、妄想以及其他感觉障碍。注意力和定向力。时间、空间和人物的定向；集中注意的能力。

情绪表现：优势情感、情绪表现的恰当性和强度、控制情绪的能力等。

自知力：自我了解的程度。

行为和仪表：面部表情、运动表现、可见的生理反应、衣着等。对于上述内容可直接观察，也可提出问题让他回答，或按某一诊断评定量表进行。

（2）收集个案史的访谈。收集个案史的访谈与诊断访谈不同，其重点不在症状，而是要对病人的生活以及他和社会的关系做出全面且尽可能详尽的估计，通常按照编年史顺序收集（由于学术思想派别的不同，有的特别重视早年历史；有的偏重现在）。主要内容有本人体验、父母、同胞、教育、喜爱的活动、工作史、婚姻史等。要着重记录那些有意义的回忆和客观报告的事件。个案史对了解来访者当前的人格结构和功能、现在生活中的压力和反应都有重要的意义。

由于这种晤谈的内容非常广泛，所以在记录时，要对其内容加以选择。在提及当前的问题时，可能会使病人唤起对未来的担忧和对以往痛苦的回忆，这些情绪反应往往都需要格外注意。在书写报告时尽量客观而不渲染和发挥。访谈者要有思想准备，心中要有主题。不管遇到什么曲折，晤谈都要围绕主题进行。

有些事实需要家属以及其他有关人员证实，不能偏信一方。在收集儿童的个案史时难度更大，需要更加耐心和补充更多的材料。

（3）心理状况检查时的访谈。一个好的心理状况检查，应该包括观察、晤谈和心理测验的材料。其内容如下：

仪表和行为。对来访者一眼看去的感觉、整洁度、衣着与身份相称否？与时令适宜否？身体有无残疾？交谈时有何奇异行为？有无重复的神经质动作、姿势如何？是否避免目光接触？动作是否迟缓或无休止？

言语和沟通过程。言语流畅否？是否节奏很快，或只倾听？有无口吃？有无言语过多？有无观念飘忽、联想松弛、内容发生阻断？言语连贯否、中肯否？有无句法或用词不当？能否运用非言语的沟通方式如微笑、皱眉、手势、姿势等来表示感情？有无谈话内容与所用声调不一致的情况？与人沟通的兴趣如何？

思想内容。自发谈论的主题是什么？有无反复的主诉，持续的主题或问题？有无妄想、幻觉、强迫观念或行为，有无观念杂乱？感觉和认识功能感觉（听、视、触等）有无损害？能否集中注意于当前的任务？对时间、空间的定向力如何？能否回忆昨天做的事、以往的重大事件（如结婚年月，等等）？掌握的语词和概念与其职业和教育背景是否相称？能不能做简单的心算、阅读和书写？

情绪。在面谈时一般心境如何（忧愁、欣快、淡漠、发怒、激动、不稳、焦急）？对检查的反应是平静的、冷淡的还是友好的？是否在谈到某人时有情绪反应？对他自己的心境或情感是怎样描述的？自我报告与观察的表情是否一致？

自知力和判断。知不知道来此交谈的原因？他的认识与实际是否相符？对其行为和情感是否有所认识？对造成这些问题的原因有无了解？如果有，是否符合实际？他解决生活问题的方式如何，是冲动的、独立的、应答性的，还是尝试错误法？对忠告和帮助是否用得合适？对改善他的情境关心到何种程度？

4. 访谈的信度和效度问题

访谈不是标准的测验，不过是一种收集信息的手段，是否也要按照一个正式的测验来考虑？因为访谈也可产生许多偏因，特别是用比较无结构的访谈时，所以亦应研究它的信度和效度，关于访谈的信度通常是考验访谈者之间的符合率。有人（Wagner，1949）总结了早年的文献，用访谈来评定人的特质时，这种符合率的范围非常大（0.23 ~ 0.90），中数为 0.57，用来评定整体能力时，范围为 −0.20 ~ 0.85，中数为 0.53。以后的其他研究者的报告（Arvey & Trumbo，1982），也与此相类似。访谈信度之所以出现这样大的差异，有作者总结大量文献后明确提出：访谈评估的领域窄，访谈者训练有素，那么信度便增高。

与此同时，一般认为，高度结构的访谈是比较可靠的。但是其结构庞大，也会影响访谈的效果。在许多情况下，一种自由的、开放性的方法，可能只能获得某些形式的信息。

关于访谈的效度研究，大都集中于访谈者的偏因来源。访谈中的偏因与观察中的相同，如在上面讨论过的荣光效应和株连效应都是影响访谈效度的重要原因。关于访谈效度的综述，从访谈者的评定结果与其他效度测量做比较来看，也像信度测量那样高低区别很大——从 −0.5 至 0.72。这些资料主要是属于无结构访谈的。

（三）个案史

这是一种个人传记材料，这些材料来自编者可能找到的有关资料，如个人的健康或其他档案，或从父母、配偶、子女、朋友、同学、同事、老师等处来的资料，这一传记的重点是根据来访者所要解决的问题不同而异。如果是工作方面的问题，便要重视以往工作性质、经历和成绩等那些能反映求职者的能力、工作态度、同事和上下级的关系等方面的信息。如果是关于心理健康的问题，除了问题出现时的时间，当时的情境和问题的表现，可能的原因，以往的问题的干预及其效果，后来的变化等以外，还需要包括近亲中的类似问题。

一般情况下来说，个案史对临床工作特别重要，许多心理问题的诊断和处理，都需要有详细的个案史作依据。个案史的收集技能和有效利用，又与个人的临床经验有关。许多情况，如果只有当前的心理评估结果，而无既往史的佐证，便难以做出正确的诊断和有效处理。

（四）心理测验

心理测验在心理评估中起重要作用。心理测验内容很多，这里主要讨论测验工具的种类和标准化测验的主要技术指标。

1. 心理测验的种类

心理测验在不断发展，种类繁多，尚无统一的分类标准。在美国出版的《已出版的心理测验》（Tests In Print，简称 TIP）和《心理测量年鉴》（Mental Measurement Yearbook，简称 MMY）二者中按内容分成 17 类：如成就、发展、英语、美术、口语、智力和学习能力倾向、数学、综合、多维能力倾向、神经心理学、人格、阅读、科学、感觉—运动、社会研究、言语和听以及职业测验等。上述这些种类的测验又可按其他标准来分，如按实施测验方法来分，有个体测验（一次有一个主试者，一个受试者）和团体测验（一次有一个主试者，多个受试者）；按照测验沟通手段来区分，有言语测验（测验用言语作手段）和非言语测验（用图画、图案或操作）。此外，还可以按测验的用途来分成许多种类。一个测验，又可按不同标准分到不同类别中。

2. 标准化测验的技术指标

用传统方法编制一个标准化测验时，首先是有一个能代表本测验所打算测量的群体的样本，用标准的测验指导方法来对样本进行测查。目的是确定标准组（常模样本组）在本测验上的粗分（未加工的原始分）的分布。然后将所得粗分换算成某种形式的衍化分，或称常模分。在标准化测验的手册上，必须要列有由粗分换算成常模分的换算表。这样，可推测受试者的测验成绩，在某特殊群体组中的位置。用此方法，可将常模用作解释粗分的一个参考框架。受试者的常模分，可指示他与其他同龄、同年级、同性别的人们在此测验上所得分数的相对位置，这种测验是传统的标准化测验。

（1）常模样本的选择。常模（norm）在传统的标准化测验中是非常重要的。常模的有用，在于它可解释受试在测验上所获得成绩的参考意义。而参考意义又取决于测验标准化过程中常模样本的代表性，下面讨论常模样本组的选择。

要确定常模，就得先确定这个测验所打算测量的人群（靶群）。例如，编制一个适用于全国某一民族中 6 岁至 16 岁群体的智力测验，这个群体就是测验的靶群。这个测验要将靶群的智力测量出来，作为与某儿童的智力做比较的标准，即常模。由于这一民族、这个年龄范围的儿童太多，制定此测验常模不用也不可能对他们都进行测验，而只要取一定人数的能代表他们的人群来做常模样本。选择常模样本的方法可用简单的随机取样，整群取样或复杂的分层随机取样。选用何种方法，取决于影响智力（以智力测验为例）的诸变量是否在人群中分配均匀。影响智力发展的重要变量有年龄、性别、生活地域、教育、经济文化、民族等。这些变量在全国人口中分配是不均匀的，所以建立全国适用的智力测验常模便不宜采用简单随机取样，而用分层比率随机取样。即确定样本年龄分组人数后（假定每一年龄组 200 名），按全国人口资料的上述各变量百分比来分配各年龄组的取样，以让每一年龄组的样本都有较好的代表性。

分层比率随机取样是非常复杂而很不经济的方法，但是很有用，为了手续比较简单，而又可以比简单的随机样本的代表性好一些，有些心理测验也可选择整群取样或用项目取样方法。用整群（或集群）取样来做靶群的方法，第一步是将组成靶群的学校或其他某种单位分成一些领域或一些集群；第二步是在这些集群中随机选择一特殊比率，再在每个集群中随机选出一定数目的单位；最后一步是测查所选出单位的所有人，或者在每一被选单位中随机只用测验中的分套测验来进行测查。

项目取样方法，不同于随机选择一些受试者来回答由一套测验中不同测验项目组成的分套测验。是一组受试回答一套项目，而另一组受试则回答另一套项目，用此方法，可以在一个固定的时期内，对一个比较小的样本来实施更多的项目。然后将结果可以结合起来做项目分析，以此确定一个有代表性的样本常模。

（2）常模。常模是指一个界定组在一特殊测验上的成绩。一测验的常模是根据这个界定的受试组在此测验上获得的分数分布而建立的，这个组得分的平均数或第 50 百分位都可作为常模。因此，常模形式有多种，一个测验的常模，可以用来解释受试者在该测验得分的意义。

一个测验建立常模的目的是确定一受试者在这测验所做的，如何来与其他人做的相比较。将每个人与常模做比较的测验，称为常模参照（norm referenced）测验，这类测验是假定常模样本的心理特质，如智力，呈常态分布，测验的目的是确定受试者的智力水平在这个相比较的常模样本智力分布上的位置，用离差智商来表示。如果一个智力测验，其测验结果能代表受测者的智力整体，并且可用 IQ 作量度的，称智商测验。一个智力测验只测量了智力的一部分，其结果不能用 IQ 来做量度，只可用 IQ 以外的其他量度如百分位来表示的，可称智力测验，但不称 IQ 测验，这些测验都属于常模参照测验。由于一些心理能力水平不是常态分布，所以不能与其他人相比较，而要与一个效标或一个期望达到的成绩标准相比较，便发展了效标参照（criterion-referenced）测验。效标参照测验是这样一种测验，它描述受试者能表现出来的技能、任务或知识的特殊形式。在编制教育用的诊断测验和职业用的筛选测验时，往往采用效标参照测验。例如，对一个数学成绩不好的初中生做学习辅导时，便不能用常模参照测验来发现学习困难问题。采用算术成就诊断测验，如发现在加、减、乘、除测验中，前三者成绩正常，而除法的成绩均很不好，便得用针对除法做个别化设计的程序来辅导，所以教育诊断测验多用效标参照测验。用人单位选择求职者，也是根据工作性质所要求的技能定出录取标准或划界分（cut off score）。还有一些特殊技术的考级测验，也多用效标参照测验。不过，现在传统的常模参照测验仍然非常通用，所以在这里介绍几种常用的常模。常模种类按常模适用范围而言，有适用范围广的全国性常模，这种常模的样本包括了全国有代表性的受试者，也有只代表某一个区域的区域常模。还有只代表一个地方性或某一特殊系统，或某一学校的局部常模，它们的适用范围便很小。这些常模的建立有难易之分。一般情况下来说，全国常模比局部常模难建立，但二者的用途各有优缺点。全国常模的适用范围广，但局部常模做解释这一局部人群的参考价值很高。所以现在有些国家的大学入学考试，虽然有统一的标准测验可用，但有一些学校，仍然根据本校的特点编制自己的测验、制定录取和分班的标准。还有，有的区域性或局部常模，如果常模样本的特征与另一区域或单位的特征相似时，同样可用。

常模由测验粗分换算成常模分的方式，普遍使用的是按年龄或年级进行。按年龄的称年龄常模（age norm），每 12 个月（一岁）为一组，按学校年级的称年级常模（grade norm），每 10 个月（学年）为一组。年龄常模是以一定实龄的受试者在测验上获得的粗分均数或中数代表这个年龄的水平，或称心理年龄（mental age，简称 MA）。与此相似，年级常模，是某一年级的学生在某测验获得分数的均数或中数，代表该年级的水平，也称为教育年龄（education age，简称 EA）。这种处理，是假设心理和教育特征的成长，在所有时间内都是一致的，例如在 5 岁 2 个月到 5 岁 4 个月和 8 岁 2 个月到 8 岁 4 个月，它们的增长相同。可是，事实上并非如此，心理和教育的成长是随年龄增加而逐渐减小的。因此，年龄与年级常模所以常用，只是因为它容易理解，但不是没有缺点，也就是因为用来方便，所以年龄与年级常模，现在还继续常用于小学水平，这是因等速增长的假说，在这个年龄使用，还不那么不合理。即使如此，在这个年龄水平，运用年龄和年级常模时，许多作者还是补充使用百分位或标准分常模（Aiken，1985）。

智商（intelligence quotient，IQ），是由年龄常模发展来的，即以际年龄（chronological age，简称 CA）除 MA 再乘 100 得来（IQ=100MA/CA）。与此相似，在教育成就测验中，

发展了教育年龄除以实际年龄的成就商数（accomplishment quotient，AQ）。

百分位（percentile rank）常模，是将测验的各个粗分按统计方法计算出百分位，然后编制一个由粗分查出相应百分位的表。百分位的解释：例如某一受试者的测验结果在百分位常模表上查出百分位为第 80，这说明，在常模样本中有 80% 的人的成绩在此受试者的成绩以下，顶多也只同他的一样，另有 20% 的人的成绩在他之上。这种常模容易计算，并容易理解，所以在心理测验中常用。但是也存在如前面讨论过的年龄和年级常模那样的分数单位不相同的问题。

（3）信度。任何一种衡器要有用的话，首先要求这衡器的性能稳定可靠。心理测量工具也是一种衡器，不过它不同于其他如物理、化学或生物属性的衡量工具，心理测验所测量的对象比上述物理、化学和生物学的更复杂，所以更要研究这类衡器的信度。

一信度（reliability）高的测验是指受试者在此测验上的得分较少受到非系统性测量误的影响，它在那些可产生测量误的各种情况下所得出的量数都比较一致。影响测验分数的非系统误差随时都不同，从一情境到另一情境又不可预测，会降低测验的信度。而系统性（恒定的）误差虽然能增高或降低测验分数，但是这种作用的方式是固定的，也就不影响测验的信度。影响非系统性误差的一些主要变量有测验项目（提问）的特殊样本，实施测验时的情况，受试者在测验时的动机或投入水平等。

重测和平行本系数。对同一组受试者分两次来实施同一测验以估计测验的信度。这种重测信度系数，有时作为稳定系数，可用一个测验，在两次实施时的得分进行相关来计算，这种方法用来估计两次实施测验因时间不同所产生的误差。因为两次是用同一测验，那么在这种重测系数中，便不会反映出由于这些测验项目的不同样本带来的误差。平行本方法是两个测验版本相等同，即两个测验难度相等，种类相同，但项目不一样，将它们实施相同的受试者，以计算两套测验得分的相关。同重测不同的是，平行本方法是用来估计不同项目样本所产生的误差。最好的办法是将在一个场合用一种形式的测验所得的分数，与在另一种场合用一个平行本得到的分数进行相关，这种办法便可将由于不同项目样本的误差和不同实施情况的误差一起估计了。

内部一致性系数。平行本方法可用于许多测验，特别是认知测验，但编制平行本测验很不经济，于是便有了一种不很直接评估不同项目样本效果的信度测验方法，即内部一致性检验方法。但在内部一致性系数中的测量误不是因不同实施情况或项目所导致的。所以内部一致性系数不是真的等同于重测或平行本系数。在计算内部一致性系数的方法中有分半法，Kuder-Ricardson（K-R）法和 α 系数。

分数间的信度。同一个被观察的，被测验的，或被评定的对象，不同观察者，记分者，或评定者所得出的结果（或分数）之间的符合（或一致性）程度。用某种形式的数字表示，被称为分数、评定、观察、评判等的信度。它们的计算方法是因情况不同而异的。例如，假定两个记分者对一个受试者接受一个包括 30 个项目的反应时测验记分，得出两个系列的分数。那么，这两套分数之间的符合程度或信度，是先计算出 30 对分数之间的相关系数，再用 Spearman-Brown 公式校正所得出的系数。如果记分者是 2 人以上(有时可多到 20 人),便可将诸记分者以测验项目来看待,便用 α 系数的计算方法来得到信度估计,或用计算级间相关,或和谐系数来计算,另外的方法还有计算 Kappa 系数的方法。

效标参考测验的信度。传统的信度概念属于常模参考测验,这些测验主要是为区分人们处理认知或情感特征的不同程度而设计的。在测验分数中的个别差异范围越大,测验的信度便越高。而大多数效标参考测验的编制者是把受试者安置到两组,其中一组是达到(掌握)了技术要求的水平,另一组未达到。

(4)效度(validity)。效度一词用于测验时,是指一测验测量了它所要测验的多少的判断。更精确一点说,这种判断是以测验分为基础做出合适的推论。推论是一种逻辑性结果,或是一种在推理过程中的演绎。

证效(validation)是收集和估计效度证据的过程,是由测验的编制者和测验的使用者共同进行。前者负责在测验手册上提供效度证据。例如说,这测验分可能对测量成就或预测在某种类型的环境中而不是在其他的环境中会取得成功,更加理想的是测验编制者报告从各种不同背景(如不同年级,不同学校,或不同工作情境中)所获得的测验分。谨慎的测验使用者,他们不仅仔细阅读测验手册,发表的有关文献,还选择某一测验对其心理测量学特征如信度、效度做出的研究报告,甚至用某测验对一些尚未报告的人群做有效性研究或将某测验做出区域性常模。

如何来估计一测验的效度呢? 原来的方法比较多,但 1985 年美国出版的《教育和心理测验标准》中只提出三类,即内容效度、效标效度和结构效度。其他的或者取消,或者合并在这三类效度中,例如原来的“表面效度”,是根据测验项目的表面样子来判断。换言之,如果一个测验从表面看像是无疑地测量了所要测量的,便可以说,表面效度高。测验的表面效度不能作为解释用测验分来推理的基础,所以在 1985 年修订《教育和心理测验手册的标准》时,在效度一节中,未再提出表面效度了。再如,平行(concurrent)效度和预测(predictive)效度实际上是属于效标效度;经验(empirical)效度和统计(statistical)效度也是效标效度的同义语;辐射(convergent)效度和区分(discriminant)效度实际上是结构效度;特质(trait)效度和因素(factor)效度有时也被考虑为结构效度的同义语。

内容(content)效度。内容效度最常见于成就测验中。能力倾向、兴趣和人格测验中也有关系。成就测验的内容效度是用测验所代表的教学目标程度来评估。将测验内容与所授课程做出一个提纲或表来一一进行比较。如果它们相符合,那么测验便是测量了所要评估的知识和技能,可以说这测验具有内容效度。

对于职业测验的内容效度,此测验的内容必须是一个为这个职业所需要的有关技术的有代表性的样本。测验的编制者要观察一些在此工作上有成就的老手,找出在此工作中得到成功的必需行为,并设计这些行为的有代表性的样本。一些同行(以及他们的督导)作为专家组来评定测验内容与此工作需要的技术的代表样本之间的符合程度,并可用下面的方法来计算其符合率,这方法也可用于其他需要有专家小组来做出判断的情境。每位专家组成员都对几个测验项目做如下的回答，这项目所测量的技术和知识对该工作是：①基本的；②有用但非基本的；③不需要。将专家组的回答放在一起，计算他们对每个项目回答为"基本的"人数。按 Lawshe 的意见：如果一个项目被专家中 50% 以上的人认为是"基本"的，那么，这项目所测量的该工作技术或知识是基本的。

效标效度。效标效度或称效标相关效度，主要是用测验分与效标成绩相关方法来做检验。在前面讨论的内容效度的情况中，效标是专家对课程内容的判断，而效标相关效度这个词是限于这样的效度检验方法，即一组受试者的测验分与评定、分类或受试者的其他测验分来比较。如果是在测验同时的，这种效度称同时效度（concurrent validity），如果效标是在测验以后一些时间的，为预测效度（predictive validity）。

效标是什么？用字典式的效标意义是一标准，或者测验可根据它来作判断或决定。在测验或测量，特别是在效标相关效度这方面的语言中，效标可能要广义一点，界定为对一测验或一测验分作估计的标准。从操作方面上来讲，一个效标可能为许多东西：从"开波音 767 的驾驶成绩"，到"在精神病院住院天数"。概言之，效标构成无硬性规定，它可能是某一特殊行为，或一组行为，测验分，时数，评定，精神病诊断，训练的代价，缺席指数，酒精中毒的指数，等等。

效标的特征。同测验分一样，效标分也应可靠。效标的信度和测验的信度，每一个都应限制在按如下理论关系而来的效度系数的大小范围内。

同时（concurrent）效度。如果一些测验是与效标量数同时获得的，测验分与效标之间的关系提供了同时效度的证明。所谓同时效度是指测验分可用来估计一个人现在所居一效标的范围。例如，如果一些分数（或分类）作为心理诊断测验的基础来检验一些已经诊断了的精神病患者，这属于一种同时效度过程。一般情况下来说，一旦从测验来做推测的效度已建立，此测验可作为较快的、少经验性的做出诊断或分类决定的方法。一个令人满意的同时效度的测验，会非常吸引使用者，因为它有省钱和省专业时间的潜力。

预测（predictive）效度。测验分在一个时间获得，而效标量数是在未来时间获得（在一些干扰事件之后，如训练、经验、治疗、矫正或者只有简单的时间流逝）。测验分与未来时间获得的效标量数之间的关系，提供了此测验的预测效度的一个指标。例如，大学入学测验和大学一年级平均分之间的关系的量数，对入学测验提供了预测效度的证明。

在这样一些场合下，如人事机构、大学招生办公室，或监狱办公室，一个有高预测效度的测验，可能非常有助于做出谁是可选的能成功的学生、多产的工人，或高假释危险的犯人的决定。一个测验在作一决定时有无价值，取决于有无测验结果，有测验结果比没有测验结果要好得多。工业上产量很重要，如果用了人事选择测验对提高产量有效，即使提高不多，但是这种增产是年复一年的，企业的盈利不可低估。在临床方面，一个对自杀预测效度好的测验，从自杀中救出若干生命，其价值无法估计。可是，要发展这种预测好的测验的难度也是非常大的。

影响效标效度的因素。效标相关效度可受许多因素的影响：如群体差异，测验长度和效标污染。

群体差异。一测验的效标效度因用来作效度检验的人员群体特征而异。受试者群体有性别、年龄和人格特质等这些中介变量，可以影响测验和效标之间的相关。效度系数的大小，同信度系数一样，也受效度检验群体在测验变量中的异质性程度的影响。比较同质性群体中的效度系数倾向小一些，因为测验分范围较狭窄。相关系数的大小受两个变量影响，或者是预测指标，或者是效标变量的范围变狭，效度系数便倾向降低。

测验长度。效度如信度一样，因测验长度而异。一般来说，测验长的比测验短的效度高些。

效标污染。测验的效度不仅受到测验的信度和效标的制约，而且受制于效标本身的效度（它是有意义的特殊变量的量数）。有时此效度因计算效标分的方法而使它不太有效或受"污染"。例如，在检验某一能力倾向测验（测验A），在估计大学1～2年级的学习成绩的预测效度时，如果这个大学的老师们在设计大学1～2年的课程考试前已经知道测验A的主要测验内容，便会对他们设计课程考试产生影响（内容雷同）。那么测验A分数与课程考试分（效标）的相关就高。而大学入学考试办公室又按此测验A的成绩为标准来取录学生，以为它可以预测学生将会在大学获得好成绩，其实，此效标受了污染，不会让他们如愿以偿。

结构（construct）效度。一测验的结构效度是由如下两方面决定的：一是，尽量清楚地界定要测量的特征和特质（结构）；二是，将测验结果与在情境中的行为量数相关。例如，在证明一个焦虑量表的结构效度时，可先确定哪些人在此量表上的分数高，哪些人的低，然后看高分人群是否表现得像理论上设想的。一测验的结构效度不用成功的预测性来建立，它包含了慢的，从许多的实验和观察所收集的证明。这些结构效度的证明来源有如下五个内容：①专家判断；②测验的内部一致性分析；③关系研究，包括实验设计的和自然群体二者的，测验分与其他有组间差异变量的差异；④测验与其他测验和与其他变量（是测验所期望有一定关系的）的相关，以及相关间的因素分析；⑤详细询问受试者或评定人回答—测验或评定量表的内容，以期揭示了他们做出这些回答的特别过程。

看待一测验的结构效度不仅要看与其他测验或同特征的量数相关高（幅合效度），同时也看与不同特征的量数有低的相关（鉴别或称区分效度），4种相关对决定一测验的幅合和鉴别效度有意义：①相同特质用相同方法；②不同特质用相同方法；③相同特质用不同方法；④不同特质用不同方法。应用这种多特质—多方法的手续来证明测验的结构效度时，通常认为在同特质用相同和不同方法的相关，高于不同特质用相同或不同方法的相关。而实际结果，往往与所期望的不一致，在不同特质相同方法测量到的相关有时高于在相同特质用不同方法测量的相关。当发生此情况时，可以解释为测量特征或特质的方法对受试者的回答的恒同性效应比假设的特质本身更多一些，结果导致对特征是行为的稳定决定者的诊断起了怀疑。

3.测验编制——项目格式和分析

编制一个标准化的测验，需要经过较长的过程，包括几个阶段。一些阶段中的工作，会因测量内容（智力、能力倾向、成就或人格等），编制策略（理论的，经验性的，或二者结合），以及采取的心理计量学理论（经典的或新发展的如项目反映说）等的不同而有区别。以编制一个经典的测验过程为例，大致可分为如下几个阶段：首先构思，即打算编制一个测量什么内容的测验以及实施方式，根据内容和实施方式来建立测验项目库，经过小样本的初试后对项目进行初筛以制成测验初版，扩大样本后，进行预测，再次筛选项目，编写测验的正式取样本，在常模样本中实施，将结果再做分析，然后制定常模。在这些步骤中，最重要的是项目选择，这里主要讨论项目格式和项目分析。

（1）项目格式。项目（item）格式一般分是 - 非、多选、配对、填空和陈述等几种。

是 - 非格式。一个项目分是或不是两种回答，其中只有一个回答是正确的，选答正确的记分。是 - 非格式还有一种用法是回答是或不是都有意义，但意义不同（如在人格测验中）。这种格式在测验中用得很普遍。它的优点是简单明了，容易实施，容易记分，其缺点是鼓励受试者记忆材料，受试者在这种测验上得高分，但并不真正弄懂了内容。在完全不知内容，回答者投机（任选答案）而回答正确的可能性仍有 50%。为了增加测验的可靠性，一般用增加选答项目数的方法。在能力测验如采用错答一项减去一项正确回答的方法，可以校正任意回答的得分，但其测验结果不能反映本来能力。

多选格式。类似是 - 非格式，典型的方式是在一个项目的多个备选回答中，只有一个回答记分，其余的不记分。这种格式的项目，在测量大班学生的成绩中常用。这种测验容易记分，但也有如是 - 非回答一样的问题，得分有机遇。这种格式的最大好处是受试者用很少的时间来回答一特殊的项目，因为不用书写。这种方式的测验，可在很短的时间内，测量到大量信息。在进行多选测验时，受试者的任务是在几个供选择的回答中选一个正确的。项目中所有不正确的，被称为迷惑者（distractors）。心理计量学提示，如果迷惑者多一些，项目便更加可靠，也就是说，增加迷惑数可提高这些项目的信度。根据研究表明，有 3 或 3 个以上的迷惑者便有效了。

关于多选题的记分问题，假如你带你的一个室友去做个测验，他可不读懂项目而做完答案。试想，他可有多少正确回答？他会凭猜想而有正确回答。如果是每个项目系 4 选 1 回答，那么受试者期望正确率为 25%。如果是 3 选 1，则为 33.33%，这些正确回答完全凭借猜的运气。

Likert 格式。在态度和人格量表中，需要指明对一特殊回答同意的程度时，便用这种格式。例如，在回答"我害怕登高"，要受试者在如下几种回答中选一个作答：完全不，不，中性，有一点，完全如此。这种等级选择格式，在态度评估和临床评估中非常通用。范畴量表 10 点评定量表是非常通用的。不必都一定是 10 点分，可以多，也可以少于 10 点，把人或事分成若干组，这种分类的量表都称为范畴量表。分成多少点、组或范畴的原则是各点组之间要有区分性，如果没有区分性，便不能分组。有人认为一般分 7 点组左右的情况较多（Symonds，1924）。有人主张三倍此数，但有人认为事物中有 10 点，组便可有区分性了（Anderson，1976）。校核表（checklists）和 Q 分类这种方法是给受试者一系列的形容词或句子的表，要求受试者指出每个符合他的特征的来。形容校核表可用于描述自己或某一个人（自评或他评）。自评时需要受试者同意或不同意描述自己的形容词或句，只在二者中选择一个，与之相似的是 Q 分类技术，也可用于自己评定自己或他人。这种方法是给受试者一陈述，并要求他将它分入 1 至 9 的 9 个堆中。例如，给观察者 100 个写个人特征的陈述的卡片（如很广泛的兴趣，对小的挫折都是过度反应），要观察者评定某一室友。一张卡片上的陈述如非常像这同学的个人特征，就将卡片放在第 9 堆，如最不像他，便放在第 1 堆，仿此分完所有卡片，分得最多卡片的堆，这些卡片上的人格特征最能描述这个人特征。

此外，尚有许多其他的格式，这里未一一讨论，如果有兴趣，可以参考有关著作。

如何写作项目，尚无统一的规定，虽然已有不少人对此问题有过讨论，并提出了不少有益建议。有人提出，写好测验项目是一种艺术，不只是科学。除了应用精确语言，知道所要测验的东西，熟悉受试者的水平，以及你的想象外，再没有其他的了。一旦项目写好，便施测和用项目分析技术来对它们进行估计。

（2）项目分析。项目分析的目的是选好测验项目。一个"好"项目的标准是什么？

我们说一个好测验是可靠和有效的。那么，我们也可说，一个好的测验项目，也应该可靠和有效，而且要有助于区分受测者。一个好项目是这样的项目，当测验项目都回答正确时，它是获高分项目中的一个。当都不能回答正确，而这个项目却获高分，这可能不是一个好项目。也可以这么说，一个好项目应该是在测验回答都错时，它也获低分。一个项目在都回答正确而它获低分，这可能也不是一个好项目。

编制测验时，如何来认定好项目？可用一些量的和质的方法来回答此问题。例如，一种质的方法是采用"出声思维"来实施测验，即是用个体测验方式，要求受试者用口语来说明他对每一测验项目的思维。如在测量成就时，这种口语法不仅评估受试者是否误解了某特殊项目，而且可了解他是如何误解的。如在测量人格的某方面，如自我估计，这种出声思维方法，可用来洞察受试者，解释和回答项目的一般方法。另一种质的方法是小组全体成员讨论，讨论整体和个别项目。小组由受过此测验的人或实施过此测验、记分，或解释测验的人组成，或者由一组在一特殊领域的专家所组成。小组成员是根据测验编制者的需要和兴趣来决定的。

测验初稿在一个有代表性的受试组试用以后，对测验资料做各种不同的统计考验，统称为"项目分析"，在项目分析中所解释的被视为是一种量的努力，下面讨论量的努力。

项目难度。通过的百分比：一群体回答一个项目，回答正确的人数占这群体人数之百分比，为这个项目的通过率，传统测验方法通常是用它来表明项目的难度。容易的项目，通过率便大些。也就是说，一标准样本在回答一项目的正确率是 70%（通过率为 0.70），这个项目便比正确率为 15% 的（通过率为 0.15）项目要容易一些。能力测验中，习惯按通过率来排列项目，容易的在前，难的在后，都能通过的（通过率为 1.0）和都不能通过的（通过率为 0.0）项目便不用于测验。因为这些项目太难或太易，它们都不能提供受试者的任何信息，所以不用。相反的通过率越是接近 0.50 的，便越具鉴别力。假如，100 个人中 50 人通过一个项目，50 人不能通过（通过率 0.50）。鉴别信息为 50×50，即 2500bit。一个项目有 70% 的通过，鉴别信息为 70×30，即 2100bit。仿此，有 90% 通过为 900（90×10），有 100% 通过的为 0（100×0）。

项目的区分度。评估项目的区分度是用来决定哪些人在一些特殊项目做得好。有多种方法来估计区分度，现在讨论如下几种。

极端组法。此方法是将在一测验上做得很好的人群与做得很不好的人群的成绩来做比较。其项目如何区分指数计算方法如下：①先找出在此测验做得好的（百分位在第 67 和以上的）和做得不好的（第 33 百分位和以下的）；②计算出上位组和下位组的人，在每个项目上做得正确的百分数（分别为 Pt 和 Pb）；③每个项目的 Pt 减 Pb 便得出项目区分指数 di（di=Pt-Pb）。项目的区分指数高的，便是区分度好的。

四、心理评估的作用

心理评估的作用在不同时代和不同国家是不相同的。如今，有的国家，心理评估在教育、咨询、临床、职业、军事、司法等领域中所起的作用是相当重要的。

（一）心理评估在教育方面的作用

在我国，自开始科举取士以来，学子们无不以通过考试来求"进取"。到今天又有谁不是通过测验来求学求职？对美国人来说，有谁不是经过了数不清的各种测验（如成就测验，包括了老师自编的和国家的标准测验，为选择某一特殊职业或学习课程的能力倾向测验）？残疾儿童教育法案，规定 3 到 21 岁的残疾儿童要接受相应的教育程序。大多数特殊以及常规教育程序，都得接受标准成就测验，以及诊断特殊问题的测验。近些年来，又出现了一些新的成就测验，即教育合格证书考试。这特别是在学完高中的课程后，学生接受一种测验来证明他们对这些学科达到了国家规定的最低水平的成绩，未通过的，不发给高中毕业证书。至于要进大学或大学毕业后进研究院深造的学生，在美国必须要通过一些标准的测验，如学习性向测验（Scholastic Aptitude Test，简称 SAT）和毕业资格考试（Graduate Record Examination，简称 GRE）。外国学生到美国留学，还要通过留学生标准英语测验。我国的学生考试也不少，但以往多是未经标准化的考试，现在也逐渐标准化起来。

（二）心理评估在咨询方面的作用

咨询（counseling）是在心理测验有效应用后发展起来的。现在不管在何领域（如学校、监狱、政府或私人诊所）从事咨询的咨询家（counselor），总是要应用心理测验这一手段所获得的信息来进行工作。在咨询中无论用什么样的心理测验，其目的都是为了让受试者有好处。一般情况下来说，是为了让受试者生活得更好，生命更有意义。咨询中主要采用个体测验的方式。所测量的主要是社会和学习技能或能力，测量人格、兴趣态度和价值观。

为咨询目的而进行的测验对象因生命不同阶段和特殊情况而不同。要测验来解决的问题特别多，从"这个儿童如何来与其他儿童一起学习或玩得好些？""什么工作对来访者更加合适？"到"向退休人员推荐一些什么活动？"等。咨询家为了解决不同年龄、性别、教育程度、社会地位、经济水平和信仰的人们在学习、工作、家庭生活、社会交往等中的常见问题，通过心理评估手段，而得到某来访者有关问题的资料，然后进行综合分析，不仅使咨询家了解到了来访者，而且来访者也了解了自己，这便共同来寻找解决问题的办法。因此，心理评估对咨询的作用是重要的。

（三）心理评估在临床方面的作用

临床心理工作分两大主要部分：一是用测验手段对心理问题进行确定，二是对心理问题进行干预。心理评估中的手段，包括测验、观察、晤谈和个案研究。

心理评估手段对一般临床工作的作用，可概括成三个方面：①做出决定：临床精神科医生在确定诊断，制订治疗方案、向来访者或病人提出忠告或建议时，都只能在心理评估之后进行。②形成印象：评估的第二个意义是临床医生形成对来访者或病人的印象。这印象的正确与否，取决于评估时获得的信息。第一印象很重要，因其形成后常很牢固。研究表明，三次晤谈后形成的印象与第30次晤谈时的相关极高。社会心理学家也指出，第一印象往往有"贴标签"作用。一方面说明第一次印象的重要，同时说明做出正确评估的意义。③核实假说：通过观察和其他途径将各种渠道来的信息综合成整体，形成一个初步假说，再通过临床心理评估加以核实和修正，以便于形成新的假说。例如根据一些信息，初步认为某病人可能有神经心理障碍时，可进行神经心理测验。如测验结果不支持初步形成的假说，可结合进一步观察及测验作业分析，提出新的假说。

（四）心理评估在职业方面的作用

职业测验实施主要是团体测验。心理测验用于职业领域最广泛的是对求职人员的选择，安置和提升这几个方面。在本书第三章讨论能力倾向测验时可以清晰见到，心理学家用测量手段来评估职工们顺利完成他们的工作所必需的知识和技能。用人单位选择人才，除了采用多维性向和特殊性向测验外，还采用成就、兴趣、动机以及其他的测验，因为决定工作成绩的因素不只是知识和技能。一些特殊工种，还有适合它们的特殊能力测验。

（五）心理评估在其他方面的作用

心理测验用于其他方面的机会还很多，首先是用于专业资格证明的测验。例如，医生资格证的获得，除了有医学院校的毕业证以外，还得通过一个从业资格测验。得到法律系毕业文凭后，不通过从业考试，就不能从事法律工作。临床心理学家从事临床心理工作时，除了获得临床博士学位外，还要再通过考试才可从事临床心理工作。

五、心理评估实施方法

要使测验结果有效，好的测验工具和正确的实施方法起决定性作用，而且缺一不可。即使有很好的工具，用得不当，不仅达不到目的，有时还起副作用。好的测验工具，在标准化的测验中已做过简要讨论，现在再对正确的实施方法做简要讨论，打算先讨论一般方法，后讨论特殊方法。所谓一般方法，是指测量身体和心理正常的人群的基本实施方法。而所谓特殊方法，是指适合于身体残疾或心理障碍者的施测方法。

（一）一般实施方法

实施心理测验的全过程，包括了阅读测验申请单，决定选用测验，准备测验工具，与受试者建立协调关系（rapport），施测，观察，记分，结果分析，解释，写报告单。这里主要讨论施测方法和报告书写。

1. 实施的一般原则

（1）尊重受试者。测验者以平等的地位参与测验。

（2）较快地与受试者建立协调关系。

（3）充分掌握测验方法，使测验完全"自动"地进行，让你有充分的时间来观察受试者在实施中的行为。

（4）正确地固守测验指导语，不能加减指导语。

（5）必须要控制测验情境，如控制有困难，可能要暂停测验，直到"事态"安定下来。如果是难合作的儿童，可以先带他做一游戏，或请他的父母帮助，以及其他"战术"，甚至停止当次测验。不能因此而取消测验。

（6）把你的时间节奏和情绪调整适合于受试者的，有的人欣赏（或只能）快节奏或热烈的进行方式，有的则欣赏（或只能）缓慢和宁静，你的词语和音调要有助于受测验者建立信心和恢复信心。

（7）你的鼓励，包括言语和表情、身体姿势，都是针对受试者对测验的努力，而不是对正确答案的奖赏。

（8）绝对不能说及任何有损受试者自尊心的事。

（9）要避免受试者与其他受试者用比赛来作为他的测验动机。

（10）因某种原因，需要有人在场陪受试者，一定让他离测验台稍远一点，不能对受试者有任何影响。

（11）保持长久的协调关系，必须要保持测验情境友好，有兴趣，有意义和主测者的恰当鼓励。有时受试者的某些成绩或行为，难免让你觉得好笑，不耐烦，甚至生气，你都要在内心和表现上始终在注意他，感到有希望，欣赏他的努力。

（12）要注意受试者在视听或运动方面的任何困难。如果有就必须调整你的实施方法（下面将讨论）。

2. 物质条件

（1）施测场地。一般是心理测验室、办公室或医院诊室。不管何场地，最重要的不要有干扰，受试者感到安全。对儿童来说，所用工具（如桌、椅）要适合儿童的身高。干扰源有人和物质的，测验室不应有外人进出。在特殊情况下，如受试者为儿童或犯人，或有冲动行为的精神病人，可允许有陪人或司法人员在测验室，但不要离测验台太近，更不能参与测验工作。测验室附近有另外的工作室，而且让受试者知道，这可增加受测和主测者的安全和安全感。

（2）室内设备。同普通办公室那样，对儿童来说，像他们的活动室（有少量玩具）。将候测室与施测室分开，儿童施测前，在测验台上放置可引起儿童注意的物件，这物件又不是施测时所用的，这可使儿童觉得测验环境不生疏，并发生兴趣。

（3）务使受试者在测验中感到舒适，室内采光、通风、室温、什物等都很适宜。有适合儿童高度的桌子和椅子。

（4）控制测验材料。在手边的只有受试者当次使用的材料，而且放在测验者随手可取之处。不让受试翻阅或玩测验材料。

3. 测验步骤

安排材料。将测验材料，如卡片、木块等，呈现在受试面前，通常都是从左边到右边依序摆放，不论是测题还是例题都如此，这是为了使测验实施方便而统一。在受试前摆放刺激材料是一次完成的，有些（有时限的）测验的刺激材料在摆放时还得有一个屏障，不让受试者看到摆放过程，这在测验手册上有规定，除非有的测验是需要受试者看到摆放过程。如果刺激材料是印在册子上，将此册子摆在受试者前面，让印出的图或字，头朝上，向左边揭页，测验时保持测验桌上无测验外的杂物。

给指导语和提问。不同测验的指导语都以相等的和放松的方式用口头说出来，不要机械式地进行。许多初学测验的，读指导语往往不是太快便是太慢，应根据受试者的年龄、能力和水平来调整，不要有不自然的面部表情或奇腔怪调。在我国普通话发音因地而异，一定要用受试者听得懂的发音来读指导语。一个分测验的指导语是统一的，在第一个测验读了指导语，在往后连续的项目也还可读这指导语。到受试者完全知道测验的做法时，可以免读。对指导语不能做更改，指导语是传达做测验的方法，而不能提示如何作答，不但在指导语中不能提示如何作答，在其他会话中也都是如此。

项目时限和鼓励回答。速度测验项目一定有时限，力度测验有的项目也有时限。有时限的项目，通常不把限制时数告诉受试者（除非手册规定要告诉），只告诉他们，"有答案了便马上说出来"。

确定回答。在这样一些回答中，难以确定哪一内容是受试者要回答的：①两个意义相反的回答；②内容正确，水平不同的多个回答；③先答错，后改正；④先答正，后改错；⑤意义不清楚的回答。确定回答和记分办法：①要求受试者从两个或几个意义不同的回答中选定一个回答，以选定的为准，按标准记分；②先答错后改正，只有受试者肯定了修改，按回答正确记分；③先答正，后改错，只要肯定修改，按答错记分。

受试者在测验中间向主试者提问："回答正确与否"？可这样回答："要与规定的标准对照后才能告诉你"，或"答案不止一个，也有一些人是你的这种答案"。有的儿童在进行解答中，观察主试者的表情，这时他对自己的作业无信心，希望从主试者这里获得消息，所以主试者始终是用一种鼓励受试者的表情，不能够对受试者的作业有肯定或否定的表情。

记录回答。有时限的项目要记录反应时。在有了回答后即刻在项目后相应地方记录下来。记录回答内容，尽可能用原文，但又不是如录音机一样记录，与回答完全无关的不记。

在项目后备注栏中将受试者作答时的表情，有意义的行为，其他有意义的观察所见，以及其他有关信息都做记录，但是不让受试者看到。

记分。在完成测验后便进行记分。一时不能决定的，参考该测验手册的记分标准来决定。有时限的项目，回答正确，但是反应时超过了时限，做错答记分。回答正确且节省了规定时间的，按手册规定的记奖励分。

观察。接触受试者之初，便开始对他们进行无结构的观察，从建立协调关系时起，在测验进行中和测验结束后，由观察者得到的信息，结合测验结果，有可能时，还加上受试者的以往有关信息，便有可能对受试者的行为做出比较可靠的估计。在测验中间和前后的观察，时间虽不长，观察到的内容不多，但是对测验结果的重要补充，非常有意义，也是在写测验报告做结论的佐证。

关于观察技术，前面讨论心理评估手段时已经论及，在这里只补充讨论五种：①比较有意义的行为：受试者的仪表、表情和举止可能反映他的社交、定向能力和有无较明显的生理缺陷（如听力和运动）。②对测验的努力程度和持久性可反映动机、注意力和体质状况。③回答质量与教育和经验水平明显不适合，回答失败与问题难度不平行。例如，对他的教育和经验水平来说，本来不太难的问题却失败，未经努力便声明"不能"而放弃解答，往往是诈病者的表现。④有神经心理学问题时，往往在测验中容易出现疲劳。但已疲劳而不愿放弃努力，虽然他们也会出现能力与问题难度不相适应的情况，但这也得充分还能考虑到因神经心理学问题所致。⑤儿童注意力不集中，同时有多动，不能因提醒和测验暂停而改善，则必须在测验后查询在学习和其他活动时有无同类表现，以鉴别是对测验无兴趣，还是儿童注意障碍（或儿童多动症）问题。

测验报告。测验后必须有测验报告，否则，测验不算完成。书写报告与施测完的相隔时间不能太长，最好在当天出报告。报告书写者，可能同时又是施测者，也可能不是施测者。要求施测者对施测手续非常熟练，对报告书写者有同样要求。书写测验报告的方法后面另有讨论，此处从简。

（二）特殊实施方法——评估缺陷儿童

1.评估缺陷儿童的一般方法

（1）阅读、学习和再阅读指导语：对缺陷儿童实施测验，首要的是娴熟指导语。

（2）经常紧靠着标准方法：①用词精确；②坚持项目规定的测验时间；③按指定的方式呈现测验材料；④遵照记分方法；⑤不只是只按印好的指导语照本宣读，也要有备好的参照。

（3）客观：①不对回答作正确或不正确的指示；②不提示你所希望的回答的线索；③注意你言语的语调；④记住你是在做测验，不是在教课。

（4）自然：①热情而又自然；②学会用一种自然而大方的方式，用标准言辞；③在测验开始前已有了协调关系和相互谈话；④取倾听态度。

（5）准备环境——避免分心

视：不让受试者面对运动的和在活动的门和窗，以及可引起分心的图画、颜色、玩具和开阔空间，来有效避免不专心。

听：不在有响声的地方施测。

情绪：不在受试者很匆忙、有麻烦或疾病时施测。

（6）提供能取得如实回答的合适情境

让受试者的姿势舒适，看材料清楚。

测验房间空气流通，室温舒适。

房间的光线不耀眼，不反射书页，受试者离窗户稍远一点。

用清晰可听见的声音和中等速度来讲话。

主试者要有热情，注意受试者，有条不紊地呈现材料来维持受试者对测验的兴趣。

称赞和鼓励测验的一般成绩，但不是某一项目的成绩。

让受试者知道，你所希望他做到的是什么。

（7）学会控制受试儿童的额外行为。用引起对测验的兴趣，动机和任务方向来减少额外动作。如果这些动作不干扰受试者，便不管它们，如有必要时，提供儿童一条积极出路：如抓住测验桌的边，或让儿童自己将双手握起来。要预知儿童的疲劳和分心。

2. 几种缺陷儿童的评估方法

特殊实施方法是指特殊人群的测验实施方法。特殊人群本来范围很广，包括了不能阅读或听不懂测验所用语言的人群，有明显身体或心理缺陷的人群。此处先讨论残疾儿童做心理评估时的一般考虑，然后讨论几种特殊儿童的测验实施方法。其他人群在智力评估一章中会涉及，可资参考。

（1）评估缺陷者的一般考虑。评估身体残疾儿童时，如果有可能，应在儿童所熟悉的场地做测验。例如，盲童在熟悉的环境中，可能做出许多有技能性的行为，而在生疏环境则不可能。

如有需要，测验分几个时间进行。因为这些儿童在测验中容易疲劳。

把缺陷儿童放置于他们喜爱的位置，以保证他们使用设备时得心应手。

不论用何方式的沟通（姿势、语言、盲文、手指拼字等），只要回答正确都记正确分。

与缺陷儿童谈话如同与其他儿童那样，用同样的精神、内容和方法。

问可能需要帮助的儿童："你需要帮助吗？"或"我怎样来帮助你？"

不要高声与盲童讲话，有视觉问题的儿童不一定也有听力问题。

不要问尴尬的问题，例如，不能问盲童"见到某一事物吗？"

不要同有讲话困难的儿童"讨论"。

讲话要指向儿童。不要将会话指向陪人、助手或靠近的同伴，如同儿童不存在似的。

经常面对着听力损害儿童。肯定这儿童能看到你的嘴唇，讲话时不要将你的嘴唇运动得太夸张。

以儿童不幸遭遇到了残疾的态度来对待他们，而不要用残疾本来是儿童的这种态度来对待。

不要让儿童某一方面的无能，使你对他的其他方面的功能也产生偏见（例如，不要以为一盲童在听力、一般健康或情绪成熟方面的功能一定也会有问题）。

要知道，对无能的心理反应不都是一样的不安或苦恼，不是必然产生不能适应，也不是简单的方式与身体无能性质相联系。

要认识到无能只是影响无能儿童整体生活中的一个因素；并且，无能的影响往往还是比较次要的。

（2）几种缺陷儿童的特殊评估方法。测验孤独症儿童。对孤独症（autistic）儿童（难建立社会关系，沟通受损，对感觉刺激异常反应），难以建立测验情境，他们可能没有或很少有做测验的欲望，难与主试者接触，所以用正常的鼓励（如微笑）是无效的。与这些儿童接触时，讲话要慢，简单（用短句，省去不必要的词，文法简单）。如果儿童无回答，可重复问题或用相同的或简单一点的方法来进行指导。你在讲话时要使儿童的视觉注意是对着你，因为视觉线索可帮助儿童注意和接受你的讲话。有人建议，在测验开始前，从儿童的父母、老师和你自己在教室的观察来尽可能地找出与儿童沟通的技能。可从如下这些方面来寻找：

儿童能照简单的指示办吗？

能回答是或不是吗？

儿童理解姿态、图画或歌唱吗？

能阅读吗？

儿童有什么癖性吗？如用某些成语代表某一意思（如用"再见"代表"不"）。

此外，还可观察了解儿童的人如何与他谈话。如父母和教师常用一些戏剧性姿势来指导儿童完成任务。

在进行心理评估时，要考虑孤独症儿童的偏好、能力、障碍和个人风格，选择与他的发展水平相适应的测验，在必要时，还从低于他的年龄的测验来开始测验。因为孤独症儿童有语言问题，所以要选择可单独测量语言和非语言能力的测验，或者用含有测验这两种能力的成套测验，以便于分别观察两种能力。在解释测验结果和做出建议时，要充分考虑到孤独症儿童在完成测验任务中的兴趣，独立工作的能力，对社会和行为干预的反应，强点和弱点。

测验脑损伤儿童。这些儿童对测验的反应和认知的缺损程度很不一致。有一些同正常儿童的反应差不多，有的则害怕测验，或者情绪不稳。如果是害怕测验，便要在正式测验前有较长一点的时间来帮助他减少焦虑。例如，可以同他一起来玩桌上游戏。在测验中对这类儿童的鼓励要比对正常儿童的多一些。测验开始时，项目要比较容易，难一点的项目在中途做。有时这种儿童在回答难一点的项目，要有较多一点时间来组织他们的合适回答。此时，可能是静坐不动，或者作试探性的，或吞吞吐吐地回答。这时应该让儿童按自己的步调来进行，不要驱策他回答。在拖延太长（1分钟）时，可能要将问题重复一遍，怕他们忘记了提出的问题，或者在测验的后来再重复提出此问题。有的儿童在困难的问题前，可能出现持续回答（不顾新问题的不同，同样作老回答），或者是因为他们的脑功能灵活性降低，也或者是因他们的情绪不稳，对测验或主试者生气，退出测验情境，或做出异常回答，这些行为也可能是儿童用来应对困难情境的。这些行为，虽然会干扰检查目的，但这些反应也可作为防止儿童发生进一步应激的一种应对机制。可用如下一些办法防止或克服持续回答和逃避行为：①慢一些和随便一点介绍测验方法，允许儿童对测验材料同玩具一样来玩；②对儿童作业做的任何不当处都加提示；③避免突然动作或声响；④慢慢地介绍新材料，使儿童对新活动恢复兴趣；⑤出现情绪反应时，不要刺激儿童，要让儿童松弛起来以度过焦虑时刻；⑥出现持续回答时，以后再问儿童；⑦如情绪不稳过于严重，便停止测验。然后静坐，或回头来做儿童通过了的项目。

测验智力发展迟滞（MR）的儿童。MR儿童的测验难实施，主要是由于不合作。测验重度和极重度MR儿童的困难是因为自我刺激行为，自残，注意不长，破坏行为，暴怒，侵袭人或不听指挥或要求。对此情况，传统的标准化测验对他们不大有用，因为能适合他们的项目有限。在这种情况下，可能只能够功能性评估方法，即评估直接因训练而获得的一些行为能力。

测验有生理缺陷儿童的一般提示。正常儿童的许多测验都可用于有生理缺陷的儿童，但对主测者有比较多一点的要求。例如，正常儿童做测验往往不需要很多鼓励，因为他们习惯了回答提问，并且将做测验的任务视为是一种挑战，他们还比较乐意去做。而有生理缺陷的儿童却不然，因为他们可能认为在测验情况下对他们产生不利，主试者的一些限制可能使得他们感到特别尴尬。

在测验缺陷儿童前，需要对儿童的视、听、身体情况和健康状况做一筛查。向严重缺陷儿童的父母询问关于儿童所懂得的或用的符号、记号或姿势，及其意义。通过观察和非正式的测验，确定这类儿童在这些方面的生理能力和回答测验能力的水平。要非正式估计的有：①视、听、言语、坐的平衡和手—臂运用；②阅读和书写技能（学龄儿童）；③用口语或非口语方法来指示哪种合适。在你熟悉儿童的问题和缺陷之后，便来选择适合儿童的强点和限制的测验，不选用测量儿童有缺陷或丧失的能力的测验或项目。

六、心理评估报告的书写方法

心理报告是心理学家在做完心理评估后，向申请心理测验者作为交通结果提出的具有一定格式的报告。这是很自然的事，在任何一种检查之后，总得将结果告诉要求作此检查的人。在心理评估后，当然也应有一个报告。但如何写好此报告？在许多出版的心理测验学教科书或专著中，有的只在后面附带讲一点点报告写作方法，有的连提也不提。在美国《心理学文摘》中，尚没有这一栏目。只有在近些年来，有关心理报告研究的文章多了起来，并已出版了书写心理报告的专著，使我们在这里能就几个方面进行简要讨论。

（一）报告目的

知道心理报告目的，可以指导报告书写。报告目的取决于书写者的临床经验、理论方向或个人偏好，而不是取决于单一的经验性研究（Ownby，1987），对报告目的研究能弄清报告服务于哪一些特殊领域。有的报告形式对未来有用，有的可对与其他专业交流技术材料有用，有的对改变阅读报告者的信仰和行为有用。很难有一种报告，对各种不同目的都有用。Sattler 在 1974 年提出三个目的：①回答申请问题；②传递对受试者的尽可能深的描述；③提出一个有用的建议。在 1982 年提出四个目的：①提供一个对儿童有作用的记录；②交流一些发现；③提出有助于矫正的建议；④便于做出安置的决定。在 1988 年提出的四个目的则为：①向申请单位或其他有关单位提供与评估有关的正确信息；②为检验临床假说和指导程序估计与研究提供信息来源；③作为历史晤谈的、观察的心理测量学信息，以及现在矫正与处理计划的档案；④作为法律文件。Ownby 总结各家之说成四个目的：①尽量精确地回答申请解决的问题；②向申请机构提供补充信息；③为未来的应用提供一个评估活动的记录；④为使用报告的人提供建议，以便在工作中做特殊安排。

（二）报告内容

报告必须要包括的内容，因申请评估理由不同而有所区别，但是有一些内容是一般都要有的。现综合各家提出的报告纲要如下。

（1）确认人口学资料

①受试者姓名、性别、年龄、出生年月日、宗教信仰、民族、教育、职业、挂号次和通信处。

②如果为儿童，则包括父母姓名和教育程度。

③接受测验名称，包括以往测验名称、时间、结果、现在检查地点、日期、检查者。

（2）申请理由

①申请单位。

②要求回答的特殊问题。

（3）有关历史，特别是与本次评估和要求回答有关的。

（4）测验中的行为观察

①身体的描述：衣着、任何不平常的步态。

②手的技巧。

③在评估前，中和以后的有关口头言语。

④对评估的总的、特殊的部分，以及对主测者的态度。

⑤对评估的努力程度。

（5）测验结果和解释

①认知功能：结果可靠性如何？受情境性变量的影响如何？它是否代表日常行为？

②正面的或强点的因素，负面或弱点的因素。

③与人格和智力功能有关的社会情境方面的估计。

（6）总结和建议

①总发现的简短总结。

②对申请中提出的问题的结论。

③对申请中提出的问题做出建议。

（7）最后简短小结

报告人签名和报告日期

上面所列，比较适用于成人，如果书写儿童的测验报告，总纲要与上面的相同，但是在有些内容中，所侧重的与成人不同。下面补充讨论有关历史和观察两个方面的内容。

有关历史。儿童教育史，现在的学习功能水平，对申请问题以往用过的干预方法和结果，现在的家庭情境，家庭成员，有关家庭史（父母对儿童的管教，与儿童的纠葛。明显的健康史，发展史，社会交往和同辈关系，教师对儿童行为的态度）。

行为观察。仪表（身体状况，卫生和衣着），对测验情境的适应，合作，努力和注意程度，对测验的态度，对检查的态度，儿童的能力，言语（词汇量、流利、清晰），思维形式，自发性和始动性，一般心境和社交，一般反应风格，对成功和失败的反应，焦虑水平，活动水平，从一活动到另一活动的灵活性，解决问题的方法，冲动的控制，精细和粗大运动的控制，分心程度。

（三）报告阅读者和书写者

心理评估首先是申请者提出，主测者实施，再由报告者书写反馈给申请者。申请者往往又是报告阅读者，测验实施者可能是也可能不是报告书写者。报告想要写得满意，取决于许多条件，这里只讨论报告书写者对阅读者了不了解的问题，如果不了解，则书写不好阅读者所需要的或能读懂的报告。

心理评估申请者或阅读者来自不同工作背景，通过以机构而言，有学校、医院、诊所、司法部门、工业和人事部门；就专业而言，有心理学家、教师、辅导人员、教育行政人员、精神科医师、精神科社会工作者；就申请解决的问题而言，有学习能力评估、心理功能评估、心理病理功能评估、责任能力评估等。申请者如果是心理学家，他们的心理学理论取向又有不同，如精神动力的，行为主义的，认知的，现象派的。各人要求不同，如心理报告形式不符合申请者的要求，或报告内容与他的理论取向不同，都会被他认为不是好报告。为了写好报告，便是要了解不同申请背景的不同需要。

1. 学校

学校传统的职能是教育儿童在智力和人格上成长和发展，由学校心理学家同教师和行政人员一起来完成这个任务。学校心理学家的另外任务有咨询、会诊、组织专家来研究学生的问题。

评估学习能力的报告，必须阐明一个儿童学习和行为形式如何影响他或她在学校的成功，在报告内容里要详细分析学习形式和它们与儿童取得学习技能的相互关系。还有儿童的社会情绪或行为状态，也要包括在报告中，特别是它们对儿童的教育功能有影响时。学校心理学家的另一传统任务是与其他专家，包括了教育家、阅读问题专家和学校行政者配合工作。

学校心理学家虽不都是属于行为主义的，但在许多时候是用行为主义观点来做干预工作，而少用动力学观点。而如今，我国专业学校心理学家人数不多。但在中小学里会有兼管学校心理学工作的，如教务主任和班主任，他们便是报告阅读者。

2. 咨询心理

咨询心理学是专业心理学中的一个专业，通常是帮助那些已经有了适当的功能，要功能更好些的人；或者在正常发展中，因某些事件而造成暂时适应欠佳，需要帮助，让他们迅速得到适应能力。另外，咨询心理学所特有的任务是评估和报告职业兴趣和能力。这就需要咨询心理学家在报告中用很大的篇幅来论及职业理论或对某一特殊兴趣型的意义做解释。在咨询心理学家的报告中，会涉及到这样一些提法，如这一行为问题考虑为正常发展现象。职业行为评估中有一些这样的术语，如"发展理论""压力相关问题""书写速度和准确度"或"现实兴趣型"等，这些名词均有其特殊意义，报告书写者必须要熟悉它们。

3. 临床神经心理

临床神经心理学家通常在普通医院神经和精神科工作。面对的病人是退行性神经疾病，颅脑外伤，精神障碍和学习或行为障碍儿童。临床神经心理学家的主要任务是行为评估。对他们的压力，首先是被迫迅速地写出报告，因为临床神经科的情况往往是很急迫的。其次的压力是需要将庞大的成套神经心理测验结果交给经训练的医学专业人员，这时需要用非常技术性的医学术语，并娴熟地与心理学概念相结合。他们要向其他专家写报告，这报告可能为许多其他专家阅读，如言语病理学、职业或物理治疗家，以及康复咨询家，在写儿童的报告时，还有学习问题专家。书写的报告，要让他们都能看懂，首先要报告书写者对这些专业有一定程度的了解。

4. 司法心理

司法心理学家所关心的主要是司法系统中个人的效用问题，要求他们来评估一个有精神障碍的人有无行为能力和行为能力是否完全，即他的行为是否受意识支配。一个人在犯罪时刻是否能知道对和错的差别，一个人是否可释放或转移到监禁管理松一些的环境，或者一个人在释放后会不会再犯罪。司法心理学家在专业活动中，往往不只是评估，还有心理治疗和会诊，而心理报告中会论及这些很重要的工作。在这种情况下书写报告的用词，在意义上要非常精确，律师事务上用的语言比其他专业的更加注意技术性方法。常用的词语，可能包括"无能力"，"精神病"和"可能性"，这些词已有确定的法律意义，心理学家必须了解法庭中如何来用它们。司法心理学家的报告作为专家意见提出，结论要做准确，因为要在法庭做证。

（四）报告适合读者的理论取向

临床心理学传统上注重对失调的行为进行评估和矫正。临床心理学工作者，已经从医学走入社区和大学，他们是做那些长期无能的人们的工作，另一个传统的工作是针对失调的行为，即常常要对来访者的人格功能做出详细的评估，这便要使报告中所用的语言能适合报告的读者。心理学家的理论取向不同，习惯用和读自己理论方向的词语。这就要求报告书写者去了解和估计报告读者的理论取向，用他（们）能懂的词语，写出一个综合性报告，或按报告读者所持理论取向的概念和用词来修改报告。这可看作是做作或不诚实，因为所写的报告与自己的信仰不符。但要知道心理报告的目的是交通，不是在上面进行哲学论战。下面列出几种不同理论取向的心理报告要点。

1. 精神动力的

用精神动力学取向来写报告时，可能需要讨论投射和客观人格评估资料的意义，并要提出来访者的内驱力，冲突和防御的解释。要解释来访者能力测量上的分数与人格功能的关系，以及对来访者的晤谈中和测验中的行为做出动力学的解释。在评估的论证中要包括几个动力心理学的关键概念，如"内驱力""冲突"和"防御"，最好用资料中的例证说明这些概念。例如，不用"强迫观念"一词，可用"来访者倾向于过于着急一些非本质的细节"来替代，或者将"否认"一术语用"来访者断言某事不是真的，即使在有相反的证据面前"来替代。

2. 行为的

为行为取向的治疗家书写心理评估报告，必须交通来访者功能上的一些信息，提供对来访者建立行为干预有用的信息。不要同向动力取向者写报告那样强调报告内部动力，而是着重写来访者的不可以适应的行为与来访者的环境反应的关系。

3. 认知的

对认知取向的临床家阅读的报告，必须侧重说明潜藏在来访者的问题行为下的是什么？治疗家对"合理情绪治疗"特别感兴趣，希望对来访者的如下情况做出解释：来访者对一些小事视为灾难，或来访者自己对自己说"必须，应该或一定"，这些反过来又导致不满意行为。这些临床家对 A.Beck 的理论可能有兴趣，希望对来访者对他周围事件过于个人化做解释。

4. 现象的

这一组心理治疗派别是根据现象方法，包括"人的中心治疗"（C.Rogers，1961），格式塔治疗（Perls 等，1951）和存在的心理治疗（Yalom，1980）。他们都关注来访者自己对世界的知觉和这些知觉方法，在这些知觉方法中，他们赋予生活事件以意义。他们不同于上述动力的，行为的或认知疗法，而着重个人的主观经验。为持这观点的心理治疗家写测验报告，必须要集中于来访者对这个世界的经验以及他们的知觉与他们的行为的关系。对来访者人格的一般描述，对动力治疗家是由一些对内驱力和防御的详尽讨论组成，对现象治疗家必须说明来访者如何感受世界，以及这种感受如何造成问题行为。

现象治疗中又分不同治疗派别，人的中心治疗家可能对来访者经验他或她的方法，以及来访者的意愿危害新经验特别感兴趣。格式塔治疗家非常需要关于来访者的典型的曲解人际接触（格式塔治疗家称为"拒绝"）的材料。存在主义的治疗家最感兴趣的是关于来访者如何对待存在的基本方面——孤独，死亡恐惧和生命的意义。

（五）报告格式种类

报告格式一般分最简单的事务书信、简短式、冗长式，以及只有建议四种。

1. 书信式报告

用书信方式来交通评估信息是最简单的一种方式。此方式常运用于医学环境，因为医务人员往往很忙碌，而且需要迅速知道评估结果，用此方法是最适合的。

一些什么样的信息应写在信中，由书写者自己决定，只要记住简短原则和信息的选择切中书信读者就行，内容可能需要包括证实你建议的处理的资料。此外，来访者的一般资料，申请理由也必须写在信内。

为何要有一般资料和申请理由？读报告的人应该已经知道，就不必重复。但实际情况不是如此，原来知道的，现在不一定记得，特别是医务人员或其他咨询家，与如此多的来访者接触，在很短的时间内，往往不能很快回忆来访者是什么人，为何申请评估。所以必须要在回答的信中简单提及，例如可以这样写："××是您要求对他的行为问题做出评估"或"我根据××的要求写报告，他相信，这可以帮助您了解他的儿子××"。

读此信的咨询家或教育家或医生，不管他们专业如何高明，但对心理评估，相关知识可能有限。因此，在信上对来访者的评估的作业要正确地描述功能，而不是只报告测验的分数。

以后，书写者在恰当的时候，还要计划对来访者采取的处理活动做一陈述，其意见可能关系到其他专业行为。只在读者愿意接受其他专业忠告时才做此陈述。常规都要有追踪联系（电话方式等），通过这种联系来解释建议，特别是在读信人还不太了解书写人时，很有必要。

一封信，能否为评估目的做恰当服务？回答是有时能，有时不能。能与不能除评估质量外，还与信的长度和详细度有关。书信式报告的一个例子：

××博士：

我看过了您的来访者B（附登记号）。您是申请评估他的多动水平和在课堂上注意力不集中的问题。我估计的结果表明，B活动水平非常高（根据教师用的康奈尔评定量表的回答和我对他在办公室的观察二者所提示），在人多时问题更明显。

B在WISC-R中那些需要注意力的分测验上得分特别低（例如，数字广度测验的量表分为4，或第2百分位；编码测验的量表分为5，或第5百分位）。这些分数与B在词语和非词语分测验两者的上的成绩相反。这二者的成绩在高于平均到优秀范围（例如，词汇测验量表分为15，或第95百分位）。总而言之，这些结果提示，B出现一清楚情况——有活动过多和注意力低下障碍。并且，根据这些情况可试用兴奋剂，看是否有效。我想建议B，在9个月到一年后再作评估，以便于监视他在获得学习技能上的进步和他对药物治疗的反应。如果选了这条尝试路线，便可由他的老师通过应用康奈尔这样的量表进行监测。

2.简短叙述报告

大多数的报告读者喜欢这种形式。此种报告可对评估过程做一完全的描述和详细的建议，写习惯后，在一小时内可完成。

大多数心理学家都熟悉简短报告中应有的节段和各节段的主要内容。这些节段，在一种冗长的报告中也有，但内容繁简不同，简短报告长度一般不超过打普通字形的两张。既要内容全面，又要节省篇幅，有如下一些方法：首先是在写申请理由时，对所写的应有明确观点，了解申请单位和对申请解决的问题性质有一个提纲，这样既不致疏漏，也不致烦琐，还表述清楚。其次，测验结果内容多时，容易在这上面大加发挥，难以写得既简单明了，而又包括申请者和申请机构所需要的信息。评估者个人的得意的专业诊断技能等多余的描述，通常情况下来说，对大多数报告接受者往往是无用的，但在冗长报告中则不然，需要写得详尽，因为有些接受者，如来访者的教师和家长，非常欢迎这种详细报告。如果一个评估的精髓不能用5～7段来交通，那么报告书写者必须自问，是否在写作前已经形成了对估计结果的总概念。

简短报告的各节段的提纲不是硬性规定，而是综合常见的测验报告内容而提出的一个提纲。在书写报告前，要根据具体情境，按这提纲，在脑中先有一个"蓝图"，然后组织具体内容逐一写好。

（1）申请理由。申请心理评估，往往是来访者因有心理问题寻找帮助，如找医生或咨询家。此时医生或咨询家觉得有必要对来访者的问题做出精细评估，便写出申请单。心理学家在评定后写报告时，就先从申请评估的人和理由写起。在这一节，包括为谁申请和为何理由申请作一简短描述。申请理由要尽量特殊化，用显然可见的行为来表述，如果内容比较多，还要有一简短概括。

假如这样写："咨询家提出对来访者××进行心理评估的申请，因为来访者询问他常感焦虑和抑郁的问题。"这一陈述，前面提到了为谁申请，这是正确的，但理由改写成"因来访者有情绪困难而为他提出申请"较好。在总结申请理由这一节时，可这样写："这个评估要回答的问题是来访者的情绪状态，做些什么来帮助他。"这样陈述紧凑，而且使读者对评估目的有清楚的概念。

（2）背景信息。包括以往估计结果和讨论，学校和社会史，以及从其他方面获得的信息。有人也可将这一节压缩在申请理由中，但分两节较清楚，尤其是背景信息比较多时，更应如此。背景信息有以往心理估计和医学的，治疗的或言语估计的结果，还有来访者的家庭背景，最重要而且最敏感的是家庭关系，不便公开的，就不要写在报告上，可口头交流给他人。

对传闻，必须要注明来源，避免变了样的某些观察或意见进入报告。绝对不可以对来访者的身体作描述。

（3）观察。包括测验时的行为观察，在家、教室或游戏场所的行为观察，对评估没有实质性影响的不要写入。如受试者在测验中乐不乐意合作，其他一些影响测验结果的可靠性的行为，这些是要观察的，而且要写入报告。

（4）评估结果。包括评估用的工具，用简写字列出，将结果用表列式或叙述式方法列出。不要在一开头便用表格方式或提出测验结果，而不用文字说明，因为它会使读者忽视分数关系，所以在报告中二者都要，更能解释测验分数。开头不用表格表达分数，而是报告所用的测验名单。在这些测验全称后用括弧括住测验简称，如中国修韦氏儿童智力量表（C-WISC），以后再提到此量表时便只写 C-WISC，读者也就知道其意义了，特别是对一些非常用测验更应如此办。测验分数用读者能懂的方式来表达，放在报告主体内。对评估结果叙述如何来分段落，取决于报告的取向，可分测验、领域和假说等几种测验取向的报告，每个标题的段落通常从智力能力的量度向学习成就，人格和行为评估方面推移。领域取向报告评估，不只用一个性能单一的测验，而是用多性能方法作全面系统的估计，所以其结果可分成领域。假说取向的报告，是陈述一个假说和几个支持段，这样——进行。

（5）总结和建议。包括整合的论证和结论，以及一般指导性建议和特殊活动的建议。

总结不宜过长，建议要有目标，能办得到。

3. 冗长的叙述报告

这是简短式报告的简单扩充，没有特殊的报告格式，而是按简短报告提纲做详尽的分析和陈述。

4. 只有建议的报告

这不是一种完全的报告，只是部分的报告。在不能肯定谁来读报告时往往用这种格式，或者在多科会诊时，只散发报告中的建议复印本，供讨论处理时用。

第二节 心理评估存在的问题

心理评估是采取心理学的理论与方法，对人的心理、行为及精神价值观进行评估的过程。根据医学发展的需要而发展起来，为临床医学所用时，称为临床心理评估。应用有关心理科学知识和技术，认识、掌握、运用心理活动对健康和疾病的发生、发展、转归、预防的作用规律；了解并掌握各种疾病的心理行为变化，评估病人在疾病发生发展过程中的心理行为特点，包括了认知过程、情感与应激、健康行为以及个体的自我概念和精神价值观，获取个性化心理资料，发现现存或潜在的心理或精神健康问题，研究解决有关健康和疾病的心理行为问题。为临床提供更符合现代医学模式的诊疗、护理的思路和方法，帮助病人战胜疾病、保持健康，为人类心理和精神健康的护理提供科学依据。

心理评估可以帮助临床工作者更好地理解病人对周围环境和事物的反应以及反应所带来的正面或者负面的影响，促进了护患有效沟通，避免贻误病情。对于需手术的病人，心理评估又可以帮助医生筛选合适的受术者，制订针对性的治疗方案，规避医疗纠纷的发生。

一、对象与方法

使用检索词"心理评估"和"患者、病人"等关键词进行组合，在重庆维普的"中文科技期刊数据库"和万方数据的"中国数字化期刊群"，通过联机检索收集 1978 年 1 月至 2015 年 6 月公开发表的关于心理评估的研究文献。筛选排除其中无法利用的文献后获得 206 篇期刊论文，采用量化百分率统计病人的心理评估方法，查找心理评估中存在的问题，并制定相应对策。

二、结果

临床工作者主要通过访谈、观察、问卷调查等方式对病人的心理状态及行为现象进行客观描述或量化，全面、系统和深入地了解病人的状况。

（一）交谈法

56 篇 (27.18%) 文献采用此方法评估病人。交谈法又称为访谈法，为健康评估最基本的方法，主要通过病人的语言评估收集主观资料，并为其他评估方法的实施提供线索和方向。护士实施访谈评估的过程既可使病人感受到护士给予的关心，又可使其宣泄不堪负荷的压力。交谈法可分为自由式会谈和结构式会谈两种，自由式会谈又称为非正式会谈，指日常护理工作中护士与病人之间的自然交谈。结构式会谈又称为正式会谈，指事先通知病人，按照预订的问题提纲有目的、有计划、有步骤地交谈。我们认为，心理评估应以正式会谈为主，但是其对临床工作者要求较高，要求其必须要具备敏锐的直觉和分析能力，有足够的心理学知识、无意识和象征性语言等理论和实践基础。临床一线医务工作者往往缺乏相应知识、思路和经验，故鲜有采用。

（二）观察法

44 篇 (21.36%) 文献采用此方法评估病人。观察法为健康评估的常用方法，主要是对病人的行为表现 (如动作、姿态、面容、神志、情绪、睡眠等) 进行直接或间接观察。观察法可分为自然观察和标准情形下的观察两种。自然观察指在自然条件下，对表现心理现象的外部活动进行观察；标准情形下的观察指在特殊实验环境下观察个体对特定刺激的反应。临床心理评估以自然观察法为宜。

（三）作品分析法

0 篇文献采用此方法评估病人。人的心理相对复杂，受到主观因素影响较大，若要做好心理评估，在技术方面要求对心理学、病理心理学、社会学的知识有系统的了解，对心理评估操作有较好的掌握，要有与各种年龄、性别、教育水平、职业、经历、社会地位及病人交往的经验。因此没有经过专业培训和心理素质较低的人鲜用此法进行测量。

（四）量表法

心理评估中主观成分居多，无论是收集还是分析和判断资料均较困难，故可采用量化资料评估。量表法可较集中地评估病人的情绪反应、感知病人的主观体验。不少临床工作者对心理评估存在概念误区，以为只有使用量表才是心理评估，179 篇 (86.89%) 文献采用此方法评估病人。常用的量表包括心理健康测试量表、情绪状态量表、医院焦虑抑郁量表、焦虑自评量表、抑郁状态调查量表、综合性医院抑郁量表、抑郁自评量表、匹兹堡睡眠质量指数量表、睡眠自测量表、家庭支持量表、领悟社会支持量表、线性模拟自我评价量表和症状自评量表等。

140 篇 (67.96%) 文献仅单纯依赖量表评估病人心理状态，而量表的主观性、局限性、片面性决定其只能作为帮助研究人员进行有效评估的辅助工具。使用量表与临床某些实验诊断 (如影像、超声检查) 相似，一般不做疾病诊断，报告仅只是描述看见什么。如果要对病人的心理状态进行全面而准确的评估，需要结合临床访谈，综合分析才能正确判断评估结果。

（五）医学检测法

5 篇 (2.43%) 文献采用此方法评估病人。一般通过体格检查 (如测血压、心率)、各类实验室检查 (如根据血浆肾上腺皮质激素的浓度) 等判断病人的心理状态。例如，生物体微弱磁场检测技术能够对肿瘤病人的心理状态指标进行相对量化的评估，可以为进一步研究肿瘤病人的心理需求及进行心理干预提供依据，亦可考虑推广应用于其他疾病病人。生理心理学的迅速发展为临床工作者从生理变化分析病人的心理状态提供了可能。

心理评估的方法各有长处和不足，可酌情同时或交替使用 2~3 种评估方法，通过多渠道获取信息，以较准确地评估病人的心理状态，识别心理危机及其影响因素。现有的心理评估大多集中在病人的心理特点、术前预期、负性情绪的严重程度方面，往往过于关注这些相对表面的症状，而忽略症状产生的根源。应多使用传统的交谈法和观察法，因其有助于临床工作者深入了解病人的内心世界，找到其心理失衡的原因，再据此制定并采取心理干预措施。

三、讨论

许多临床工作者对心理评估的理解和认识不够，仅口头认可其重要性，或心理评估属于其工作能力的薄弱环节，评估方法单一或不规范，评估操作随意或不够深入，评估结果含糊、无价值或不可靠，导致临床工作者不能及时有效地把握重点、关注病人的心理动态。为不断适应时代的要求，提高个人竞争力，增强医院的核心竞争力，临床工作者综合素质的培养和提高已迫在眉睫，刻不容缓，不仅需要通过系统的教育和终身学习，必要的实践和强化、反思和体验也是必不可少的。

（一）医院

护士与床位比例失衡护士数量严重不足、工作超负荷、整体护理流于形式，这些是护士在工作中对病人进行有效心理评估的直接制约和影响因素。根据卫生部 2005 年年初对全国四百多家医院的调查显示，三级综合医院病房护士与床位比平均为 0.33 ：1，最低的医院仅为 0.26 ：1，病房护理人员配置未能达到卫生部 1978 年《综合医院组织编制原则（试行草案）》护士与床位比 0.4 ：1 的标准。心理护理是系统化整体护理的一个重要组成部分之一，护士配备不足势必会造成病人的护理需求不能得到完全满足。

入院病人护理评估表开展心理护理的重要性与盲目性的冲突始终困扰着广大临床工作者。医疗病历中对病人的入院评估没有心理评估项目。在护理病历中，入院病人的护理评估表包括文化程度、入院方式、诊断、基本情况（意识状态、体位、皮肤黏膜、饮食、排便、排尿、过敏史、吸烟、饮酒）、生活自理能力、跌倒风险评估、疼痛评估、压疮风险评估以及入院介绍，却鲜有心理评估内容，更没有统一标准的心理评估量表供使用，导致了临床工作者普遍缺乏心理评估意识、方法与技能，当务之急是编制合适的心理评估量表。

业务培训有效的心理评估需要借助心理评估方法的掌握和心理评估技能的提高方能实施，而临床会谈技能的实训和经验的积累同样也是非常必要的。根据各医院各科室的情况，可开展有针对性的业务培训，使得临床工作者对心理评估有正确的认识和了解，最终具备深刻的观察力、洞悉力和综合分析能力，工作起来更加得心应手。

（二）学校

将以人为本的信念真正内化，成为自我价值的一部分，达到专业行为的转变，这是教育、教学的最终目的。很多院校如黄石理工学院、浙江中医药大学、成都中医药大学未安排心理评估理论和实践学时。宁波卫生职业技术学院安排心理评估理论 1 学时、实验 2 学时；滨州职业学院安排心理评估理论 2 学时、实验 2 学时；南方医科大学安排心理社会评估理论总计 6 学时，未安排实验学时；广东医学院安排心理评估理论 6 学时，未安排实验学时。为提高心理评估的针对性和有效性，在健康评估课程计划中，可适当增加心理评估的课时比例，加强护生对心理评估的认识。实验教学中可运用角色扮演法创设情境进行模拟表演，培养护生的换位思考能力。

只有切实把临床心理评估引向操作规范、分析深入、结果可靠的护理模式中，才能够真正实现对病人身心的全面评估，在获知病人心理状态后，根据病人的具体情况，制定相应的护理干预对策，促进病人的康复。

第三节　成就测验

成就测验（achievement tests）是三类能力测验中发展最早、数量最多、测量学基础最扎实的一类测验。我国的科举考试就是最早的、非标准化的成就测验，现在这种非标准化的测试在我国也是使用得最多的，而标准化成就测试（standardized achievement test）在我国的发展却较晚。美国用笔试来评价学生的学习成就远晚于我国的科举考试，在 19 世纪的中期，Boston 的一位教育家 Horace Mann 才认为笔试比口试更为客观。到 20 世纪初期，美国的成就测验发展较为迅速，现在美国各类成就测验达到几百甚至上千种，广泛用于教育效果评价、人才选拔和就业指导等领域。虽然我国现在标准化成就测验发展缓慢，但是它在学生学习效果评价、教学质量评估、人才选拔、就业指导等领域有着广泛的用途，是我们今后发展的重要方向，故而列一章来讨论。

（一）成就测验概念

1. 成就与能力

通俗地说，成就（achievement）是个体在某些学科和某些领域取得的成绩，对学生而言，就是他们对学科知识和技能的掌握程度；对技术人员而言，就是某项技术的熟练程度；对专业人员而言，就是他们对本专业知识和技能的掌握程度以及所做的科学发现、创造发明、获得的社会和经济效益。这是对成就的广义理解，但是在多数情况下指的是学科成就，即通过正规教育和训练获得的知识和技能。朱智贤主编的《心理学大词典》把成就定义为个人通过学习和训练所获得的知识、学识和技能，在郑日昌主编的《心理测量》中是这样说的，学业成就（成绩）指经过一定的教学或训练所学到的东西，是在一个比较明确的、相对限定的范围内的学习效果。

从这两个定义中，我们可以了解，成就是个人通过学习获得的知识和技能，这里的学习指的是通过正规学习和训练，是有目的的外显学习，那些从非正规渠道、没有明确目的获得的知识和技能，不属于这里的成就范畴，但通过成就测验获得的分数无法把这部分知识排除在外。

在同样的学习和训练环境中，个体获得的成就水平有很大的差异，这与个体的学习动机、努力程度、智力和能力倾向等因素有关，是成就的个体差异。同一个体在不同的学习和训练环境中所获得的成就水平也不相同，这是教育环境不同引起的成就差异。因此，成就是多种因素相互作用产生的综合表现。成就与智力（intelligence）、能力倾向或性向（aptitude）、特殊能力（specialability）有密切的关系，三者都是心理能力的重要组成部分。智力是一般的能力，反映个体从事各种活动、取得成功的潜在能力，高智力者在各种活动中取得成功的可能性比低智力者大，在同样的学习环境中取得的成就比低智力者高。智力的高低与脑的生物学特性有关，后天的环境因素可影响智力的表现度，但是不能提高智力潜能。性向同智力一样，也是一种潜能，不过它是在某一方面比较特殊的潜能，它只会影响到某一方面或几个方面的活动效率。智力和性向都不是正规教育和训练的结果，它们是取得成就的重要前提和条件，而成就是在智力和性向的基础上，通过后天学习和训练取得的，具体表现为知识和技能的增长。

2. 成就测验与教师出的试题

成就测验是从事教育测量的专业人员根据心理测量学原理所编制的一套代表学科内容的试题，在标准化之前称非标准化成就测验，经过标准化后称标准化成就测验。这类测验主要测量个体对学科知识的掌握程度，可用于评价学生的成就水平、不同学校学生对知识掌握程度的比较，也可用于评价学校和教师的教学质量。还有一类是测量课程学习所需的技能，主要用于评价学生对技能的掌握程度，这类测验称诊断性成就测验（diagnostic achievement test）。目前在用的成就测验很多，有些是成套的，有些是单项的，不同测验包含的内容有些差异，大致涉及到下列内容。

（1）基本技能领域

① 词汇：测量对词义的掌握程度。

② 阅读：测量解码（视觉鉴别，语音/符号关系）和理解能力（语句和段落的阅读理解）。

③ 拼写：测量单词的拼写能力（错拼单词的再认）。

④ 语言：测量口头和书面表达的能力，如大写字母的使用，不规则词的发音，口头表达、造句和写作等。

⑤ 数学：测量计算（基本的四则运算），概念（数和符号的意义、数学术语的理解）和数学知识的应用（应用题的解决和数学资料的阅读）。

（2）附加技能领域

① 理解技能：测量对口语的听觉理解。

② 学习技能：测量对图书馆和参考资料的使用能力。

③ 地图和图表的应用：测量阅读、理解地图和图表所表达的信息的能力。

④ 社会学知识：测量对社会学知识的掌握程度。

⑤ 自然科学知识：测量对自然科学知识的掌握程度。

教师出的考试题（teacher-madetest）也是用于评价学生对学科知识的掌握程度，在某种意义上也属于成就测验，但不是标准化的成就测验，它与标准化成就测验有本质的区别。教师出的考试题是特殊的成就测验，不同学校出的试题不同，同一学校不同班级的老师出的试题也有很大差别，在某种意义上反映了教师本人的偏好，所得的分数不能用于横向比较，且很快失效。因此，教师出的试题主要根据学校或教师当前的教学目标，而标准化成就测验是按国家的总体教育目标编制的，题目是教育专家和心理测量专家共同选定的，具有很好的代表性，可用于不同学校之间的横向比较。标准化成就测验除测量对学科知识的掌握程度外，还考查到学生对课程的理解程度和思维过程。因此，教师出的考试题和标准化成就测验可以相互补充，但不能相互替代，测验方法的选择取决于测量目的。

标准化成就测验除条目精心设计、内容涵盖面广和代表性强外，还有常模（norms）和较高的信度。因此，标准化成就测验在比较学生的成就水平和评价不同学校的教育质量方面比教师出的试题更有用。在诊断学生学科能力的强点和弱点方面，标准化成就测验和教师出的试题都有用，但是标准化成就测验提供的资料，对低成就学生的安置决定、个别化教育和矫正教育计划的制订的参考价值更大。

3. 常模参照测验与效标参照测验

传统的教育测量不仅评价总体水平，而且都采用常模参照测验（norm-referencedtest），不用效标参照测验（criterion-referencedtest）。常模参照测验的内容比较广、难度较大、个体得分的差异较大，条目取样可能超出大纲的范围，最主要的特征是它必须在一个大的代表性人群中进行试测，以确定分数的分布特征，并以此作为比较的标准——常模（norm），个体在常模参照测验上获得的分数，必须与常模进行比较才有意义，目的主要是考查个体差异。效标参照测验的比较标准是事先确定的，测验的条目也是按照这个标准选择的，这个标准可以是国家或省教育部门制定的教学大纲，也可以是学校自己制定的标准，个体在效标参照测验上得到的分数用事先确定的标准来解释，目的是考查达标率。尽管在目标和设计上有这些差异，有时某个成就测验既有常模参照测验的功能，又有效标参照测验的功能，如果是考查学生对学科知识的掌握程度它就起到效标参照测验的作用，如果是考查学生对学科知识掌握程度的差异它就起到常模参照测验的作用。

4. 标准化成就测验的选择

标准化成就测验很多，测验内容、目的、用途、标准化程度和使用范围各不相同。在选择测验时要考虑到这些因素，同时要考虑到被测试对象的特点、教学内容和教学目标，绝不能把标准化测验当作一般的练习来使用。

（1）测验目的和实际考虑。标准化测验手册一般都说明了测验的用途，如学生教育发展水平的评价、教育安置、学习困难的诊断、学习准备性的确定和课程评估等，并充分说明了有效性。在选择测验前，首先要明确自己的测量目的，再看测验手册的说明，判断测验的用途与你的目的是否相符。在选购测验之前，除了通读手册之外，还要看一看测验的复印件，判断测验能否满足你的要求。大多数心理测验公司都出版一些测验的样品，包括了测验样本、答卷纸、手册、计分键和其他资料，也可以根据自己的需要向公司索取测验编目表和有关资料。这些资料对选择有用的测验是有帮助的。

测验人员对测验实施和结果解释的熟悉程度，也是测验购买者应该考虑的因素。不过现在一些测验出版公司提供测验评分、结果解释和出报告等项服务，但测验人员熟悉测验分数的意义还是必要的。在选择测验时还要考虑到一些实际问题，如测验的价格，公司评分和报告的费用，测验实施、计分和分析所需的时间。

（2）测验的信度、效度和常模。很多人在选择测验时不大考虑测验的信度、效度和常模的适用性，但这些指标对测验结果的解释相当重要。虽然多数测验的信度系数都在0.80 ~ 0.90之间，但我们有必要进一步了解计算信度的方法和样本的特征。副本重测信度是最严格可靠的信度检验，重测信度和内部一致性系数常给人以高信度的假象，不一定可以真实地反映测验的可靠性。测试间隔的时间和样本的异质性也影响信度系数，间隔时间短、样本异质程度高，会相应地提高信度系数。

测验效度比测验的信度更重要，有效的测验一般都有较高的信度，相反信度高不一定效度也高。在成就测验中，最重要的是内容效度和预测效度，而不太强调结构效度。成就测验手册一般都明确说明了每个分测验所测量的功能或心理品质，测验使用者要详细了解这些测验内容和目标与你自己的目标是否保持一致。常模的代表性和适用性是选择测验的另一重要参考指标，比较好的标准化成就测验有代表性较强的全国常模，取样考虑到年龄、性别、地区、社会经济状况和其他相关变量。如果要按全国常模来报告测试结果，就要考虑到测试的对象的人口学资料是否与常模相匹配。如果你只是在校内或当地几所学校做比较，那么地区常模比全国常模更有意义。

在用标准化成就测验来考查不同年级学生学识增长情况时，要知道不同年级的测验分数根据样本标准化后，理论上认为是等值的，但毕竟不能真正反映个体的增长情况，所以在做这类比较时，也要考虑测试人群与常模样本的匹配情况。另外，在购买测验时，要真正了解测验的内容和功能，不能只看测验或分测验的名称，因为有些测验名不副实，有时名称不同而功能相同。在购买测验前，最好先看看心理测量年鉴或杂志上有关测验的评价。

（二）成就测验简史

1. 西方成就测验的发展

19世纪中叶以前，评价学生成就的唯一方法是口试（oral examination）。在19世纪中叶，Boston的教育家Horace Mann认为统一实施和评分的笔试（written examination）是更客观的成就测量。尽管如此，口试还是测量学业成就的主要方法，只是人们渐渐地开始用笔试作为评价学业成就的辅助方法。

第一个客观的成就测验是书法量表（handwriting scale），它是英国人George Fisher于1864年编制的。1897年美国人J.MRice编制了一个客观的拼写测验（spellingtest）用于调查学生拼写能力，测验内容包含50个词，测试了33000名儿童，结果显示每天用40分钟教拼写，儿童平均能学会15个单词。后来，他又测评了8000名儿童的语言技能和6000

名儿童的算术技能。一般认为 Rice 是标准化成就测验的先驱者，以后，E.L.Thorndike 和其他教育心理学家发展了成就测验。

在 20 世纪早期，许多标准化成就测验问世，如 Stone 于 1908 年编制的算术测验，Thorndike 于 1909 年编制的儿童书法量表。到 20 世纪 20 年代末，已经有大量的标准化成就测验发表，包括了用于初中生的 Stanford 成就测验（Stanford Achievement Test）和用于高中生的 Iowa 高中内容考核等成套测验（Iowa High School Content Examination）。新的多选题和自动记分机的发明使标准化成就测验的应用迅速增长，成为评价学生学业成就的主要方法。目前成就测验的发展趋势：试图发展测量更高级目标的成就测验，如应用、分析和评价；渐渐地偏离传统成就测验着重测量一般教育目标的传统，试图编制针对特殊教科书和教学大纲的成就测验；有人批评客观测验培养懒汉，对写作和表达能力差者有利，针对这些批评，近年格外注意加大了标准化论文测验的分量。

在 MMY-9 收录的 1409 种测验中，成套成就测验 68 种（4.8%），64.7% 是新增的；语言测验 134 种（9.5%），85.8% 是新增的；阅读测验 97 种（6.9%），66.0% 是新增的；数学测验 46 种（3.3%），73.9% 是新增的；自然科学知识测验 26 种（1.8%），34.6% 是新增的；社会学知识测验 5 种（0.4%），40.0% 是新增的。在 50 个最常用的心理测验中，成套成就测验有 6 个，它们分别是广泛成就测验（Wide Range Achievement Test，1978），Peabody 个别成就测验（Peabody Individual Achievement Test），大都会成就测验（Metropolitan Achievement Test，5thed，1978），综合基本技能测验（Comprehensive Test of Basic Skills，Forms U&V），Iowa 基本技能测验（Iowa Test of Basic Skills，Forms7and8），美国大学生入学测评程序（ACT Assessment Program）。在 MMY-10 增收的 396 种测验中，成套成就测验 12 种（5 种是新编的，7 种是老测验的修订本），语言测验 26 种，阅读测验 24 种，数学测验 9 种，社会学知识测验 3 种。

2. 中国成就测验的历史和现状

中国是最早使用纸笔考试的国家，这一点是举世公认的。我国的科举考试就是最早的、非标准化的成就测验。自隋炀帝创行开科取士，科举考试制度在我国通行了 1300 年。目前西方的填字和类比测验，实际上就是我国科举考试中的帖经和对偶的变式，可以说西方成就测验源自于中国。

清朝末年，西方的测量理论和技术传送至我国。1918 年俞子夷编制的小学生国文毛笔书法量表算是我国标准化成就测验的开端。1920 年，北京和南京高等师范学校建立了心理实验室，廖世承和陈鹤琴在南京高师开设测验课，并用心理测验试测投考该校的学生。1922 年，美国心理测验专家 McCall 博士应中华教育改进社的邀请来华讲学，在他的指导下，北京师范大学、北京大学、燕京大学、北京女子高等师范学校和东南大学等校的教授和学生开始编制测验。1923 年，在教育改进社的主持下，进行了全国小学生教育调查，调查范围包括 22 个城市和 11 个乡镇，测试了 9.2 万儿童。紧随其后，艾伟和其他人士编制过一些小学各科测验和诊断测验。到抗日战争前夕，我国心理学工作者编制和修订的教育测验 50 多种，出版心理与教育测验方面的书籍 20 多种。

1949 年以后，心理测验成为禁区，限制了测验的发展。1978 年恢复测验工作以后，心理测验工作在我国得到迅速开展，但标准化成就测验的发展速度缓慢。现在非标准化的测试在我国仍使用得最多，影响较大的有国家公派出国人员的英语水平考试（WSK）、大学生英语等级考试、计算机考试和各种成人自考等，但标准化成就测试（standardized achievement test）在我国还没有形成气候。

（三）成就测验的分类和用途

1. 成就测验的分类

成就测验的数量很大，它们在测量目标、用途、实施方法和标准化程度方面有较大的差异，按照这些特性进行分类，对了解成就测验的一般特点是有帮助的。成就测验涉及很多特性，所以有不同的分类方法。按心理测量学特性可分为标准化成就测验和非标准化成就测验两类；按分数解释的参照系统可分为常模参照测验和效标参照测验；按试测对象的多少可分为个别成就测验和团体成就测验；按测验的用途可分为成就调查测验、成就诊断测验和成就预测测验；按测验的组织结构可分为成套成就测验和单项成就测验。

（1）标准化成就测验。这类测验的实施和解释程序是高度标准化的，根据测验编制的规范化程序编制的，有信度和效度等实证资料证明它们的有效性。这类测验很多，大致有下列五类。

①多水平调查成套测验（multilevel survey batteries）。多水平调查成套测验用于调查学生对多个学科知识的掌握程度和基本技能的发展水平，可应用于多个年级。它是由多个分测验组成，每个分测验涵盖一门课程的内容，如阅读、数学、听技能、语言使用、拼写、词汇、社会知识、一般科学知识、工作 - 学习技能、利用图书馆和参考资料的技能。每个分测验组合成不同的水平，用于调查不同的年级，如一级水平用于 1 ~ 2 年级，二级水平用于 3 ~ 4 年级，三级水平用于 5 ~ 6 年级等。每个分测验在不同年龄测量同一种功能，不同水平的测验是同时编制和按同一标准量化的，因此可以测量学生能力的发展或学习的进展。组成成套测验的所有分测验都是按同一样本标准化的，因此可以比较分析学生不同能力或不同课程之间的强点和弱点。多水平效标参照测验能提供学生不同学科达到目标的情况，主要是用于考查学校的教学质量和学生的安置或升学。标准化常模或效标参照测验的内容和目标是比较广的，同时也是不同学校共用的，不是针对某个学校或教师或某套教材，因此学校和教师在选用这些测验时，要细心考查测验的内容与自己的教学内容或目标是否相符。

②多水平单项测验（multilevel single survey test）。多水平单项测验的目标单一，仅包含某一课程的内容，如阅读测验、数学测验等。这些单项测验的内容取样比成套测验的相应分测验更广、更深，施测的时间更长，因此能更全面地了解学生对某门学科知识掌握的深度和广度。如果所用几个单项测验没有共同的常模，就不能分析学生在不同学科的强点和弱点。

③诊断测验（diagnostic test）。诊断测验用于评估学生在课程学习中存在哪些困难或存在哪些技能缺陷。有成套的测验，但多数是单学科的诊断测验，如阅读诊断测验、数学诊断测验。诊断测验可按其主要用途分成几类：差异诊断测验、技能掌握测验、错误分类诊断测验和课程必备能力测验。差异诊断测验用常模参照作为分数解释的基本方法，例如一个数学诊断测验，它有许多分测验，分别测量数学知识和技能的不同方面，如加、减、乘、除、分数或小数、解决应用题等，它的目的不是用总分来评价学生的数学成就，而是要分析学生对各种基本数学技能的掌握程度，找出其强点和弱点。技能掌握测验是按照行为目标模式建构的，以效标参照作为分数解释的方法，内容是按特定的行为目标来描述的，评价对每种目标行为的掌握程度，例如某学生掌握了一位数的减法，对需要借位的两位数减法没有掌握。错误分类诊断测验也是效标参照测验，目的是确定学生在测验里出现的错误并对错误进行分类，它对学习障碍儿童的指导非常有用，还是以数学测验为例，教师可以对学生的测验结果做这样的描述：对减数和被减数的命名不正确，不理解某数是某数的几倍与某数比某数多几倍的区别等。课程必备能力测验是教师用来描述学生是否具备学习某课程的基本能力，例如学习加减法前，必须要掌握数数、数的大小和位值等知识，如果一个学生没有掌握这些知识，就不能学习加减法，需要个别指导。

④单水平成就测验（single-levelachievementtest）。如果测验的目的不是为了了解学生知识的增长或技能发展地具体情况，单水平的成就测验可能有用。这类测验是针对某一特别水平或课程设计的，主要用于高中生或大学生，因为高中或大学课程所需的技能与小学课程的技能有较大的差异。

⑤预测性成就测验（prognostictest）。预测性成就测验目的是预测对某一特别学科的未来成就或适应情况，测验条目对学科的覆盖面比一般的成就测验广，在预测功能上与性向测验类似。例如。用于幼儿园或一年级学生的阅读准备性测验，是预测性成就测验，目的是预测某个儿童是否具备接受阅读教学的能力。

（2）非标准化成就测验

没有经过预试的测验，也没有证明测验可靠性和有效性的资料，有少数是预试和效度尚未完成的测验。这类测验绝大多数是教师编制和发表的，也主要是他们自己使用，用于评价学生对所学课程内容的掌握程度，分数解释也是按教师或学校的特定标准，所以，它们都是非标准化的效标参照测验。这类测验或许是较好的测验，但没有实证资料提供支持，不过还是有人购买，所以它仍有一定市场。有些教科书或教师用书常有一些测验条目，有些教材含有一些测验作为配套练习，很受教师欢迎，因为它们与教学内容相配套。这些测验的质量参差不齐，但多数没有实证资料提供支持，教科书的作者或出版商都没有受过测量学方面的专门训练，所以很难编出符合测量学要求的测验。教师在考查学生的学习进展时喜欢用这类测验。在我国考查学生的学习情况，绝大多数是用这类测验，比如以前部属医学院校的统考、目前医学研究生入学时的综合考试都是比较好的成就测验，只是没有标准化和做心理测量学方面的验证罢了。

2. 标准化成就测验的用途

标准化成就测验有很多用途，不同的成就测验用途也各不相同，这里简要介绍成就测验在课堂教学中和课堂外的用途以及成就测验的误用。

（1）成就测验在课堂教学中的用途。标准化成就测验在课堂上的用途大概有以下几个方面，但不同的测验在用途上有所不同。

①描述学生的教育发展水平，以改进教学方法和教学内容或采用适合学生需要的教学内容。多水平调查成套成就测验适合于此目的。

②定量描述学生教育发展的强点和弱点，为矫正学习障碍和发挥优势潜能提供指导。如果评价不同学科的强弱可用多水平调查成套成就测验，如果评价学科内不同技能的强弱可用多水平单项成就测验和诊断成就测验。

③描述学生学习新课程所具备的知识和技能，可用预测性成就测验。

④描述学生的共性，即他们的知识结构和技能水平，以便更好开展更有效的班级教学。一般用多水平调查成套成就测验。

⑤描述学生对特殊教学内容掌握的程度，以便于及时调整教学计划。多水平单项测验和单水平成就测验可用于此目的。

⑥向学生提供客观的学业成就，以便于他们充分了解自己对各门课程掌握的程度，改进自己的学习方法和学习计划。多水平调查成套成就测验适合于此目的。

⑦向学生提供有关目前成就水平的信息，使他们了解在学习新课程之前还需要温习哪些知识，为学习新课程做好准备。多水平调查成套成就测验和预测性成就测验用于此目的。

（2）成就测验在课堂教学外的用途。标准化成就测验最主要的用途是在课堂教学外，美国每年有数以万计的人接受标准化成就测验，常见的用途有以下七个方面。

①评价某学生群体的强点和弱点，以帮助改变课程内容或教学程序。

②评价不同教学方法的相对有效性和影响教学效果的因素。

③评价教育改革方案和教学实验的有效性。

④向学生的父母汇报学生总体的教育发展。

⑤向校董事会和其他政策制定部门汇报教育事业的相对有效性。

⑥评估不同学校的教育质量，向社会公布，以便学生选择学校。

⑦评价教师的教学水平和质量，作为聘用或工资待遇的参考标准。

（3）成就测验的一些误用。成就测验虽然在评价学生的教育发展水平和学校的教学质量等方面起了重要作用，但是也因使用不当受到一些批评，这些不适当的使用多数是对测验的性能和用途缺乏足够的了解，也有一些是出于商业目的。这里不讨论商业性误用，仅讨论几类常见的技术性误用。

①把测验看作无误差测量。任何测验都存在测量误差，不同测验的误差大小不等，但这种误差是可以估计的。一般标准化测验都提供了误差资料，供结果解释时参考。有些人在解释结果时不考虑测量误差，把测验结果绝对化。

②以测验分数作为某些决定的唯一依据。成就测验虽能反映学生的教育发展水平或教学质量，但不能把它作为唯一的依据。例如，有些学校仅以单项测验分数作为分班的唯一依据；有的仅以智力测验结果把学生分为弱智班、普通班或超常班；有的单以学生的平均成就测验分来判断教师的教学质量，这些都是测验的误用。在解释测验结果时一定要结合其他资料，只有这样才能提高决策的准确性和有效性。

③把测验分数看作特质的完全测量。对测验结果不做深入分析，认为测验分数是心理品质或能力的完全测量，没有考虑到其他因素对测验结果的影响。如学校的教学质量、测验动机、家庭背景和条目内容等都可能影响成就测验的成绩。

④测验结果解释简单化。有些人把测验成绩差简单地归于某个原因，没有考虑其他因素对测验结果的影响。如把测验成绩差完全归于学生没有学好，没有考虑到教学质量、家庭环境和学生本人的经历等因素的影响。或者相反，也有把某个班的测验成绩差完全归于老师没有教好的结果。

二、几个常见成就测验

（一）韦氏个别成就测验（WIAT）

韦氏个别成就测验（Wechsler Individual Achievement Test，WIAT）是一套个别实施的综合成就测验，用于评估儿童和青少年的学识增长和学习技能的发展，也可以作为学习障碍诊断的工具，使用年龄范围为 5 ~ 19 岁，即幼儿园至高中三年级的学生。WIAT 包含 8 个分测验，其中基本阅读、数学推理和拼写三个分测验可以独立作为简式筛查工具。全套测验在儿童中实施需 30 ~ 50 分钟，对青少年约需 55 分钟，简式仅只需 10 ~ 15 分钟。WIAT 与其他成就测验相比，有两个独特之处：WIAT 与韦氏智力量表使用共同的常模样本，更适合学习障碍的诊断；WIAT 的内容涵盖了残疾儿童教育法所包括的所有学习障碍领域，特别适用于残疾儿童的教育安置。

1.WIAT 的结构和内容

（1）WIAT 的结构。WIAT 涵盖四个领域（阅读、数学、语言和写作），八个分测验（基本阅读、阅读理解、数学推理、数据运算、听觉理解、口语表达、字词拼写和书面表达），其中基本阅读、数学推理和字词拼写三个分测验独立构成简式筛查工具。

（2）WAIT 的分测验。WIAT 有八个分测验，这里分别对每个分测验的内容和主要功能做简要的描述。

①基本阅读（Basic Reading）由 55 个条目组成。前 7 个条目分别由一幅图（上方）和 4 个单词构成，要求被试指出与图画字音相同的单词或代表图画名称的单词，测量字词的解码能力。第 8 ~ 55 个条目，每个条目为一个单词，要求被试朗读每个单词，测量单词阅读能力。每个条目正确反应记 1 分，错误反应记 0 分，最高分 55 分。

②数学推理（Mathematic Reasoning）含 50 个条目，测量儿童的数学推理能力。有些

条目是物体的图画，有些条目是纯文字性的，但是基本都印在刺激卡上，每个问题都由主试者读给被试听，同时被试也可以看刺激卡。

③字词拼写（Spelling）有 50 个条目，前 6 个条目测量对口述字母的书写能力和对口述语音的编码能力，第 7～50 个条目测量对口述单词的拼写能力。主试者每次读一个字母或单词，要求被试把听到的字母或单词直接写在答卷纸上。每个正确的字母或单词记 1分，错误反应或没有反应记 0 分，最高分 50 分。

④阅读理解（Reading Comprehension）共有 38 个条目，测量儿童的阅读理解能力。前 8 个条目为一句话，并配有一幅图，其他条目为 2 句或 2 句以上的短文，不配图。被试阅读短文后，听主试者提一个问题，然后口头回答主试者的问题。每个正确反应记 1 分，错误反应或没有反应记 0 分，最高分 38 分。

⑤数据运算（Numerical Operations）包含 10 组，每组 4 个条目，第一组条目为数字听写，其他条目内容涉及加减乘除基本运算和简单代数问题。每次向儿童呈现出一个问题（口头和书面），要求儿童把答案直接写在答卷纸上，可以心算或笔算，如果看不清，可要求儿童读出答案。测量儿童数字书写能力，四则运算的能力和解决简单代数的能力。每个正确反应记 1 分，错误反应或没有反应记 0 分，最高分 40 分。

⑥听觉理解（Listening Comprehension）有 36 个条目，前 9 个条目，主试者先呈现含有 4 个图的刺激卡，再读一个词，要求被试指出与词相匹配的图；其他条目先呈现一幅相关图，读一段短文，然后问一个或几个问题（条目），要求被试口头回答。测量儿童对词、句或短文的听觉理解能力。每个正确反应记 1 分，错误反应或没有反应记 0 分，最高分 36 分。

⑦口语表达（Oral Expression）共有 16 个条目，第 1～10 个条目，主试者呈现代表某个词的图，口头描述这个词的定义，要被试讲出这个词；第 11～12 个条目，主试者呈现一幅情景图，要被试描述这幅图表达的意思；第 13～14 个条目，主试者呈现一幅地图，要求被试指出到达某一地点的路线；第 15～16 个条目，主试者呈现一幅描述某一过程的步骤的图，要求被试解释这些步骤。测量儿童应用词汇、描述情景、指路和解释步骤的能力，即口头表达能力。第 1～10 个条目采用 0、1 计分，第 11～16 个条目有几个计分要点，每答中一个要点记 1 分，最高分 40 分。

⑧书面表达（Written Expression）这是一个速度分测验，要求儿童在 15 分钟内，按要求写一篇短文，这些要求印在刺激卡上，主试者也读出来，但不能够给出暗示性解释。评分比较复杂，分整体评分（6 分）和要素得分（24 分），共计 30 分。要素有 6 个：构思和发展（Ideas and Development），组织、单元和连贯性（Organization, Unity, and Coherence），词汇量（Vocabulary），句子结构和变异（Sentence Structure and Variety），语法和习惯用语（Grammar and Us-age），大小写和标点符号（Capitalization and Punctuation），每个要素按 5 级计分（0, 1, 2, 3, 4）。

2.WIAT 的标准化和常模形式

WIAT 常模样本按 1988 年美国人口普查资料，用分层随机取样法抽取 4252 名 5 ~ 19 岁的在校儿童和青少年。分层变量包括年龄（5 ~ 19 岁，分 13 组）、年级（幼儿园 ~ 12 年级，分 13 组）、种族（黑人，西班牙人，白人，其他），性别（男，女）、父母受到教育年限（≤ 8，9 ~ 11，12，13 ~ 15，≥ 16）和地区（Northeast, North Central, South, and West）。各年龄（年级）组人数不等，其中 5 岁组 173 人，其余各组均在 300 人以上（注：各年级人数手册中有错误，无法确定）；性别比例大致相等，男 2092 人，女 2160 人；种族以白人最多（70.81%）；各地区的比例为 Northeast16.44%，NorthCentral24.43%，South38.86%，West20.27% ；父母受教育年限：≤ 8 年的占 4.59%，9 ~ 11 年的占 11.26%，12 年的占 37.26%，13 ~ 15 年的占 26.49%，≥ 16 年的占 20.37%。从这些数据可以看出，常模样本总体上具有一定的代表性。

WIAT 分数有多种形式：粗分（raw scores）是各条目得分直接相加；标准分（standard scores）把分测验和组合分的粗分转换成均数为 100、标准差为 15 的离差分；百分位次（percentile ranks）按常模样本计算出各粗分对应的百分位；年级等值分（grade equivalents）把粗分转换成年级单量（几年级几个月），如数学推理粗分 30 分相当于 4 年级 2 个月（简写为 4 ：2 级）；年龄等值分（age equivalents）把粗分转换成年龄单量（几岁几个月），如数学推理粗分 31 分相当于 10 岁 3 个月（简写为 10 ：3 岁）；还有正态曲线等值分和标准 9 等。

3.WIAT 的信度

信度指测验结果的准确性、一致性和时间稳定性，反映测验信度的统计指标有重测信度、内部一致性、测量标准误、测验分数的可信区间和评分者一致性。

4.WIAT 的效度

成就测验最重要的效度指标是内容效度，WIAT 在这方面做了大量的工作，如根据公法 94—142 条确定的课程领域确定分测验，根据课程内容和教学目标，专家考查和评价，通过预试结果的条目分析对条目做出反复修改等，保证了测验的内容效度。结构效度方面做了多方法的考证，如分测验之间的相关，与韦氏智力量表的相关，组间差异的比较研究等。从这些研究结果来看，WIAT 有较好的结构效度。效标效度的研究很多，包括与多种成就测验的相关，超常儿童、MR 儿童和 LD 儿童的比较，提示 WIAT 有较好的关联效度和鉴别效度，部分结果。

（二）大都会成就测验（MAT）

大都会成就测验（Metropolitan Achievement Test，简称 MAT）是成就测验中的佼佼者。它首次发表于 1931 年，当时的目的是测量纽约公立学校学生的学业成就，以后不断地进行改版，来保证其内容和常模的时效性。这里只对大都会成就测验第六版（MAT6）做简要的介绍。

1.MAT6 的内容和结构

MAT6 是一个多水平多领域的调查和诊断性成套测验。所谓多水平是可用于测评多个年级（幼儿园至 12 年级）的学业成就，共 8 个水平，但并不是所有的维度都有 8 个水平。所谓多领域是指它的内容包括多个学科的知识和技能，如词汇、阅读、数学、拼写、语言、自然科学、社会研究、写作、研究技能和高级思维等内容。它包括调查成套、诊断成套、一个附加的写作测验，所以可用于调查学生的教育成长，评估课程和教学方法的有效性，不同学校教学质量的比较，也可以用于诊断学生不同学科的强点和弱点以及某些特殊的学习技能缺陷。

2.MAT6 的标准化和常模形式

MAT6 的常模取样是在 1984 年秋季（10 月）至 1985 年春季（4 月）进行的，样本为全国普通中小学校和幼儿园以及一些特殊学校的学生，参与取样的学校以自愿为原则，所以样本的代表性受到一定程度上的限制。测验编制者试图以分层比例取样，分层的变量包括社会 - 经济状况、学校类别、地区、种族和性别等，但实际资料与国家人口统计资料有一定的差距。常模的形式包括百分位、标准量表分、年级等值分和成就、能力差异分。

3.MAT6 的信度

手册中报告了调查成套和诊断成套各分测验和组合分的分半信度（KR20）和某些年级的副本重测信度，大多数分测验的信度系数在 0.80 ~ 0.89 之间。根据 KR20 系数计算了分测验和组合分的测量标准误，分测验粗分的标准误约为 2.5 分，阅读、数学和言语等组合分的标准误约为 3.0 分，调查成套总分的测量标准误为 7.0。

4.MAT6 的效度

MAT6 手册中提供各种效度资料，但是测验编制者更注重内容效度。分测验维度和条目内容是按当时通用的教材来选择的，请各类专家对内容的表面效度做了考查，证明有较好的内容效度。

在效标关联效度方面，与 Otislennon 学校能力测验做了相关，发现两者之间有一定的相关。

（三）单项成就测验

成套成就测验内容全面，但不深入，单项测验能弥补成套测验的不足，可以对某一学科的情况做出深入的了解，这里介绍几个我国编制的语文和算术测验。

1. 语文学科测验

语文测验是综合的学科测验，它可以细分为阅读测验、词汇测验、语句测验、语法测验、作文测验、书法测验。前三种考查学生的阅读能力，后三种考查学生的表达能力。中国的语文有其独特的语法、文字意符、语音和音调多种特点，很有研究价值，同时为配合教育的实际需要，也很有必要探讨语文测验的编制。

（1）阅读测验。阅读测验可以分为朗读测验（Oral Reading Test）和默读测验（Silent

Reading Test）。朗读测验多用于小学低年级，用来了解学生的识字能力、诊断阅读障碍以及考查儿童对词汇的掌握情况。艾伟和王金桂编制的小学国语默读测验：分低、中、高三个版本。低级版适用于二年级至三年级上学期，中级版适用于三年级下学期至四年级，高级版适用于五年级至六年级，每个版本都有三至四个副本。

它的选题原则是：A. 测验材料包括故事、时事、通信以及各种叙事的文章，不包括诗歌等韵文；B. 文字是逐渐加长，低级版从十几个字至五十几个字，中级版从七十余字到二百多字，高级版从二百多字到四百多字；C. 每段文章，自成一段，有头有尾；D. 不适于小学生阅读的材料，均设法避免；E. 测题的格式为四择一选择题。每类测验有 10 ~ 20 段，每段后面有 3 ~ 5 个问题，每类测验共有 50 个问题，测验时间为 35 分钟。现以中级版第一类的一个测题为例来说明。

（2）语句测验。语句测验主要测量小学生的语句组织能力和理解能力，其中较有名的是艾伟所编的两个测验。

艾伟、丁祖荫合编的语顺测验：该测验测量小学生的语句组织能力。它分三种程度：低组:（二年级上学期至三年级上学期）、中组（三年级下学期至四年级下学期）、高组（五年级上学期至六年级下学期）。每组有 3 ~ 4 类难度大致相等的测题，以便进行交替使用。每类测验中有 50 个句子，每句中的字的排列是散乱的，读起来不成句。例如，想可简法无直（排序后，应为：简直无法可想），要求学生在 35 分钟内做完。

艾伟编的四言辞句测验：主要测量学生对成语和语句的意义了解的程度。共有三类，第一类适合五年级，第二类适合六年级，第三类适合初中一年级。用四选一的格式，要学生找出正确的语句。例如，①同心协力，②同心合力，③同心洽力，④同心惜力。

（3）语法测验。语法测验主要测量学生在文字和语言组织上辨别错误的能力。以陈鹤琴小学语法测验为例，该测验共有 50 个题目，每个题目里有一个字是不符合语法的，需要进行及时的改正。测验时间为 20 分钟，语法测验是每题 1 分，算出总分后，再从测验说明书的转换表查出 T 分数。测验举例：

①皮鞋是牛皮做提（的）。

②那个地方我从外（来）没有走过。

③这件事我觉可（得）非常奇怪。

④先生的话我没好（有）一句不明白。

2. 算术学科测验

数字的计算和应用是心理能力中一项重要的能力。算术测验很多，一般可分为：准备性测验、检查测验和诊断性测验，下面主要介绍检查测验和诊断性测验。

（1）检查测验。检查测验又可细分为四则测验和应用测验。

四则测验：这类测验是测量加、减、乘、除四种基本能力的。它包括速度和正确两个方面，就是既要计算得快，又要正确。测验材料的取样应包括各种计算方法。

应用测验：该种测验的目的在于测量学生能否应用算术知识解决实际问题。在编制应用题时，应注意：①测题内容要切合实际生活情境；②测题的文字要简易通俗，成绩一般的学生都能理解。

（2）诊断性测验。我们以四则运算方面的内容为例来说明诊断性测验的编制，该种测验应包括四则运算的各种类型和难点。四则运算有各种难易不同的步骤，称为算术上的难易阶梯，诊断性测验就是要把这些难阶梯全部包括在内，并按难易的阶梯排列测题。

加法的难易阶梯

①两数相加，例如 1+2=？

②三数相加，例如 6+7+6=？

③两位数相加，如 48+7=？

④七个数的直行（竖式）相加，例如 79，11，37，84，75，42，93 相加。

⑤三位数相加。

⑥十三个数的直行（竖式）相加。

⑦位数不等的数目相加。

减法的难易阶梯

①一位数相减，例如 7−5=？

②从两位数内减去个位数（不借位），例如 19−9=？

③数中含有零的直行（竖式）相减，例如 30−5=？

④借位的减法，如 276−148=？

⑤借位的减法（借位两次或三次），如 340−171=？

乘法的难易阶梯

①一位数相乘，例如 4×5=？

②一位数与两位数相乘，不需进位，例如 23×2=？

③一位数与两位数相乘，需要进位，例如 49×8=？

④多位数相乘，但不需进位，例如 31233×132=？

⑤乘数和被乘数中有 0，有四种表现形式。

A.0 在被乘数的个位位置，例如 560×47=？

B.0 在被乘数的某一中间位置，例如 807×59=？

C.0 在乘数的个位位置，例如 753×60=？

D.0 在乘数的某一中间位置，例如 617×508=？

⑥多位数相乘，需要进位，例如 29704×675=？

除法的难易阶梯

①一位数的除法，例如 4÷2=？

②简单除法而每一位数都能整除，例如 48÷2=？

③简单除法而某位数不能整除，需将余数带到下一位，例如

962÷2=？

④多位相除且能整除的，例如 $183 \div 61 =$ ？

三、成就测验在临床心理学中的应用实例

成就测验在临床中有两个重要的用途：学习障碍的诊断和神经心理功能评定。学习障碍在学龄儿童中发生率比较高，这种儿童的智力在正常范围以内，但是在与学业有关的基本技能的某一方面存在明显的缺陷，如听、说、读、写、计算或理解，以致于使某门学科成绩显而易见低于智力的期望水平。在美国精神疾病诊断与统计手册第四版（DSM-Ⅳ）中提到四种类型的学习障碍：阅读障碍、拼写障碍、数学障碍和写作障碍，在诊断时必须同时用智力测验和成就测验，了解能力—成就分离的程度，也就是说，成就明显低于能力的期望水平这就意味着存在学习障碍。在脑损害病人中，最容易受到损害的是流体智力，而与学业有关的知识较少受到损害，尤其在脑损害的早期，也就是说，成就测验成绩明显高于智力测验成绩。所以成就—能力分离分析在临床中具有重要的意义，能力—成就差异分析有两种方法（简单差异法和预计成就法），这两种方法都是根据标准分来计算。

（一）简单差异法

简单差异法（simple-difference method）将能力标准分（IQ）减去成就测验的标准分作为差异大小的统计量。判断差异是否有显著性，先用下列公式计算理论差异分，再将实际差异分与理论差异分做比较，若是实际差异分大于理论差异分，差异就有显著性。

（二）预计成就法

预计成就法（Predicted-achievement method）考虑到能力和成就的相关，就要求能力和成就测验有共同常模，或有能力测验与成就测验的相关资料。用回归法，根据能力计算预计成就，再将实际成就与预计成就做比较来判断差异是否有显著性。

成就测验是能力测验的重要内容，它主要测量通过正规教育和训练获得的知识和技能。中国是最早用纸笔测验选拔人才的国家，但是近 80 年来标准成就测验发展缓慢，而西方在这方面却有快速的发展，标准化成就测验在众多领域得到广泛应用。

成就测验种类很多，不同种类的成就测验有不同的用途。标准化成套调查测验用于调查学生的一般教育发展水平、课程评估和教学效果的评价；单项成就测验可对某一学科知识和技能的掌握做更深入的了解；诊断性成就测验用于评价学生不同学科知识和技能的强点和弱点以及学习困难学生的诊断、指导学习困难学生的教育安置和干预；预测性成就测验可预测学生学习某些课程成功的可能性。

成就测验是有用的，但使用不当也会造成一些不良后果。测验使用者要考虑到自己的目的、测验的性能、用途和常模的适用性，以发挥测验应有的作用。

第四节　人格测验

人格测验在心理测验中占有重要地位，它的发展史比较早，数量大（现有测验数目居 TIP-Ⅲ 的 17 类测验之冠），用途也非常广。虽然所达到的心理计量学技术指标比能力测验的低，但也不乏国际知名测验。在本章分如下三方面来对人格测验进行讨论：一是人格评估概述，二是常用的人格量表，三是常用的投射测验。

一、人格测验概述

（一）人格概念

人格（personality）一词，不只用于心理学，其他专业也在用，但各自的概念有所不同。例如，哲学上的人格是"自我"（selfhood），"完美理想"（idealperfection）和"至高价值"（supreme value）；神学上的人格是指圣父圣子圣灵三位一体（Trinity）中的一个成员；法律上的人格是指个人"法律地位"（legalstatus），文艺上讲人格是指一种"神秘的魅力"（mysteriouscharismae），即目前我国社会上称某演员的一种"气质"。心理学用人格一词的概念与上述专业不同，并且在心理学家中对人格概念的理解也不尽相同或者完全不同，所以人格有许多不同的定义，在这里对人格一词的来源及人格的定义做简略讨论。

1. 人格一词的来源

我国的心理学家将"personality"一词译为人格（或个性）。"Personality"源于希腊字"persona"，其意思是戏剧所用的假面具。我国将"personality"翻译成人格，这是沿用旧词，还是根据它的意义新创？很少有人去考证。如果是旧词，暂未查到出处。不过，我国古人对"格"字的解释与本题有关的有：为法式（《礼记·缁衣》：言有物，而行有格也）；为标准（《后汉书·博弈传》：朝廷重其方格）；为格例或资格（《唐书·裴光庭传》：吏部求人不以资考为限，所奖拔唯其才，光庭征之乃为循资格）。从字义来看，我国采用人格一词，可能有这样一些意义：做人的法式，做人的标准或做人的资格。

2. 人格定义

现在心理学的人格定义有很多，在这里也无法下一个很全面的定义，不过是举几种不同定义来说明人格概念。

"（人格）是我们的习惯系统"（Watson，1919）

"人格包括个人品质如智力、气质、技能和品行等各个方面"（Warren，1930）

"人格是个人行为的全部品质"（Wood worth，1947）。

"人格是个人特质的特殊模式"（Guilford，1959）

"人格是一种倾向性"（Cattell，1965）

阿尔波特（Gordon Allport，1987—1967）研究了当时的近50个人格定义之后，明确提出了人格的一个折中看法，认为人格是动力学的成长，改变，在健康成人中形成一个有组织的形式，人格牵涉到心理和身体两种不可分割的功能。人格是包含了许多相互作用的因素的复杂系统，人格驱使我们或决定我们的所作所为。他将这些意思做出了如下概括："人格是动力组织，为决定人的特征行为和思想的那些心理生理诸系统的独特组织"（1937，1961）。

"人格是一心理结构，这结构是一复杂的抽象概念，它包括了这个人的独特遗传背景、阅历以及如何组织和统合引起反应的环境刺激"（Ryckman，1993）。

"人格定义包括人类独特性的观念。我们见到人类中的相似性，我们也感到我们中的人各不相同的一些特别属性。于是我们可以认为，人格是一比较恒定的和独有的特征群，它可在应对不同情境时有变化。"

看来，人格是一个多面体，界定人格者的观点往往不同，所以定义也就不一。例如，有的侧重可见的、能给人们印象的行为特征；有的侧重内在动机和态度；还有的侧重人性（personquality）。人格范围也有广狭之分，狭者主要包括动机、态度、气质和性格；广者，除此以外还包括先天和后天获得的心理能力、思维、情感和活动等的差异性，他们视人格为个体心理学（psychology of individual）的同义语。不论学者们对人格做何理解，但关于人格的两个特征大的都有相同看法。

人格的独特性：所有心理方面都有个别差异，人格的个别差异非常明显，使一个人不同于其他人，这些差异便是人格的独特性。山中无两片脉络完全相同的树叶，人间无两个人格完全相同的人，这也是指人格的独特性。从人格的独特性来区别这个人与那个人，根据它来认识人们。

人格的统一性：一个人的人格一旦形成，不管对待何事物，总是统一的，除非是人格发生病理变化，如双重人格或多重人格，或者为了某种目的有意伪装，否则，这个人总是表现为这个人，而不会成为无法捉摸的另一个人。人格的恒定性：这是从不同情境，不同时间两方面来讲的。一个人如果是利他的，则不管何情境，即使自己最需要帮助的时候，还是以他人利益为重。我国有一俗话"江山易改，禀性难移"，即是说人格形成后在长时间内都相对稳定。人格固然不是一成不变，但其变化是较缓慢的，虽然年龄和条件有变化，但在一定时间内人格的变化不大，而且后来的变化也以原有人格为基础，甚至在不利条件下引起人格的病理变化时，还与原来的人格有关，所以临床家们常从病人病前人格中寻找病理人格之根。个人在脑组织的变化或外来原因导致发生损害的人格突变，也还是原有人格的"扩大"（当然，在少数情况下，也有前后判若两人的）。因此，人格才可以测验。一个人的人格如果不定，便无从测验，其测验的结果也无预见性。

（二）人格评估

人格研究主要分人格形成和描述。人格评估是对人格进行全面系统的描述。在这里讨论为什么要做人格评估，或者说做人格评估有什么作用，以及如何来进行人格评估。

1. 人格评估的作用

人格评估是用标准化的工具以及其他一些手段对一个人的现在人格做出量的或质的描述或划分范畴，并对未来的行为做出预期。具体地说，人格评估可在心理诊断、咨询和心理治疗、司法鉴定、人事选择以及人格研究诸方面起重要作用。

心理诊断。一般是在精神病医院和精神卫生诊所用来协助心理障碍的诊断及鉴别诊断。确定诊断是为了采用正确的治疗和预后估计。即使不是为临床目的，人格评估技术对帮助一个人了解自己也有用。因为临床心理学家所信奉的人格理论观点不同，对采不采用人格评估意见是有区别的。如果以行为主义为取向的，他们不大喜欢将人贴上何种形式的人格障碍标签，而是要了解形成行为的事件、条件和随后的强化。

咨询或心理治疗。咨询和心理治疗的目的都是让求助者生活得好些。为了这个目的，在精神病医院、精神卫生诊所和咨询中心的临床家往往在咨询和治疗前、中间和结束后做人格评估。事前的人格评估目的是知道求助者的问题，并了解他们人格的基本状况，以便于在干预中间和结束时做比较。但是如果是以"来访者中心"为理论的临床家，他们不是要对来访者了解得更多，而是让来访者了解自己更多，所以在咨询和心理治疗前、中、后，不用人格测验。

司法鉴定。司法上应用人格评估主要是为了决定被评估者的行为能力，需不需治疗，治疗后的恢复水平，以及赔偿问题。在法院，拘留所和教养中心往往牵涉行为能力的决定问题；当事人在受暴力攻击后，在工伤或交通事故后有无人格障碍、障碍形式和障碍的程度问题；当事人被证明有人格障碍在精神病医院接受治疗，需要决定能否出院的问题。

人事选择。用人单位希望发挥每个工作人员的最大工效。工效取决于工作者的能力、人格和工作条件。工作人员要具备合适的能力和人格，工作单位应提供良好的工作条件。在这里只讨论人格评估在人员选择上的作用。人格评估技术常用于人员聘用，晋升以及指定训练程序。在培训一些职业（心理学家、医师、护士、推销人员）和一些特殊工种（飞行、司机、文秘）的人员时，往往也要用能力和人格评估技术来做选择。每个人都有属于自己的特点（各具强点和弱点），不同专业和工种需要不同个性的人来工作。合适的人做合适的工作，可收到"事半功倍"的效果。一个人的工作经验、教育水平、求职欲望、身体状况等都可凭观察和晤谈来，唯有实际能力和个性不容易，只有借助能力和人格测验来补充观察和晤谈方法的不足。

科学研究。人格评估用于科学研究的范围很广，除了上述几种情况，还要进一步了解人格在其中的作用问题外，还有许多方面需要了解哪些情况下，人格起什么作用，如何起作用。

2. 人格评估的手段

人格评估同心理能力评估一样，有许多手段，包括观察、访谈、个案分析和测验。前三者在第一章中已经讨论了，在此便只讨论测量方法了，常用人格测量方法主要分两类，一是人格测验，一是人格量表。人格测验是指各种投射测验，人格量表是各种客观人格量表。从这两类人格评估手段的发展史来看，投射测验是早期临床心理学家的主要心理测验手段，由于操作技术要求高，手续复杂，所以局限在专业人员范围内使用，而如今，仍然是西方有些国家的临床心理学家心理测量的重要手段；人格量表出现较晚，由于操作手续简便，技术要求相对较低，所以发展快，非心理学专业人员都在使用。

（1）人格量表。人格测量工具包括人格量表和人格测验，数目非常多，在《已出版的测验第三版》（TIP-Ⅲ，1983）中收集了用英语出版的共 576 个，其数目为该书 17 类心理测验之冠，而且其中以人格量表占大多数。

① 人格量表的种类。人格量表所测量的内容广泛，形式和名称繁多，很难按内容和形式做出统一分类。TIP-Ⅲ 和 MMY-9，10 所收录的人格量表，可分出如下几种名称，即校核表、评定量表、调查、调查表或问卷等几类，现在对这几类量表进行讨论。

1. 校核表（checklist）

（1）形容校核表（ACL）为 H.C.Gough 等编（1952—1980）。用于 9—10 年级学生和成人，原系他评工具，现已成自评方法，描述理论自我、未来自我和过去自我。

（2）Howarth 心情形容校核表（HMACL）为 E.Howarth 所编（1979—1980），用于大学生和成人，与作者的两个人格问卷（Howarth 人格问卷和补充人格因素问卷）相结合使用。评估攻击、多疑、自我中心、好交际、节制、焦虑、合作、疲劳、专注和忧愁。

（3）行为问题校核表（BPC）为 H.C.Quay 等所编，后有修订本（RBC，1979—1983），用于儿童和青少年的行为问题诊断 / 分类。为他评社会—情绪功能量表。分 4 个分量表（品行障碍、社会化的攻击、注意问题、焦虑—离群）。

2. 评定量表（rating scale）

（1）Bessell 情绪成熟量表（MEM）为 H.Bessell 所编（1978）。用于 5 ~ 11 岁儿童，确定情绪发展上的缺陷。教师来评定。以动力心理学理论为重要基础，情绪不成熟为神经质功能，情绪成熟为健康功能。

（2）性格评估量表（AS）为 P.E.Schmidt 所编（1981—1983）。用于成人，自陈量表。以圣经为基础分 8 个道德量表（真实、尊重、关怀等），8 个性格强点（诚实、谦容、争取和平、热心，性端正、怜悯心、身体健康），8 个性格弱点（否认、羡嫉、浮夸、憎恨、贪婪、懒惰、贪色、贪食）。

3. 调查（survey）

（1）G—Z 二氏气质调查（GZTS）为 J.P.Guilford 和 W.S.Zimmerman 所编（1949—1978）。用于 12—16 年级学生和成人，评估人格因素，含 300 个项目，分 10 个人格特征（一般活动、压抑、优越、社会性、情绪稳定、客观性、友好 / 深思、人事关系、男子气）。

（2）人际行为调查（IBS）为 P.A.Mauger 等所编（1980）。用于 9—16 年级学生和成人，用来区分武断行为与进攻，自陈量表。21 个分数，如：否认，一般进攻—合理的仇视姿态，发怒表现，忽视权益，言语攻击，身体攻击，被动攻击，一般武断—合理的，自信等。

4. 调查表（inventory）和问卷（questionnaire）

（1）明尼苏达多项人格调查表（MMPI）S.R.Halthway 等所编（1943—1967）。用于 16 岁以上的人，有 4 个效度量表 10 个临床量表。

（2）艾森克人格问卷（EPQ）为 H.J.Eysenck 等所编（1975—1976），原为艾森克人格调查表（EPI），后来发展为 EPQ，分成人和儿童两式。作者根据他们的多维人格理论（内外向、情绪稳定和不稳定；神经质）而进行编写。

（3）Howarth 人格问卷（HPQ）为 E.Howarth 所编（1971—1980）。用于大学生和成人。10 个分量表，测量 10 种人格特质或维度（社会能力、焦虑、支配、良心、疑病—医学的、冲动、合作—体谅、自卑、坚持、猜疑对信任）。

（4）儿童人格问卷（CPQ）为 R.B.Cattell 所编（1959—1979），用于 8～12 岁儿童。14 个分数，如：稳健—热烈、迟钝—聪明、受情感影响—情绪稳定、情绪不外露—激动等。

5. 其他

（1）Edwards 个人偏好一览表（EPPS）为 A.L.Edwards 所编（1953—1959）。大学生和成人用。15 个分数：顺从、命令、外露、自立、亲切、援助、统治、自贬、耐力、进攻等。

（2）防御机制指数（DMI）为 A.B.Sweney 等所编（1965—1971）。用于 16 岁及以上的人。为精神动力学关键性变量提供比较客观的量数，12 个防御分（补偿、合理化、消极情感、积极情感、知觉防御、投射、压抑、幻想、分离、反向形式等）和 12 个矛盾分（攻击—害怕报复，逃避责难—接受责难，支配—服从，依赖—独立，性压抑—性表露，延缓满足，忠于上帝—忠于人，同性恋—异性恋，个别性——致性，判断—行动，仁慈—自私，表达爱—怕遭拒绝）。

（3）气质测量器（TC）为 M.E.Bachr 等所编（1958—1981）。用于成人的自陈量表。常作人事选择工具，评定 18 种气质特质：宁静，情绪稳定，有精力，热心，坚持，严肃，稳定的工作者，迅速的工作者。

校核表（checklist）。在尚无人格量表前，了解人格特征是用无结构的观察和晤谈方法来收集有关信息，然后进行分析、选择和条理化，对被评者的人格特征做出评定。进行这种工作，除了费时外，还需要评定者具备丰富的学识和经验，而且得到的结论往往因观察者不同而异。于是发展了有结构的观察和晤谈，改进了评估，即扩大观察面，选择观察内容的词语和统一描述词概念。将观察内容分出范围，系统化，这便成为了人格校核量表和评定量表。于是观察减少遗漏，观察的人格特征有条理，观察者彼此之间的差异减少，容易做出解释，便于一般专业人员使用。

核校表比其他人格量表简单，它由一些项目或条目（items）组成，这些项目是包含一些动作和思想的名词、短语或陈述句，评定者圈选认为适合描述被评者的人格特点的项目。评定者是最了解被评人的，可以是父母、教师、督导、配偶和同伴。同一个表可在不同时间内对被观察者做评定，来观察目标的动态。自 19 世纪后发展了不少标准化校核表，包括一些特殊专业用的校核表，如临床、教育、工业、组织等，还有用于特殊人群或特殊问题的，如学前行为、婚姻、人际关系、有神经精神障碍、应激和应付机制等。

评定量表（rating scale）。评定者（rater）可以是被评者（ratee）自己（自评），也可以是他人（他评）。评定者一定是了解被评者的（包括行为、能力、气质或其他人格特征）。评定量表不仅同校核表那样可评定有无某些行为或人格特征，还可以对行为和人格特征做出等级或水平的评定。评定者对校核表项目只作二分判断（有—无，相符—不符）；在用评定量表时，对项目要在 5 到 7 个等级中做出正确选择。分级有单向的，即某特征评定 1 级是最低的，评定 7 级是最高的。也有是双向的，即量表中用两个词来表示两个向，如内向—外向，统治—顺从，中间还有不同的移行级次，如"内向—倾向内向—中间—倾向外向—外向"。评定量表因方法不同，而成为不同形式的评定量表，如：① 数字评定量表，量表上列出一系列的有顺序的范畴，每一范畴用相应数字表示。评定者根据被评者的人格特征来选定数字等级做出评定。②图解评定量表，在一条线上，从左至右分成5或7段，被评定的行为或人格特点从左（最低）到右（最高）按顺序分成5或7个等级的描述（形容词或短语），评定者在这线段上找出符合被评者的人格特点的位置做记号。一个图解评定量表包括几条图解线。③ 标准评定量表：此量表有一套供被评者做比较的标准，例如，各具人格特征的五个人，按照特征的连续性将他们分别排列一线。评定者将被评者的人格特征依次与这五个人一一比较，以找出最像被评者的特征的人，做上记号。④ 铆定（anchored）量表：这是依据关键事件技术使量表术语更能描述实际行为，使量表更加客观。在编制这种量表时，先召集一群非常熟悉特殊工种的人员，通过讨论和深思熟虑，得到一个大家都同意的描述从事这一工种的行为描述表，再通过反复试用，最后提炼成条目库，编成量表。⑤ 迫选（forced-choice）评定量表：这种评定量表的简单方式是提供一些描述词、短语或陈述，要求评定者指出最合适描述受评者的来。如果评定量表提供的是三个或更多的描述时，要求指出哪个最合适，哪个最不合适。

人格调查表（inventory）和问卷（questionnaire）。Inventory 普通意义是清单或目录，这里译作调查表作专业用语。这种人格评估工具，同前面讨论过的人格校核表和评定量表一样，含有关于个人特征、理想、感情和行为的一些项目，但是人格调查表的特点是评估的变量广，比评定量表和校核表构建好，标准化程度高，一般是可评估多个人格变量。人格问卷与人格调查表无甚区别，有个别人格量表将两词互用，如艾森克的人格问卷（EPQ，Eysenck，1976）的前身便称艾森克人格调查表（EPI, Eysenck, 1969）。在现有人格量表中，以人格调查表和人格问卷命名的，其数量和使用频度都很大。

② 编制人格量表的策略。主要是关于编制人格调查表和问卷的策略，有合理—理论策略，因素分析策略和效标解答（criterion-keyed）策略三种。

合理—理论策略：或称内容—依据的，合理的，直觉的，判断的，逻辑—内容的和表面效度的策略。这种策略的人格量表是以编制者所持人格理论为基础编的。

因素分析策略：这是用归纳方法，内部一致性，聚类或因素分析方法来进行的。编制的量表各项目的回答结果有高度一致性，如果全量表是评估多个因素，各分量表之间的相关很低。16项人格因素调查表（16PF）和艾森克人格问卷（EPQ）都属于这类人格量表。

效标—解答策略：这种方法曾有过许多不同名称，如经验性的，组间差别的，效标—效度的或效标解答策略。这类方法着重所选择的项目和量表的效度。能将特殊人格区别开来。现在常用的一些人格量表如明尼苏达多相人格调查表（MMPI），加利福尼亚心理学调查表（CPI）都是根据这种策略编的。

③人格量表的信度和效度。许多人格量表都进行了标准化处理，但一般情况下来说，人格量表的信效度低于能力测验的。所以，如不改进人格量表的信效度，便会影响到它们的效用。如果人格量表编制得好，小心使用，尽量减少误差，有可能使人格量表的信度提高到0.80左右，甚至到0.90左右（Aiken，1996）。

④ 使用人格量表的常见误差和减少误差的方法。为了提高人格量表的信效度，必须研究在进行人格评定时所产生的误差。常见的误差如下：

常同性误差：有的评定者所评出的结果常常比应有的高，这是因评定宽松或"大度"的错误；有的评定偏低，这是由于评定过严的错误；有的则总是评定出平均水平，这时划定答案时取集中趋势的错误（不敢采取高或低的评分）。

沾光效应（haloeffect或光环效应）和玷污效应：评定者按对被评者的一般印象来做出正确评定。或者是由于被评者一两个突出特质的泛化作用，使其他特质也沾了光，所以做出高评定。或者相反，由于有一两个不好的特质，以致于影响到其他特质，便做出不好的评定。这是逻辑性误差，即评定者根据逻辑关系而不是事实来做评定。

对比误差：刚评定一个高分，随后的评定偏低；相反，如刚评定一个低分，随后的评定偏高。

近似（proximity）误差：评定者倾向将相邻的项目评定为相近的结果。

评定者个人偏因：评定者对被评人的感情影响评定结果，通常是对喜欢的人做出高评，对不喜欢的低评。评定者以自己做评定参照点，所以往往低估与自己相同的特征，例如自己有忧郁情绪，便把有忧郁的人评为无忧郁；高估自己没有的特征，与前面相反，自己是乐天派，见稍有一点抱"杞忧"的，便认为是严重的忧郁了。有的人对人无兴趣，观察简单或不投入时间，显然会影响评定结果。

量表本身的缺点：在量表中对人格特征界定不好，等级分界不清，量表长度不当（量表项目太多或太少），都降低量表的信度。减少误差的方法：主要是选择好人格量表，掌握好评定技术，最大限度地减少上述各种误差。还有一些减少误差的办法，如用几位评定结果平均的方法来抵消评定的偏因。做解释时参考多种手段所得来的资料，来避免片面性。

（2）投射测验。测验形式分有结构和无结构两种。有结构是指受试者知道测验（或评定）的目的，测验所给的刺激如口头或书面提问或图画，意义明确，记分有确定的标准。无结构的人格测验则与此相反，受试者不知测验（或评定）的目的，测验材料无结构（含糊），回答不受限制，记分变量多。此外，有一类介于有结构测验与无结构测验之间的，称半结构的测验。

上面讲的自评和他评，都是属于有结构的，也称为客观方法。在人格测验中无结构测验，主要指投射测验，如洛夏测验、TAT 等。投射测验的主要优点是测验项目无结构，受试者又不知测查目的，所以其回答不受社会赞许的影响。而它的不足之处是实施远不及量表简便，对实施者的技术要求也比较高，分析手续比较繁杂，其结果不如某些评定量表确定。但是有一些有经验的心理测验家倒很喜欢用投射测验，所以这类测验在临床心理学中仍占有重要的地位。

① 投射和投射测验的概念。投射（projection）一词有多种意义，通俗用法是指把自己的意向，思想和感情归因于他人。物理学上的投射，是将影像反映在屏幕上。用于精神分析学说时，是指一种自我防御机制，是潜意识的。这种防御机制是一些人将他们的内驱力、感情和情操归咎于其他人或外在世界的某些物体，来防御对他们自己的威胁性。弗洛伊德在用投射一词时，还指出一些人把自己不想有的冲动加到别人头上，以否认自己有之。缪瑞（Murray，1938）在他的《人格中的探索》中将投射测验（同时可称投射技术）作为心理测验的一种形式，福兰克（Frank，1939）在论文中接受了这一观点，把投射技术定义为：一种研究人格的方法，让受试者在一情境中做出反应，这反应是依照情境对他的意义来做出的。在英国心理学词典（1958）中定义为：它是一种发现一个人的行为特征性模式的方法，即是观察这个人对外在情境引起或强迫他做出一特殊反应的方法。

② 投射测验的特征和种类。在对一无结构的或模糊的刺激做反应时，受试者无意之中塞进他们自己的结构，于是便暴露了他们自己的某些事情，如需要、愿望、矛盾等。总结起来，它具有如下一些特征：

测验所用的刺激材料是无结构的，这是必备的标准。测验方法是间接的。受试者不知测验目的，顶多对目的有一些猜测。

回答是自由的，不同于问卷方法（回答是强迫性的）。对回答的解释按多个变量进行。投射技术的类型：投射测验形式有多种多样，大致可分成如下几种：

联想测验。如词的联想测验，在洛夏测验的联想阶段。

构想测验。要求受试者构想出一个故事或作一画。如 TAT、图片故事测验。

填补测验。要求受试者完成一味讲完的故事、一段述说或完成一未完的图画等。如填句测验和 Rosenzweig 的图画挫折测验。

选择或顺序化测验。要求受试者在一些不相容的事物中进行选择，或按自己的偏好来进行排队，或者将物体排列。如 Tomkins-Horn 的图片排列测验。

表白测验。受试者用行动、作业或通过一些活动来表白自己。如对儿童的游戏分析，画人测验等。

其实，有结构和无结构的划分也是相对的，在标准化的智力测验如 Wechsler 量表中，有些分测验也具投射测验性质，也有人用投射测验来做智力测验，在测验分类中，不少测验可同时列入两种以上的分类中。

投射测验用于人格研究时，要结合晤谈、个案史和自我报告的问卷等信息来考虑。客观调查或问卷方法比较侧重人格的"分子"式方面，如反应倾向、习惯、特质或行为倾向。而投射测验侧重人格的深层，如需要、无意识的愿望和幻想等。实践家和研究者们多数认为，人格测验方法最好不要单独使用，而是相互参照使用。

③投射测验的使用率。据调查，英语国家里，在各种临床、咨询和研究中，洛夏测验，填句测验，TAT，屋—树—人技术和绘人测验这五个投射测验占所有心理测验前 10 名中的一半（Lubin 等，1984），但在 MMY-9（1985）中，按有关文献多少排序时，前 10 个心理测验，属投射测验的只有洛夏测验了，而且排列第 9.5 位。有关论文多少固然与测验使用率有关，但并非完全平行关系。即使如此，现在新的心理测验和评定量表在增加，临床和咨询工作中使用新测验和量表的机会增多，投射测验虽然依旧有重要位置，但与其他类的测验相比，使用比率有所下降。

二、常用人格量表

常用心理测验是指国际和我国都较常用的。被列为常用的心理测验，因标准不同而异，在这里所介绍的常用人格量表取自美国 MMY-9（1985）和我国的调查（龚耀先等，1996）中所列出的。前者按测验文献多少为序，在 1049 个测验中前 50 种为常用测验，后者是按全国 457 个单位当年使用的心理测验，有 10% 的单位在使用的称常用测验（共 22 种），在这两项资料中有重叠的只计一次。依次有 MMPI，EPQ/EPI，16PF，SCL-90/SCL-90-R，CPI，S-T1，SDS，SAS 和 A 型行为量表为共同的常用人格量表。在本节从上述 9 种中选择讨论 MMPI，CPI，SCL-90-R，EPQ（包括 EPI）和 16PF，其中 MMPI，CPI 及 SCL-90-R 可代表按照经验性编制的；EPQ 及 16PF 可代表按人格因素理论编制的。

（一）明尼苏达多相人格调查表（MMPI）

1.MMPI 概述

（1）MMPI 简史。MMPI 是心理学家哈什伟（Hathaway，1903—1984）和神经精神病学家麦克利（Mckinley，1943—1967）所编。他们于 1937 年开始设计一套描述当时称为"精神神经质者"（Psychoneurotic）的方法，和一套估计精神病人作胰岛素治疗的疗效观察方法。于 1940 年发表"一个多相人格量表"（Hathaway 和 McKinley，1940），该量表有 504 个项目，分成 25 个内容。到 1943 年加入男性、女性（5 项），改称"明尼苏达多相人格调查表"（MMPI）（Halthaway 等，1943），1946 年再加社会内向（Drake，1946），便有了 10 个临床量表和 3 个效度量表。以后陆续发展（Colligan，1982）和修订（Butcher 等，1980，1990），成为两个独立本，即 MMPI-2 和青少年用本（MMPI-A，Buatcher 等，1992）。国际上已有了几十种文字的 MMPI 版本（Butcher，1996），我国也有修订本（宋维真，1989）。量表的作者本来要编制一个有助于精神病学诊断的工具，从 60 年代起，MMPI 的使用范围远远超过了原来的目的。在正常人的咨询、职业、医学、军事和司法方面的使用，如同在精神病患者中的使用一样多，已成为人格量表中用得最多的一个量表。

（2）MMPI 的编制方法。MMPI 的编制是按经验效标（empircal criterion keying）方法进行的，这种方法对项目选择和对回答评分是通过效标组与对照组相比较进行，同时补充采用统计方法。MMPI 的项目库来自如下一组人格障碍人群（效标组）：对身体过于关心的，表现有极度抑郁的，有躯体转换症状的癔病患者。那些不顾社会习俗的病理人格者，有同性恋倾向的，偏执狂患者，精神衰弱患者，精神分裂症患者，轻躁狂患者，社会内向者。效标组与正常对照组回答人数相差明显的项目（P<0.05）才被采用。

（3）MMPI 的结构。MMPI 是由选择回答"是"或"否"以及"？"（不能回答）的项目组成，这些项目分别包括在 4 个效度量表和 10 个临床量表中。不同时期的 MMPI 版本其项目和分量表数不尽相同，在此介绍 MMPI-R（1967）及（MMPI-2，1989）的结构。

MMPI-R 共计 550 个项目，4 个效度量表，10 个临床量表，MMPI-2 这个最新的修订本分成人（MMPI-2）及青少年（MMPI-A）两种独立版本。在项目方面，原版所有 550 条均保留在新的两个版本中，但是各自对一些条目做了修改，并增加了一些新项目。在 MMPI-2 的成人版中（表 5.5）有 154 条新项目，用来测验一些新的病理心理，如进食障碍，A 型人格，药物成瘾等，这是原量表所没有的。在青少年版（MMPI-A）中，有 104 条有关青少年问题的项目。

MMPI-2 的剖图形式与 MMPI 的相同，如果大概比较，看不出什么差别，如果仔细检查则可发现 MMPI-2 剖图形式有几处不同。

（4）MMPI 的常模样本和信效度研究。MMPI-2 的常模样本人数及代表性都比以前各种版本的多且好。

MMPI-2 的标准化样本是美国 18 岁到 90 岁居民 2600 名，其中男性 1138 名，女性 1462 名，是根据美国 1980 年的人口资料，按居住的地理分布、民族组成、年龄、教育水平和婚姻状况来分配的。

重测信度。标准的效度和临床各量表在相隔两周重测，其 r 值在 0.58 ~ 0.92 之间，内容量表的信度在 0.78 ~ 0.91 之间，大部分是较好的（Butcher，1989）。

效度。因为时间不及 MMPI 的长，所以 MMPI-2 的效度研究还比较少，而 MMPI 的效度研究非常多（Dahlstrom 报告有万个以上）。根据研究者的意见，关于 MMPI 的这些材料，同样可以作为 MMPI-2 的效度研究资料，因为 MMPI-2 对 MMPI 来说，保持了较好的连续性。

2.MMPI 的实施和记分方法

（1）实施方法。现代的 MMPI 多为手册式，所有项目均印在手册上，是由受试者自读自答，可个别进行，也可用团体方式进行。各分量表的项目相混，在每一项目后有"是""否"和"？"三种回答供选择。如果这项内容符合受试者的情况，便将"是"圈住；如果不符合，便圈"否"，如果不知项目内容或不理解内容，便圈"？"，逐一回答道答完为止。MMPI 也可用计算机来实施，在受试者前的屏幕上呈现测验项目，受试者做出选择按压"是"或"否"的两个键。根据记分键规定，有的项目答是得 1 分，有的答否得 1 分。根据这些粗分来换算 T 分，并用 T 分制出剖图。

（2）答卷的有效性检查。自我报告可能不真实，会影响效度。在分析结果前首先检查如下几个变量。

指不能回答，计算其数量。受试者或因为无此经验，或因为防御而对一些项目不回答。如果不能回答的项目占所有项目的 10% 或以上，会影响量表结果剖图的有效性，于是要鼓励受试者重新审查答卷补答。

L 指说谎或掩饰，如果 T 分达 70（或粗分 15）以上，此卷无效，或至少是处于无效边缘。例如，受试者对这样一些陈述，如"我总是讲真话"，"从不生气"，"读报纸上每天的社论"，"在家和在同伴中一样客客气气"等，都答"是"，这就得高 L 分。

F 指多或稀少回答，是测量任意回答或高度偏离回答。一般情况下很少得高 F 分，如在 16 分或以上，揭示出了受试者有严重的情绪障碍，或者未仔细阅读项目，或者不懂这些项目。在 6 分（约占 64 项的 10%）以内者答卷有效，在 23 分或以上者答卷无效，在 7 ~ 22 分之间者，结合 K 来综合考虑，F 粗分减 K 粗分为 ± 11 或更大者无效，大于 11 时，受试者可能试图装坏，少于 —11 时，可能试图装好。

如果是无效答卷，便不必分析，或者只作参考。

（3）记分和绘制剖图。记分分手工记分和计算机记分两种。在手工记分时，首先检查答卷是否有漏答和圈住两个回答，如果有，让受试者补答和肯定一个回答。然后是计算"？"回答数目，如果太大，按上面已讲过的办法处理。其他分量表分别用各量表的记分键来记分。对 Mf 量表的计分时，应按受试者性别来采用相应性别的记分键。用记分键得到的结果为粗分，查 T 分换算表，将粗分换算成 T 分，然后用 T 分绘制剖图。

3.MMPI 结果解释

（1）效度量表的解释。① L（说谎）评定对待此调查的态度。过好的自我报告，如"我对我遇到的每一个人都微笑"这类项目都答"是"便得高分。高 L 分反映有防御、天真、道德主义（迂夫子）、道德僵化。国外的经验，凡外国人，从小城市来的，农村来的，有虔诚的宗教信仰的，倾向高分。康复了的精神分裂症病人倾向高分。正常人 L 分高的，倾向于难以打交道（因为他们在道德上如此僵化和迂腐），有些俗气，穿戴和思想都比较简单。

② F（多或稀少回答）。测验任意回答倾向。正常时得分少（不及 10%）。在 32 分左右为绝对任意回答。诈病、精神病人，或因文化程度关系而看不懂题意时，F 分也升高。F 与 Sc 重叠 15 项，得分高的提示有妄想幻觉，无组织或严重失调。与 Pa 重叠 9 项。所以在解释 F 时要结合 Pa 和 Sc 来分析。

③ K（校正装好和装坏的量表）。（答否）测量不愿揭示个人讯息的情况。高分反映防御或个人对自己的不现实的看法。这是一个控制"栅极"。对这量表中的许多项目回答是或否的机遇大致为 50/50，即是说在正常人群中，不会偏向任何一边，只有在故意装好或故意说成不好时才出现偏向。有些量表需要用 K 来校正，以便于减少结果的假阳性和假阴性。

K 还反映有防御、世故、迎合社会、有礼节、拘谨，也与高的教育水平有关，所以一些专业人员的 K 分往往较高。相反的，低 K 值反映耿直、自我批评、难迎合社会。K 反映治疗效果：一般来说，在治疗过程中开始时 K 稍有下降，治疗继续，K 趋向回升，后来超过原有 K 水平。因为病情好转，情绪改善，处世也老练起来，所以 K 分升高。

（2）临床量表的解释。① Hs（疑病）测量对健康和身体的关怀程度。（答是）测量发展神经质的或诉述身体问题的倾向，所以都是一些与健康有关的项目，如"一星期我有几次胸痛"。与 Hy（癔症）和 D（抑郁）量表有重叠。不过 Hs 是关于一般健康的。

Hs 与年龄和身躯疾病有关。青少年平均 T 分为 45～50，老人平均 T 分为 60～70。真有身体疾病的可增高 1 个标准差（T 分为 10）。

② D（抑郁）高分被描述为害羞、阴沉、悲观、沮丧、过于自制、自罪、抑郁。（答否）低的心情，自我估计过低。这量表的标准样本是以有抑郁心情的神经官能性抑郁为主，不是继发性抑郁（诸如精神分裂症或性格障碍带有抑郁的病人）。有 50% 的项目直接关系到抑郁，四分之一关于低沉或者健康下降。老人往往有抑郁，是因为躯体主诉多，所以 D 分高。青少年平均 T 分为 47，老人平均为 55。这一分量表对情境性很敏感，所以因时间不同而有变化。

③ Hy（转换性癔症）。检出经典的转换性癔症。包括躯体症状和忽视躯体症状，也有一些抑郁项目，有一些项目是关于躯体的，有一些与 Hs 相重叠，另一半项目是关于否认或压抑原始冲动的，（答是）高分反映压抑或否认压制的矛盾。他们在紧张时倾向于出现躯体症状，他们被描述为天真、易受欺骗、随和、肤浅、需求多、无自知之明。

④ Pd（病态人格）。检出经典的病态人格，标准是在道德上的，不合群，但并不一定是反社会或犯罪的。重复和严重不顾社风习俗，情绪肤浅，不能吸取经验教训。（答是）测量这样一些行为，如冲动、社会判断不好、不顾规则和权威、仇恨、攻击。往往以婚姻不稳定，与近亲关系不稳定的人得分较高，不守规则的和有反社会的当然也会得高分，许多异质项目，但有关家庭冲突的项目较多。

⑤ Mf（男性女性倾向）。原来是为了检出有同性恋者。所以量表是按三种同性恋而编制。

男性青少年的假同性恋，没有实际同性恋关系，也无异性关系。多性人，是混合的，或同性或异性，二者均有兴趣。

排他的男性同性恋。也想编制一女性同性恋量表而未成功。男性 Mf 分高，可能为同性恋。有高智力，受过平均水平以上的教育程度的人，在此量表上是敏感的。可视为被动、敏感、软弱、有广泛的兴趣。

女性得高分，为男性化、进攻、冒险、兴趣范围狭窄。对女性来说，Mf 分低，指明普遍性拒绝男性，这些妇女喜欢与女子气男人结婚。

Mf 分随年龄增高，无论是男人或女人，年龄大的都变得越来越女子气。对女人，这个量表不指示学习成就。

⑥ Pa（妄想）。取样于一组经典的类偏狂病人，他们过于理论化，集中注意攻击一个人或一小组人。可反映猜疑、淡漠、残酷和在偏执者中所存在的防卫。高分倾向仇恨、好争辩、发怒、憎恶和极度谴责。

⑦ Pt（精神衰弱）取样于强迫观念和强迫行为以及焦虑病人。包括了焦虑、害怕和一般的强迫项目，每个病人的病状不同，很难建立统一的量表，高分者易于紧张、烦恼、先入之见和恐惧等，他们倾向于智力化和反复思考一些问题。

⑧ Sc（精神分裂症）样本为一些急性病人，没有取慢性病人。病人首次发病往往得分高（90～100或更多），慢性病人T分在75～85之间。与Pa重叠，与Pt和Sc相关高。强迫性神经症接近于思维障碍，二者的区别：Sc>Pt，病人古怪，缺乏自知力；Pt>Sc的病人主要是害怕和自我疑虑而无古怪、不可理解的现象。青少年Sc高一点，并不是精神分裂症。

⑨ Ma（轻躁狂）。最多的项目是活动过多，观念飘忽，言语欣快或好开玩笑。青少年倾向比中年和老年的Ma分高。

高Ma分的人有雄心，急于求成，工作中可突然迸发动力。如不是躁狂症，而Ma分很高，可反映无组织，注意力不集中。如果加上D和Si（社会内向）分低，倾向于谈话滔滔不绝，Ma分低表示步调慢，虽然是多产。总而言之，许多高Ma分的人有睡眠障碍，睡眠时间短，而又并不倾诉有睡眠障碍。

⑩ Si（社会内向）这是最后发展的一个量表。它是根据Wisconsin大学学生的内外向做样本而成的。是一个两维量表，高Si反映害羞和内向、过于控制、无力气、紧张、退缩。低Si反映外向、友善、缺乏控制、肤浅、进攻和冲动、向社会。

（3）MMPI的剖图和编码解释。原来认为临床量表中某一量表的T分达到70（MMPI-2为65）时便有解释意义了，而且多与精神病诊断联系。例如，D量表的T分为70或以上，便可解释此人有抑郁症状。其实，不少人的D量表T分达到或超过70，实际是正常生活和工作的人。许多这样的情况告诉MMPI的使用者，不能用单一T高分来进行解释，并发现某些临床症状与一些量表的T分分布型式有关。例如，精神病人往往是D，Pd，Pa和Sc分最高，而神经质者往往是Hs，D，Hy和Pt得高分，而诊断为人格障碍或违法者通常是Pd，Sc和Ma得高分。所以对量表的T分剖图（profile）型式进行分析在解释上更有意义，现在应用MMPI时，不再只联系精神病症状，更多地联系人格特点来做解释。

此外，又发展了编码（coding）方法。编码系统不止一个，这里以哈什伟系统为例。这个系统的编码方法如下：第一步将剖图的临床量表从左到右依次用1到10（用0）数字编号，例如HS量表为1，D量表为2，以此类推，Si量表为0。第二步把T分最高的量表号写在最左边第一位，次高的写在第二位，以此类推，T分最低的量表号写在最后。例如，某人的D分最高，其次为Mf，那么编码为25，此处2是D的号次，5是Mf的号次。D高于Mf，故编码为25。若Mf高于D，便编成52。仿此方法编入其他量表号，例如，25′37814-690。这一编码的意义是有（′）号的，2和5的T分均在70以上，2比5高，

5 记了（′），所以 2 不必记（′）了。7 和 8 是相邻两量表，同样高（T 分相差不到 1 分），用底线将两个量表号连起来，在连字号"—"以下的表示 T 分小于 54。最后，观察 L、F 和 K 的粗分。如果 L 的粗分等于或大于 10，或者 F 的粗分等于或大于 16，便在临床量表的编码后画一个 ×。表示此剖图无效。按这一编码系统来分析 MMPI 的剖图时，神经质者的剖图型式可用 13 或 31 的三合一配合型来表示，在 13 中表示 1 和 3 为最高分，1 比 3 更高，2 为最低分；与此相似，在 31 时，是 3 比 1 高，2 低。13 和 31 三合一配合型恰成 V 字形，所以有时又被称"转换 V"，意指这种型的 MMPI 结果常常见于转换癔病患者中。在精神病人中，发现 6、7、8 和 9 几个量表有特殊分布型式，即 6、8 得分高，7、9 得分低，恰好形成一个山谷，因此称作"偏执谷"（paranoid valley），可编码为 68 或 86。

4.MMPI/MMPI-2 的评价

对 MMPI 的评论非常多，总体来说，该量表有很高的应用价值。但是从心理学角度来看，认为回答"是"或"否"的项目数失调，一些项目重复出现于几个量表（如：L.K.7、8、9），原量表中的某些分量表效标样本代表性欠佳；临床家认为量表内容太多，施测时间过长。新量表对上述有些缺点做了改进，但是有的老问题依然存在（"是""否"回答数失调和实施时间过长）。由于 MMPI-2 问世时间还不很长，在此尚难做出全面的评价。

（二）加利福尼亚心理学调查表（CPI）

CPI 是高氏（Gough, 1957）所发展的一个为正常人所用的人格测量工具。是自陈量表，用于 13 岁和以上的人。

高氏编制 CPI 的目的有二，一是理论性的，应用和发展具有人与社会相互作用的描述性概念，找出对人的行为作观察时的描述方法，使得人们对自己了解得更好些；二是实际的，为了认识和测量各变量，设计一套简便而又可靠的量表，来预测人们在一定情境下会如何说和如何做。

1.CPI 的简史和结构

高氏于学生时代起便研究 MMPI 和与之有关的一些人格量表，因此受到这些测验的影响深，也为他发展 CPI 打好了基础。在 MMPI 问世后，曾经有过几个与 MMPI 的构架相似而用途各异的人格量表，其中有一个名为《明尼苏达咨询调查表》（MCI），这是用于测量 9 至 12 年级的男女生的适应能力的，但未传于世。不过，其中许多项目已成为 CPI 项目库的组成部分。在 CPI 中更多的项目来自 MMPI。CPI 的目的与 MMPI 不同，MMPI 主要是为精神科临床而用，而 CPI 多为大学生或青年人咨询所用。

原 CPI 出版于 1957 年，于 1964 年和 1975 年做过修订。原 CPI 的 480 个项目中有 178 个取自 MMPI，另外 35 项也与 MMPI 的相似。根据相关统计，CPI 各量表中属于 MMPI 性质的项目从 4%（Cm）到 91%（Wb），故可说 CPI 是 MMPI 的姊妹量表，也可说是"无疾病的 MM-PI"。CPI 分 18 个量表，这些量表分成四个级次。

在 1975 年的 CPI 手册中，常模样本男性 6000 名，女性 7000 名。分精神病人、犯人、少年违法者和不同职业群体建立的常模（均数和标准差）。重测信度系数各量表分别为 0.38～0.77，平均 0.66。项目分半相关系数为 0.63～0.86，平均为 0.78。

1987 年做了修订（Gough，1987）。修订本从 480 个项目中保留 462 个，在原 18 个量表中增加两个新量表（通情和独立性），这个新修订的版本分成三组。第一组包括 18 个原来的量表和两个新量表，第二组包括一些特殊目的的量表、指数和回归方程，第三组代表理论模式，包括三个主要主题，如人际方向，合规范的眼界和现实化三个向量（Vector）（V0.1，V0.2，V0.3）。

1996 年的修订本（Gough 和 Bradley，1996）将项目减少至 434 个，分 20 量表。

已有一些国家翻译和 / 或修订了 CPI，我国也有修订本（杨坚和龚耀先，1987—1991）。

CPI 的因素分析。有 5 个因素：① 因素 1，最大的因素，系驾驭冲动和社会化，Sc 负荷最高（0.93）；② 因素 2，第 2 个分数高的是人际关系的有效性（有的心理学家称之为外倾），Do、Cs、Sy、Sp 和 Sa 负荷都较高；③ 因素 3，有不同称呼，较多的称为适当的机变性，Ai 和 Fx 负荷高；④ 因素 4，传统价值观念的内在化，有时称超我强度（super-egostrength），Cm 和 So 负荷高；⑤因素 5，女人气，Fe 高分。

2.CPI 的实施和结果解释

实施方法。实施方法同 MMPI。CPI 用于中学和大学生时，可用团体或个别方法，无时限，一般 45 分钟至一小时可答完所有项目，再按常模将粗分换算成 T 分。如 MMPI 一样，也可以用计算机来实施和记分。

CPI 的结果解释 CPI 的三个效度量表是 Wb，Gi 和 Cm。Wb 和 Gi 两量表是在正常人中由装坏（Wb）或装好（Gi）的这些项目所组成，而 Cm 量表的项目有 95% 或更多的受试者用一特殊方式来回答。高 Wb 分（原称掩饰）的受试者可能会否认或缩小他们的问题；而很低的 Wb 受试者可能夸大他们的问题，或者试图表现得比他们实际的适应更差一些。高 Gi 分，指示有缩小问题和否认病理症状的倾向，是测量社会嘉许回答的一套量数。Cm 量表指示受试者回答是任意的，要不然便是回答不实的。

在解释 CPI 时必然先审视这三个效度量表的 T 分，如果它们非常高（70 或以上），或者非常低（30 或以下），那么这剖图可能无效，便不能解释。有效的社会和智力功能是 T 分高于平均（50），但是此时不可能所有量表高低一致，在一个级里的分数，可能会在一个量表里很高，而在另一些量表里却很低。还应注意在特殊量表上的高和低和剖图的变异。高和低的意义，在手册里有说明。

3.CPI 的评价

关于 CPI 的研究报告有很多（数以千计），信度研究结果在 0.2～0.5 之间。从心理测量学角度来看，人格测验的信度比能力测验的信度低，那么这一测验的信度也可以接受的。对职业的预测效度比较成功的有法律、护士、学校成绩、医学（A 型人格）、药瘾等。它的历史比 MMPI 的短，但是应用范围正在扩大，应该格外用的国家也在增多，估计它在咨询工作中，是一个很有前途的人格测量工具。

CPI 同 MMPI 一样，有心理测量学上的缺点，如项目重叠，"是否"回答数目不平衡。以测量项目和分量表的选择来看，偏重通俗概念，缺理论基础。虽然如此，它如同 MMPI 一样，是一个有实际应用价值的人格测量工具。

（三）修订的 90 项症状校核表（SCL-90-R）

1.SCL-90-R 简史

症状校核表简称 SCL-90，修订本称 SCL-90-R，系兑若格提斯等（Derogatis & Derogatis，1975）从"贺普金斯症状校核表"（HSCL）发展而来，而 HSCL 又出自"康奈尔（Cornell）医学指数"（CMI，Weider 等，1948）及"不适量表"（DS Parloff 等，1954）。在 SCL-90 中的有些项目还可溯源于吴伟士（Wood worth，1918）的现代第一个自陈症状调查表。SCL-90 成于 1973 年，于 1975 年修订成 SCL-90-R。这个量表是以临床和理论为基础而编成的，内容包括了 90 个项目，分为 9 个主要症状维度和 3 个苦恼（distress）指数。

SCL-90-R 只有 90 个项目，比起其他人格量表（特别是比 MMPI）来已经简短了许多，但临床家可能会因为时间很有限，总希望有更简短而又有效的量表，加上其他许多量表有简式，兑若格提斯也编了一个简式称"简短症状调查表"（BSI）。BSI 只有 53 个项目，其测量的维度和指数均与繁式 SCL-90-R 相同。

我国王征宇（1984）和金华等（1986）翻译了 SCL-90，并建立了常模，但尚无 SCL-90-R 的译本。

（1）SCL-90-R 的 9 个维度

① 躯体化（12 项）　⑥ 仇恨（6 项）

② 强迫观念和行为（10 项）⑦ 恐怖焦虑（7 项）

③ 人际敏感（9 项）　⑧ 偏执观念（6 项）

④ 抑郁（13 项）　⑨ 精神质（10 项）

⑤ 焦虑（10 项）

（2）三个总量数

① 总严重指数（GSI），即 90 项的平均分。

② 阳性症状苦恼指数（PSDI），系每一症状评定 1～4 级的平均，评定为 0 的在外。

③ 阳性症状总数（PST），系主诉症状数目，即是评定为 0 以上的项目之和。

2.SCL-90-R 的常模

在美国有 4 个常模：精神科门诊（常模 A）；社区门诊病人（常模 B）；精神科住院病人（常模 C）；青少年门诊病人（常模 D）。这 4 个常模都分不同性别。

常模 A：样本为 1002 名异质的门诊病人，来自某州的东部和中西部的 4 个教学医院的精神科门诊就医病人。男性 425 名，女性 577 名，约 2/3 为白人，基层社会的为主。

常模 B：973 人，在州的东部的一个县，按分层随机取样，男女分别为 50.7% 和

49.3%，白人占 49.3%，黑人 11.6%。平均年龄为 46 岁（未说明社会层次）。

常模 C：423 人，3 个东部医院的病人，女性约占三分之二，白人占 55.7%，黑人占 43.6%，属中下层社会的居多。

常模 D：806 人，取自中西部的两地区学校，女性占 60%，几乎全是白人，中层社会的居多。年龄为 13～18 岁，平均 15.6 岁。

3.SCL-90-R 的信效度研究

（1）信度研究。兑若格提斯对 SCL-90-R 的信度检验有内部一致性及重测信度"因素稳定性"。内部一致性检验是对 209 名自愿者进行的，用 α 系数，结果最低的为 0.77（精神质），最高的为 0.90（抑郁）。还有其他人也有过研究，也是抑郁的重测相关最高（0.90）。因素稳定性是多维评估的一种特点，简言之，是指在突出的回答参数（如年龄、性别、民族、社会阶层）变更时，维度（因素）保持稳定。SCL-90-R 男女样本在 9 个因素的稳定系统水平，除偏执观念外（只有中等度的稳定性）都达到了可接受的水平。有一些关于病人和医生评定结果的一致性的研究说明，除抑郁和焦虑因素外，其余都是一致性很高。

（2）效度研究。传统的心理测验效度的概念是指能否达到本测验的目的。那么 SCL-90-R 的目的是什么？可以概括为四：① 从明显正常的人中发现症状即病理心理症状；② 估计症状的改变，指特殊的和一般的二者；③ 形成临床预测的基础；④ 允许临床家用对病人的因素剖图的恰当估计来指定一个 DSM Ⅲ 精神科诊断。根据大量的文献报道，不少作者认为这个量表在某些方面已达到上述目的。近来心理计量学家则侧重把结构效度作为效度的主要标准。

效度化程序是广泛的，包括预测的、内容的、辐射的、鉴别和其他形式的效度研究。

辐合鉴别效度是一种基本的效度形式，它主要是与测量相同结构的不同量数有明显相关，而与不同结构的则很小或没有相关。将 SCL-90-R 与 MMPI 进行对照研究结果明确表明（Derogatis，1976），SCL-90-R 的诸位度除了强迫观念和强迫行为外（因不能与 MMPI 直接相关），与 MMPI 的结构都有很高相关。还有其他人与另外的量表做过相关研究，也有上述相似结果。

在一个效度研究中与结构效度更加直接有关的是兑若格提斯等（1977）假设的，在 SCL-90-R 中每一个项目与一因素的负荷为 1，而与所有其他因素则负荷为 0，通过对 1002 例精神科门诊病人结果的因素分析，发现 SCL-90-R 的假设维度结构是清洁的（意指很纯），唯精神质维度表现有些分散（没有其他的那么纯）。

有许多研究说明，SCL-90-R 的抑郁分与其他抑郁测量，如"贝克（Beck）抑郁量表"，"让克曼（Zuckerman）和卢宾（Lubin）的多项情感形容校核表，""瑞斯克（Raskin）抑郁筛查"，"汉米顿（Hamiton）抑郁评定"以及"流行学抑郁量表"（CED-D）等的相关都很显著，因此可以说，CL-90-R 有好的"辐合性效度"。"米伦医院问卷"的躯体症状、强迫观念和强迫行为、抑郁、无定焦虑、恐怖焦虑、偏执和总分与 SCL-90-R 相应的躯体化、强迫性、抑郁、焦虑、恐怖焦虑、偏执观念和总严重度指数有非常显著或显著的相关。

1975 年至 1991 年发表的有关 SCL-90-R 的效度研究报告达 600 余篇，说明了该测验的敏感性，对治疗干预的估计作用，建立起了大多数主要诊断组的特征性 SCL-90-R 剖图。此外，还研究了 SCL-90-R 被利用到测量大多数主要躯体病组（如外科整形、心血管病和肾病等）和一些特殊障碍组（如饮餐障碍、应激和疼痛等）的效度。

4.SCL-90-R 的结果解释

（1）解释按三个有区别又有联系的量数来进行总分、维度分和项目分。对 SCL-90-R 的最终解释也取决于这三个量数。

总分（GSI），是代表回答者心理苦恼水平的最敏感的单一数量化指针，它反映个人经验的苦恼表现数目及其苦恼强度；PSDI 是一个纯经验量数，可提供回答者的苦恼风格信息。也就是说，一个人是否倾向夸大，即扩大苦恼；或者是一个缩小者，利用缩小的陈述。PST 揭示症状数目，它有利于对症状宽度和布局（个体现在体验的）的解释。SCL-90-R 无正式的效度量表，而 PST 能提供回答者是否企图有意不表现自己的状况。PST 分如在正常女性成人为 3 或更少，正常男性为 2 或更少，便极不常见，可视为受试者有一些疑虑。PST 分女性大于 70，男性大于 65，也是少见的，除非是住院的精神病人。虽然这些指针未经提炼，也有可能有助于确定一些个人在社区人群中是否有特殊的回答风格。

（2）维度分数和剖图

SCL-90-R 虽然不长，仍然可以做出一个多维症状剖图，这比单维症状图要好，因为可增加临床评估宽度，提供一症状群内容。

（3）个别症状

解释 SCL-90-R 时，还应利用测验的个别项目或症状，这不仅要参考 83 个项目，包括了 9 个症状维度，同时还有 7 个附加项目。例如，为了增高抑郁分而加一个自杀观念（第 15 项）。在解释时，便不同于虽然抑郁分相同而缺乏自杀观念这一项目，在这个例子里，自杀观念应被作为明显症状来对待，缺乏它对临床决定的作用就不相同。另外，抑郁水平与早醒（第 64 项），缺乏兴趣（第 32 项）和内疚（第 89 项）结合时，可能是一种重大情感障碍的信号。所以，同样的抑郁分与相伴的症状不同相结合，其解释便不同。这些邻近项目不是任何特殊维度结构中的纯单一症状，它们代表临床有意义的症状表现，不是独立于任何 SCL-90-R 的主要症状维度。例如，失眠和食欲问题，不是重要的临床表现，它们不单独发生于一个特殊的症状群中，但它们出现于一特殊案例时，能作为临床决定的有力助手。

5. 简短症状校核表（BSI）

BSI 由 53 个自陈项目所组成，它能反映 SCL-90-R 的 9 个症状维度，同 SCL-90-R 一样，有三个苦恼指数；一般严重度指数（GSI）、阳性症状苦恼指数（PSDI）和阳性症状总数（PST），其意义与 SCL-90-R 的相同。BSI 的常模：（1）974 名社区正常人；（2）1002 名异质门诊精神病人；（3）423 例住院精神病人；（4）2408 名无病的青少年。BSI 的一致性信度：

719 例精神科门诊病人的 α 系数,9 个维度的从 0.71(精神质)到 0.85(抑郁)。重测相关(相隔两周),60 例门诊病人,其 r 值从 0.68(躯体化)到 0.91(恐怖焦虑),总严重指数 0.90。

6.SCL-90-R 的评价

论者们指出了 SCL-90-R 许多优点:内容简短,量表的繁式也是比较简短的,适合临床家应用;记分比较直接,解释也比较容易,所以被认为是一个有兴趣的和可靠的自施的精神科症状校核表,对研究有用,特别对估计症状改变有用。然而,也不无不足之处,有论者指出手册没有说明自我实施时所需要的阅读水平,青少年的常模样本所覆盖的年龄太宽。还有人指出,迄今为止,这量表没有确定测量了多少独立的异常人格维度,无根据说明它是临床精神病的筛查工具,还是精神病的诊断工具。

(四)艾森克人格问卷(EPQ)

1.EPQ 的简史

艾森克(H.J.Eysenck)在研究神经症时,于 1952 年首先于英国麻斯里(Maudsley)医院编成“麻斯里医学问卷”,用 40 个项目来调查情绪的稳定性(现在的 N 量表,N 乃 neuroticism 之略,译作神经质)。1959 年又加上调查内外向(现在称 E 量表,E 乃 Extrovision 之略,I 是 introvision 之略,前者译成外向或外倾,后者译为内向或内倾),将此量表改称麻斯里人格调查表(简称 MPI)。1964 年加上一个效度量表 L(Lie 之略,现在称掩饰量表,原意是调查对项目回答真实与否的),自此称艾森克人格调查表(简称 EPI)。1975 年加入 P 量表(psychoticism 之略,译作精神质),称艾森克人格(或个性)问卷(简称 EPQ)。

现在常用版本是 EPI 和 EPQ 两种,在一些国家有修订本。EPI:英国版(1963—1964 年),分 A 和 B 两式,适用于成人,常模含各年龄组的均数和标准差。美国版(1963—1969),分 A 和 B 两式,适用于 9 ~ 16 岁学生和成人。EPQ:英国版(1975),分儿童(7 ~ 15 岁)和成人(16 岁和以上)两式。美国版(Eysenck,等 1975—1976)也分儿童和成人两式,年龄划分同英国版,儿童常模是基于英国的,成人有初步的美国常模。我国的修订版有陈仲庚(1983)的北京市区域性成人常模,龚耀先等(1984)的全国儿童和成人常模。

2.EPQ 内容

这是一个包括三个人格维度量表(E、N、P)和一个效度量表(L)所组成的自陈人格量表,回答是选择“是”或“否”。Eysenck 对人格结构提出多维论。在他的人格量表中每个分量表代表一维度,在这维度上人格表现分不同程度,而且有两极性。例如,E 量表是测量外向和内向的,从外向到内向两极之间有各种程度的区别,即是从非常外向到外向、比较外向、外内向平衡、比较内向、内向和非常内向各种程度。其他维度以此类推。同一维度之间不仅有这些程度的区别,各种程度的人同时可按另一维度(例如 N)来划分成各种程度。用这两个维度来描述人们的人格类型时,以 E 维作横轴,N 维作纵轴,便构成四个象限:外向—情绪不稳、外向—情绪稳定、内向—情绪稳定、内向—情绪不稳。艾森克认为，是由 E 和 N 维构成的四相，分别相当于传统的四种气质中的胆汁质、多血质、黏液质和抑郁质。如果以 E 和 N 的交点为圆心作一圆时，在圆周上便有从一想到另一相的各种移行状态，这样一来便可将人们划分成许多人格类型了。

3.EPQ 常模样本

成人原版（1975，101 项）常模样本：分男女和不同年龄建立均数常模，男性 2312 名，女性 3262 名；年龄分组：16～69 岁，除 16～19 岁为一组外，其余均为每 10 岁一组，共 6 组。男性各组人数不一，59 岁以内每组 208～768 名，60～69 岁组最少，只有 65 名。女性各组人数比率大体如上。

异常组分精神病患者，神经病患者，抑郁，犯人，药物癖，人格障碍，性问题，酒精中毒者，男性共计 1502 例，女性 652 例，各群体人数非常不一，男女均是属人格障碍的少，精神病诊断的多，在男性犯人中更多（占男性三分之二以上）。

儿童原版（97 项）常模样本：分男女和年龄建立均数常模，7～15 岁，每一岁为一组。男孩共计 1751 名，女孩 1636 名，各组人数不一，无异常组。

陈氏常模（1983）：从成人原版中筛选出 84 项，补 1 项，共计 85 项，组成成人量表。在北京市取正常人 643 名，男 368 名，女 275 名，年龄 16～69 岁，其中以 25 岁至 35 岁最多，文化以中等为多，职业以文教人员最多，建立起了均数常模。

龚氏常模（1984）：常模样本选择：第一步用 EPQ 原版在全国六大区中 13 个省市的城市与农村共取样正常人 6418 名。成人 2517 人，儿童 3901 名；男 2517 名，女 3901 名。成人包括多种教育程度和各种职业者，儿童均系在校学生。计算各分量表的均数和标准差，发现年龄和性别的记分基本与英国的相近，证明本量表可用于我国。第二步根据人口资料影响人格的一些重要变量如性别、年龄、职业、地域等。用分层比率的方式从 6418 名中取成人和儿童 1000 名，男女各半，成人 16～60 岁以上，按原量表方法分成 6 个年龄组，儿童 7～15 岁，每一岁为一组，共 9 组，两个样本的各组人数相等。经项目筛选，成人本从 101 项中，儿童本从 97 项中均恰好筛选出 88 项，组成修订的 EPQ，在修订的 E 分量表中的项目，都来自原 E 量表，但在 N 及 P 量表中的项目，与原量表相比，有互换现象。常模形式或分男女及各年龄组有均数常模及 T 分常模两种。

4.EPQ 各维量表的解释

（1）典型外向（E 分特高）：爱社交、广交朋友、渴望兴奋、喜欢冒险、行动常受到冲动影响。反应迅速、乐观、好谈笑、情绪倾向失控、做事欠踏实。

（2）典型内向（E 分特低）：安静、离群、保守、交游不广、但有挚友。喜瞻前顾后、行为不易受冲动影响、不喜欢做兴奋的事、做事有计划、生活有规律、做事严谨、倾向悲观、踏实可靠。

（3）典型的情绪不稳（N 分特高）：焦虑、紧张、易怒、往往又有抑郁，睡眠不好，往往有几种心身障碍。情绪过分，对各种刺激的反应都过于强烈，动情绪后难以平复。如与外向结合时，这种人容易冒火、激动，以致进攻。概括地说，这是一种紧张的人，好抱偏见，以致错误。

（4）情绪过于稳定（N分特低）：情绪反应很缓慢、很弱、又容易平复。通常是平静的，很难生气，在一般人难以忍耐的刺激下也有所反应，但不强烈。

（5）P量表：P量表是新发展的一个量表，有些研究发现，与N量表有一定相关。艾森克将下面的一些人格特点都归于P量表内：P分高的成人表现为不关心人，独身，常有麻烦，在哪里都感不合适。有的可能残忍、不人道、缺乏同情心、感觉迟钝、常抱敌意、好进攻、对同伴和动物缺乏人类感情。如为儿童，常对人仇视、进攻、缺乏是非感，无社会化概念，好恶作剧，是一种很麻烦的儿童。EPQ中的EN是两极量表，也就是说高分和低分均有意义。而P量表是后来发展的，是否为两极量表，艾森克并未清楚进行说明。从P的内容来看，是一些人格问题的项目，有这些问题当然有解释意义，没有或很少有这些问题的人，应该是正常的，如果是这样，P量表便是单极的。

（6）L量表：原来作为效度量表，实践说明L分高不一定就是回答不真实。研究（包括MMPI的L量表）者们发现，它的得分高低与许多原因有关：如年龄（中国常模是年龄小的儿童和老年人的偏高）和性别（女性偏高）有关。国外研究表明，美国移来民族高于本地民族，农村入城的高于城市居民，有虔诚宗教信仰的得分高。笔者将英国人、希腊人与中国的EPQ中的L分进行比较时发现，中国人和希腊人的L分较高，英国人得比较低，因此认为L分与民族差异也有关系。艾森克认为，EPQ中的L量表是否也测量了某种人格维度有待进一步研究（Eysenck，1975）。

5.EPI和EPQ的评价

艾森克的人格测验，是以他的多维人格理论为基础发展来的，内容较少，操作及解释均不太复杂。EPI或EPQ不仅在欧洲常用，在美国也是常用的人格测验之一。在我国现在常用人格测验中，首推MMPI和EPQ。这本来是一个以纯理论为基础编制的人格量表，但是作者提供了许多临床群体常模，所以在临床上也很有用处。而它的不足之处也恰好是测量的人格维度有限，不便对人格进行全面深入研究。此外，新发展的P量表性质也还有待继续研究。

（五）16项人格因素（16PF）

1.16PF的简史和理论

16项人格因素问卷（16PF）系卡特（CattellR.B.，1970，1986）所编，目的是确定和测量人格基本的根源特质（source traits），经过10年研究，于1949年第一次出版人格因素分析的结果，编制了一个评估6岁和以上年龄的人格调查表。对该量表曾经多次修订、补充和发展，现已广泛使用，我国刘永和对此测验做了修订，此后在辽宁及上海相继建立了一些群体的常模。

此量表是根据人格特质说，采用因素分析方法编制的。卡特从人们描述人格特质的词汇表中分析出人格基本的根源特质。原来阿尔波特等（1936）从字典中收集了17953个人格描述形容词，将相近的加以合并，成为一个4504个描述人格特点的词汇表，卡特再减少到171个特质名称。先由大学生来评价他们的相识者，将结果进行深入分析，得出31簇外观特质（surface traits）和12个根源特质。又编成两极性评定量表，用于大学生、军队和临床。经过因素分析，得出15个因素，加上智力，成为16项人格基本因素。从这16个外观因素中还分析出8个第二级因素。

2.16PF的形式和实施方法

（1）结构。本量表分A、B、C、D和E五式。五式的主要区别是内容长度和实施所需时间不同。A或B一般每量表各有10~13项，共187项，C或D各量表分别为6~8项，共105项。实施时间，前者一般需要45~60分钟，后者25~35分钟。E含128项，为阅读水平低的人而设计。A或B符合于8年教育程度者，C、D为6~7年，E为3~4年。

（2）效度量表。避免动机不端效应的措施：设计这些问题时经常考虑到回答时是不是易于引起动机不端和精心伪装自己的可能性，编制测验尽量把这些可能性减少到最低限度，对每一个因素尽可能地用中性价值的问题，同样重视社会嘉许和不嘉许的两端。再者，选用项目不是凭"表面效度"，这也就是说，它们并不明显地关联特质，但又测量了这些特质。识别常见的动机不端，可利用如下三个量表："装好"，"装坏"和"任意回答"。装好的企图是受试者把自己装扮成社会所欢迎的，装坏是相反的倾向。任意回答比较难记分，用了一些在标准的16PF中不常有的项目。

已发展了一些关于16PF的记分和解释用的程序：为精神病学家、心理学家、社工人员和医生用的"Kanson临床报告"，为婚前咨询用的"婚姻咨询报告"，为职业咨询用的"人事职业发展剖图"，供法律上选用的"法律实施和发展报告"等。"临床分析问卷"（CAQ）的目的是测量精神病理症状群，如疑病、偏执和精神分裂等。

（3）实施方法。16PF也是自陈式，有问卷和答卷。回答是强制选择，A—D四式是从三个回答选一个，E是二选一。无时限。结果分析有手工和机械两种。记分先统计粗分，再将各量表分换算成标准分10分（1~10分）。平均为5.5分，均数±1标准差约在4~7之间，为平均范围，常模是按文化程度设立的。

3.16PF结果的解释

对16PF的解释，首先要掌握每个主要因素和第二级因素的意义，包括了在这些因素上得分高低的意义。这是最基本的，其他的解释技术都不能脱离这一基础。

剖图法是通用方法，将受试者在各人格因素表上得到的粗分换算成标准分（1~10分），再制出剖图，参照不同效标组的剖图分布类型来进行解释。

另一方法是效标估计法，采用统计程序，即将每一因素分别乘一个特殊的加权分来预测行为或分级。

4.16PF的评价

从心理测量学的观点来看，项目多用中性词句，不那么露骨地联系到人格。每一因素

（分量表）两端都有愿意接受的和不愿意接受的，如此处理，可以减少回答偏差。每一项目只出现在一个量表中，回答是或否的项目平衡，可有利避免定势选择回答的倾向，分别设立不同文化程度和年龄的用表，实施时间不需很长。所有这些都是 16PF 的优点。

研究者们也提出了一些问题，如简式（C 和 D）的信度和效度低，这可能是由于简式的项目数太少。卡特已认识到此问题，曾提示使用 C 和 D 式做解释时，还应参照 A 和 B 的结果。另一个问题是 16PF 的适用界限不清楚，虽有婚姻、法律和临床用的一些程序，但有关项目太少，在 16PF 的手册上（1970）无多少资料可参考。16PF 各式之间的交叉信度低，研究者提出，这说明不同人群之间的因素结构不稳定。还有人提出，16PF 对人格的描述采用了不少生涩难认的字，为读者的理解带来了困难。

虽然如此，16PF 仍不失为一个知名的和用得多的人格量表（是 MMY-9 中 50 个常用测验的第 13.5 位）。

三、常用投射测验

古人常从云的变化想象出各种形状的人与物（Aiken，1996）。"天上浮云如白衣，斯须变幻为苍狗"，这是杜甫从白云变幻中想到的。斯腾（W.Stern）的云图测验（Cloud Picture Test）现在来看，应是投射测验了。戈尔登（F.Galton，1879）的词联想测验，为克利丕林（E.Kraeplin）和荣格（C.G.Jung）修改后用于心理诊断和心理治疗，现在投射测验已成为心理测验的一大门类。在这里讨论几种常用投射测验。

（一）洛夏测验

1.洛夏墨迹测验的简史

洛夏测验（Rorschach Test）是洛夏（Hermann Rorschach，1921）所创，国外有时称洛夏墨迹（Inkblot）测验，或洛夏技术，或简称洛夏，国内也有多种译名，如罗夏测验和罗沙克测验等。H. 洛夏 1921 年正式发表他的专著《心理诊断》（Psychodiagnostik）时，是用作一种测验认知，特别是测验想象能力的测验，以后才被纳入投射测验这个门类内。发展这一测验的历史很长，至少可以追溯到 18 世纪在欧洲流行了百来年的"泼墨"游戏（将墨水泼在白纸上，成为不同形状和墨色浓淡不一的墨迹，由此引发联想）。心理学家曾用这种"泼墨"方法来分析视觉和联想，如法国的比纳（Binet）和宾利（Benri）（1885，1886）就曾在他们的智力测验中试图结合墨迹图，后因不便于团体测验而作罢。当时在美国和欧洲发表了几篇用墨迹刺激来研究想象和创造思维的论文（1897—1917），怀普尔（Whipple，1910）提出了标准墨迹图，并在《心理物理测验手册》中将那时的墨迹实验工作进行了综述，主要是论及想象过程。后在剑桥大学用墨迹作为研究知觉和想象的部分手段（1916），H. 洛夏在布洛勒（E.Bleuler）指导下，用墨迹方法做了毕业论文。布洛勒的另一名学生享斯（S.Hens）用 8 张墨迹图研究了 1000 名儿童，100 例门诊成人，100 例精神病人，认为回答内容分类有助于诊断，洛夏在成千的墨迹图中筛选出 40 个，其中有 15

个常用，再收集了正常成人及不同诊断的病人共 405 例，发现其结果与他的毕业论文中的结果极其相似，证明精神分裂症病人的回答有特殊性。他发展了第一套记分法，当时他很少或没有考虑回答内容和回答方式，只注意回答墨迹图的部位，第二套记分法才注意决定回答的因素。在出版他的专著和这些图片时多次受阻，主要是因为费用昂贵，1921 年在 Bern 的一个小出版社（House of Bircher）同意出版 10 张图（现在的瑞士标准图），但是由于出版的图与原图不同，主要不同之处是尺寸缩小了，五张黑色、两张黑色加部分红色、三张彩色都成了阴影图。原来收集的资料都不是用这种墨迹图，所以必须重新收集资料，再编手册。不幸 H. 洛夏事业未成身先死（1922），他的专著《心理诊断》及图片只卖出几套。幸后来为一家权威出版社 Veslag Hans Hubber 出版，该测验发行量大增，因此很快在欧洲流传开来。至 1942 年《心理诊断》译成英文版，在英语国家也流传开了。至 20 世纪 40 和 50 年代，它是主要的临床心理测验，有关它的研究论文非常多，在 MMY-3 中有文献 452 篇，从 MMY-4 到 MMY-9 时，分别有 621，1078，734，455，360 和 79 篇。MMY-5 中文献最多，之后逐渐减少，但是在 MMY-9 中的文献中，仍占第 9.5 位，在记分和解释上发展了一些流派，并出现了一些不同版本，瑞士版是本测验的国际通用版。我国在 40 年代后期引进，50 年代初笔者曾用于临床，按 Beck 系统记分，1985 年起在全国取样千余名，按勒克斯内（J.Exner）综合系统处理资料，建立一些主要变量的标准。

2. 洛夏测验材料、性质和实施方法

（1）测验材料。现在西方有几种洛夏测验墨迹图，但公认的还是瑞士第一次出版的 10 张图。曾有一些研究者试图发展另外的平行本图卡（"Be-hn-Rorschach" 平行本），不过都未成功，因为经研究与洛夏并不平行。贺兹曼（Holtzman，1961）发展了另一套墨迹测验，称贺兹曼墨迹测验（简称 HIT），包括 45 个墨迹图，有平行本，也为 45 张图。在实施、记分和解释方法上与洛夏测验有很大不同。

（2）洛夏测验的性质。现在心理测验的分类，将洛夏放在投射测验一门类，并作为这一门类的代表。它是不是人格测验？很难用"是"或"否"来回答，保守一点地回答，它测量了人格，但不只测量人格。它是不是投射测验？回答也与此相似，投射测验这一门类，是后来形成的，洛夏测验被纳入这一类。在形成这个门类时，必定参考它的许多特征，甚至现代心理测验学中提出的投射测验的特征（如前面所述）即洛夏测验的特征，洛夏测验便当然属于投射测验了。在这里，不详细讨论它的性质，只介绍一下洛夏本人及勒克斯内等人的有关叙述，请大家看看该测验的材料、实施和解释等，然后自会做出个人的结论的。

H. 洛夏本人提出，对墨迹刺激的回答，是通过记忆痕迹和由刺激图像所引起的感觉综合后而形成的。他认为，这种综合和将刺激的感觉与已存在的记忆痕迹相匹配的努力，是在意识中进行的。也就是说，受试者认识到墨迹不同于在记忆中储存的客体，因为测验方法需要受试者去认定墨迹为某些东西。其实并不是这些东西，不过与这些东西相似而已，H. 洛夏将这个描述为联想过程，他设想人们将刺激感觉与存在的记忆痕迹相综合或相类比的能力"阈限"是不同的，人们的回答多少的主要原因是"阈限"的不同。从这观点出发，他否认在回答的形成过程中有潜意识因素的作用。他认为回答过程是一种知觉和感觉。H. 洛夏还认为在测验的基本过程中，很少或没有想象，但在修饰回答时可能出现想象。他觉得这就反映出现象的创造性的性质。勒克斯内对此感慨地说，如果 H. 洛夏能有长一点寿命，可看到 Murray 的投射概念或 Frank 的"投射性假说"，那么，他将会愿意将这些观点引用到回答中。

（3）测验的一般方法。现代的洛夏测验方法，已经有了不少流派，其中有五个主要流派（Edner, 1969），或者称五个记分系统，如：① 贝克（Beck）系统；② 克洛普费（Klopfer）系统；③ 赫尔兹（Hertz）系统；④ 派洛夫斯基（Piotrowski）系统；⑤ Rapaport-Schafer 系统。勒克斯内（Exner）提出一个综合系统，如果加上这个综合系统，便成了六个记分系统。不管是哪一系统，所用材料均是瑞士版 10 张图，这是相同的。在实施和记分方法上，也大都遵守了 H. 洛夏的主要方法，不过各家的记分和解释有所不同。10 张图片有一定顺序，施测时按顺序一张一张地交到受试者手中，要他说出从图中看到了什么，不限制时间，原则上也不限制回答数目，一直到没有回答时再换另一张，每张均如此进行，看完 10 张图后，再从头对每一回答都询问一遍。问他看到的是图整体或是图的哪一部分，问他为什么说这些部位像他所说的内容，将所指部位和回答的原因均记录下来。这一步骤的前一部分（问他看到了什么）称联想阶段，后一部分（决定回答因素）称询问阶段。完成这两个阶段后，受试者的任务即告完成。余下的工作是主试者的结果分析阶段。

3. 洛夏测验的记分或编码

（1）回答部位。每一回答包括了整图或图的某一部位，用符号 W.D.Dd（Dr）和 S 表示。

W 是根据全图来回答，如忽略了其中的某一小部分，也可记为 W 或 W'。D 是常见回答，Dd 是不常见的，二者都是指图的一部分，其区别根据样本人数来决定，常模样本中有 5% 和以上的回答都指向这个部位就称 D；少于 5% 的称 Dd。S 分两种，一是一个单独的空白处，即 D 和 Dd 所构成的空白；二是几个空白相连。

（2）回答部位的质量（DQ）。反映认识功能水平。无论是整体回答还是部分回答都有质量水平的不同。综合记分系统分成如下四种质量等级。

① +（综合的回答）：一个回答，可能只包含一个独立的部分，也可能包含联合起来的几个部分。如果回答中有两个以上互有关系的客体，这些客体中只有一个有特殊的形状，或者想把它描述成某种特殊形状，便记以"+"。

② V/+（综合的回答）：基本同上，但其中没有一个客体有特殊的形状。

③ O（普通回答）：将墨迹选出一个单独的部分，着重描述为某物的轮廓和结构特点。所描述的东西要有自然形状。

④ V（模糊回答）：对墨迹或一个墨迹区域只有一个模糊的或一般的印象，而无特殊的形象或结构。

（3）决定回答的因素。系决定受试者所以做出此回答的原因，可分为如下七种：

① F（形状）：回答是由于墨迹图整体或某部位在形状上像某物。

②M(人的运动)：人类运动或只有人所能有的运动（虽然是动物做的）。

FM(动物运动)：动物所有的运动。

m(植物和无生命物的运动)：如流水和树的摇动。

③C(彩色)：指纯彩色，无形状。

CF：彩色为主，也有形状成分。

FC：形状为主，也有彩色成分。

④C′(非彩色)指纯的黑、白、灰色。

C′F 及 FC′：同③

⑤T(阴影—纹理)：指阴影和透视深度，无形状。

TF 及 FT：同③

⑥V(阴影—维度)：指阴影和透视深度，无形状。

VF 及 FV：同③

⑦Y(阴影—弥漫)：指只有墨迹明暗而无形状。

YF 及 FY：同③

（4）形状的质量(FQ)。按与描述物在形状与实物上相似的程度分出几种水平，按 H.洛夏及 Beck 记分系统只分优秀（F+）、一般（F）及低劣（F-）三级;综合系统分成四级，即：

① F+(优秀的)：描述的形状与描述的客体很适应，形象很相似，而且不是人人一看即知，有创造性，但不一定都是原出（original）回答（不是只有本受试者一人所作的回答）。

② Fo(一般的)：形状一看即知，也常为其他人所看出，没有创造性。

③ Fu(稀少的)：稀有的回答，但基本轮廓并无明显破坏。

④ F-(负性的)：变形、模糊、不实际的形状。

（5）混合回答(·)。一个回答不止一个维度，是由多个维度所决定的称混合回答，用"·"来表示。如 M·YF，指有人身运动也有阴影形状的成分。

（6）组织活动（Z）。组织活动指回答中包括了墨迹全部，特别是把比较远的部分也都组织到回答中。对这种回答按量记 Z 分。

（7）回答内容。回答的客体一定属于某种内容。不同受试者的回答有宽有窄。常见的内容有 30 种。下面列出几种常见的：

H(人形回答)：完整的人形回答。

（H）(虚构的或迷信中的整体人物)：如妖怪、仙女、天使等。

Hd(部分人体)：不完全的人形，如无头人、无臂人、妇女的下身等。

（Hd）(虚构的迷信人体的一部分)：同上。

A(动物)：整个动物形状。

（A）(神话或迷信中的动物)：如飞马、龙和狐狸精。

Ad(动物的部分)：缺少某一部分的动物形状。

（Ad）(神话或迷信中的动物形状的一部分)：同上。

Ab（抽象）：抽象概念，如恐惧、抑郁、发怒、抽象的艺术或任何抽象的象征形状。

An（解剖）：人或动物的内脏器官，如心脏、肺、骨盆、胃等。

Art（艺术品）：如画图以及其他艺术品。

（8）流行回答（P）。流行回答是许多受试者非常惯用的回答。对某一图至少在每三个记录中便有一个人用这个客体来做回答（H.洛夏的定义）。每种记分系统均重视 P 回答，但各家用不同比率来划定，综合系统规定了固定的 13 个 P 回答，如 I 图，W：蝙蝠、蝴蝶；II 图，D1：动物形状等。

（9）一些特殊结合。不恰当的结合（包括浓缩 INCOM、虚构 FABCOM、拼凑 CONTAM），不恰当的逻辑（ALOG），持续回答（卡内持续、内容持续、机械持续等），特殊的内容（反应自我意象和人际关系），侵犯性运动等。

（10）洛夏测验的一些主要比率的意义及其计算方法

① EB（经验平衡）SumM：Sumweightedcolor（M 总分：加权的 C 总分，简写成 M：WsumC。每个 M 计 1 分，FC=0.5，CF=1.0，C=1.5）。当 M-WsumC ≥ 2 时为内向性格；M-WsumC=1.5 到 -1.5 为中间型；WsumC-M ≥ 2 为外向性格。

② FCCF+C（形状—彩色比率）关系到情感的修正。

③ AFr（情感比率）即三张彩色图片的回答数除以其余七张的回答数。关系到对情绪刺激的兴趣。计算方法：SumR（VIII + IX + X）/SumR（I + II + III + IV + V + VI + VII）

④ 3r+（2）/R（自我中心指数）r 为倒影回答，Sum（2）为成对回答总数，此指数关系到自我中心倾向。自我中心指数 = [3（rF+Fr）+Sum（2）] /R

⑤ X+%（好的形状）此变量涉及知觉的正确性。

X+%=（SumFQ++ 和 FQ°）/R

⑥ X-%（歪曲的形状）涉及知觉不正确。

X-%=（SumFQ-）/R

4. 洛夏测验的应用和信效度研究

（1）应用。根据大多数文献报告，它包括了以下一些主要功用：

① 心理学方面：评估认知和情感（情绪）功能；估计智力、创造性潜能、自发性、心境波动程度、抑郁、欣快和焦虑；主动性、内向、自信、对情绪刺激的反应、控制情绪冲动的能力等。

② 临床方面：身心疾病、神经症性和精神疾病的诊断；神经症的临床鉴别诊断（如癔症性神经症不同于神经症性抑郁）；精神病鉴别诊断（如偏执狂不同于妄想型精神分裂症）；发现自杀倾向；鉴别有无脑损伤；预测在不同情境下的外显行为；预测精神病人治疗后的疗效。这是一个作用较广、内容丰富、不同于其他标准化的能力和人格测验，在应用中提出了各种诊断公式、比率和其他各种参数，也有人企图用计算机来处理本测验结果和做出解释，例如"Piotrowski 自动洛夏"（PAR，1964），曾用于商业（不太成功）、人事选择和提拔上。近来较多用于精神病理的诊断上，并改名为"计算机化的知觉分析洛夏测

验"（CPR，1980）。这些努力对提高洛夏测验的效用有一定作用，但也没有将本测验的各种变量处理得很恰当，所以自动化系统做出的分析和解释只是非常一般性的，不能对个人的独特性做出精确描述。不过也有人认为，上述不足，不仅是洛夏测验的自动分析描述才有，MMPI 的自动分析同样也有，D.C.Paterson 将此现象称为"Barnum 效应"，即人格描述过于一般化。

（2）信度和效度研究。几十年来对洛夏测验做过许多信度和效度的研究，从心理测量学观点来看，结果并不理想。于是有些研究者认为，洛夏测验不同于其他标准化测验，所以不能用标准化测验的信度和效度标准来评价洛夏测验的信度和效度，因为洛夏测验的回答不受限制，回答受当时的情境影响，各种记分系统又如此明显不同，所以信度不高。有人改进了研究方法后，信度有所提高。研究者们曾用各种方法进行效度研究，也有不少共同结果。总的来说，在方法上、包括人格分析方法上的进一步发展，才可能改善信度和效度的结果。下面列一些信度和效度研究的例子。

为了克服因记分系统不同对评分结果发生影响的困难，有人用同一记分系统，对测验人员进行严格一致的训练，经 11000 份回答，两个记分者之间的记分符合率高达 93%，有的研究未达到如此高。

因为回答如此不同，有人按回答范畴（如运动、形状水平、颜色、阴影等范畴）来计算重测相关，结果也都不理想，可能是有些范畴中的回答太少，不好计算相关。近有按 Exner 的综合系统来计算回答范畴相关的，结果在病人中的测验高达 0.93。

洛夏测验的分半相关系数都很低，个别研究结果也有较高的。洛夏测验的经验效度：对几种决定回答参数和回答内容进行研究时发现，运动知觉（决定回答的参数之一）与创造性、身体活动和焦虑等有关。颜色与爆发行为有关。在内科病人中，身体康复不好的病人会有许多解剖方面的回答。还有许许多多的文献对不同人群中的洛夏测验特征进行报告。

结构效度研究：手术前后的洛夏比较结果说明，前额切断术后可减少焦虑的洛夏测验特征，也有未出现此结果的。用实验性诱导方法，如在诱导紧张、催眠、药物、电休克等情况下来观察洛夏结果，大多数的结论是心境的变化，不同的态度，各种情绪状态均反应在洛夏测验结果中。在精神病人的治疗中，症状有改善的病人，统之间仍有一些共同的方面。H.洛夏本人也提出，不知如何去鉴别潜在症状（指测验结果特点）下的东西，所以他不强调测验的特殊因素，而认为在解释它时应重视整体。虽然他也提到一些所谓的测验"征"，但又提出，同样的事情在不同情况下其解释意义不同。

虽然有各种解释系统，但各系统有共同的基本过程：一是前提，二是总和。

前提阶段，包括在结果中所提到的，有各种回答的频率、比率、发生的顺序性，在自由联想和询问阶段中的口语等。调查各成分后便形成前提和假设，在这一阶段，不合理的假说很快放弃，因为它与在温习中产生的其他前提不相等。在所有成分都做过研究后，便不会简单地看待那些不平常和戏剧性的成分，这些成分的意义，可能恰好更加明显地代表了受试者特异性。当然，平常的或共同的也很重要，因为它们正好"抓住了"整个人。

总和阶段：在温习洛夏测验材料的四个主要部分（结果总结、分数顺序、联想和询问）后，便形成了这些材料的假说，通常解释者从结果总结开始，直到联想、询问中的口语。

洛夏测验从1921年起至今80多年，已经发展了五个主要系统。在50年代用得很多，60年代有所减少，80年代有了综合系统，成为通用方法。研究者们对洛夏测验做过许多评价，可能都不是最终评价。此测验的性能是广泛的，可用来评估人格功能，还能了解认知方面的潜能。由于对使用者的技术要求较高，因此限制了使用率。临床家希望研究者们不要增加过多的手续和术语，而是增加多一些的经验效度，便于做临床应用解释。

（二）主题统觉测验（TAT）

主题统觉测验（Thematic Apperception Test，简称TAT）是另一个通用的投射测验。摩尔根和莫瑞（C.D.Morgan，H.A.Murray）洛夏测验结果出现相应改变。这些都是从一组情况来看，而不是指个体。

投射测验的解释，比人格和评定量表的要难，因为不只是单一的解释技术，而是要求解释者全面的知识和经验，"魔术性的思维或水晶球样的操作在洛夏解释中是无地位的，与此相反，解释过程包括了分析和综合，要智慧地在高质量的记录材料中进行"（Exner，1986）。

对洛夏测验结果的解释，因系统不同多少存在一些差异，但各系（1935，1943）于《神经精神病学档案》一刊上发表了《主题统觉测验：一种研究幻想的方法》一文。1935年将此测验应用于哈佛心理诊所，1943年莫瑞在哈佛大学出版《主题统觉测验》一书（Murray，1943）。后来经过多次修订，逐渐推广应用。现在有了各种记分系统和各种变通版本，成为一种重要的投射技术。

TAT的发展可溯源至比奈和西蒙（1905）的智力量表，要儿童用言语回答图画。不列通（Brittan，1907）要受试者（13~20岁）照图写故事，以分析其想象、创造性、注意细节的能力，以及道德、宗教和社会内容等，发现性别与年龄影响回答。舒华兹（Schwartz，1932）的"社会情境测验"是为了对青少年违法者作精神病学诊断晤谈时用，以建立与受试者的协调关系和作为晤谈的开始。较早的TAT是"四图测验"，可回溯至1930年（VanLennep，1951），第一个TAT版本出版于1935年，现在用的版本（Murray，1943）是第二次修订版，包括31张，其中30张黑白图和一张空白卡。

1.TAT的结构和实施

TAT的测验材料也是一些图片，但这些图与洛夏测验用的墨迹图不同，有一定主题，不是完全无结构的。而回答则无限制，所以仍属投射测验。材料分为四套，每套20张。各套中一些图片为共用的，一些为各套专用。测验分男人（M）用，女人（F）用，男孩（B）用和女孩（G）用共四套。每一套又分两次进行，故每次实际上只用10张图卡。

TAT可以用个别测验或团体方法实施。TAT的指导语、记分、解释等同洛夏测验那样，因流派不同而异。先让受试者在安静的环境里，坐得舒适，然后开始测验。测验分两次进行。第一次的指导语包括下面的内容："我将一些图画给你看，你要根据每一张图画的内容讲一个故事。你要告诉我图画说明了什么样的情况？此时发生了什么事？图画的主人公内心有何感触？结局如何？想到什么便说什么，能说多少便说多少。"第二次的指导语是要受试者讲故事时更加发挥想象力，讲得更为生动。对儿童的指导语同成人的多少有些不同，主要是用他们能听懂的语言。

一般情况可在 90 ~ 120 分钟内做完测验，每张图片讲述一个 300 字左右的故事。当然有时不会如此顺利，例如有人讲得太快，有人则拒绝。主试者要能应付这些情况。

讲完故事后要立即进行询问，需要询问的情况有以下几种：故事中概念不明确，用词意义不明确，故事意义不清楚。询问必须依从指导语，解释依从图画。

2.TAT 的记分和分析

（1）TAT 记分常用的一些变量。TAT 结果的记分（或者称编码，或解释）有一些不同方法，莫瑞（1943）记分系统仍是通用的。各种方法都包括如下几种变量：

① 主人公，即看图后编成一个故事中的主人公。

② 需要，系主人公自己的各种需要、动机、倾向和主人公的感情。

③ 压力，来自环境中作用于主人公的压力或力量。

④ 结果，快乐或不快乐，主人公或环境力量作用的结果。

⑤ 主题，即主人公的需要和所受到的压力，主人公解决他的矛盾和焦虑方法的分析。

每一故事均按这些变量来分析，在分析时不仅按刺激图所引起的故事内容，也要参考受测者以往行为和人格等诸多方面。

莫瑞研究人格旨在找出人的需要。他认为，人们有各种需要，满足需要会面临各种环境压力。如何来解决这些矛盾，便形成了个人的人格特点。他编制的 TAT 便是来揭露这些需要、压力和解决矛盾方法的手段。他列出了许多需要和压力，下面是几种主要的。

（2）需要（n）种类

① 成就 n。竭力取得成功，在事业上出人头地，领导一个团体，创造某种东西。

② 加入 n。参加一些团体，获得友谊，有亲近的或感情好的亲友。

③ 占有 n。指导或教训别人，控制人，驾驭人们或一些局面。

（3）压力（p）种类

①成就 p。他人在学业或事业上取得成功。父母或同伴迫使故事的主人公取得成功。

②加入 p。主人公有几个朋友或社会同伴。他或她是某一团体的成员。

③占有 p。某人逼迫主人公在做某事。有一个人试图影响主人公。

（4)TAT 分析步骤

第一步，是决定主人公。主人公在结果中非常重要，在情节中起主导作用。他（或她）往往在年龄、目标、情操、性别、状态或其他方面都非常类似说故事的人。说的故事往往从主要人物的面貌、感情和动机出发，非常精湛地描述出来。主要主人公可能是一位女杰，或者可能是两个主要人物，一个英雄和一个女杰，或者任何性别的结合。

第二步，检查主人公的人格，他们感到什么？他们的动机是什么？非常的或独有的特征是什么？非常重要的是，他们需要什么，满足与否？在量化时，莫瑞（1943）介绍用5级分表（5级为最大），并补充评定需要的长度、频率和在情节中需要的切题或相对重要性。

第三步，评估主人公的环境组成。自然的和人际社会的环境是什么？换言之，对主人公的压力是什么？评定压力也是分5级（5级为最大）。需要与压力的重要区别是需要来源于个人，而压力来源于环境。

第四步，莫瑞解释系统的一个比较有力的分析是主人公与压力。是需要统治压力？或压力统治需要？主人公成功是困难还是容易？面对障碍，主人公是变得强大克服仇敌，还是恪守？主人公是主动使事发生，还是让事发生到头来作反应？他是更加依赖还是主动？他的成功是因他人帮助，还是因个人奋斗？在一个罪行后，主人公是得到奖赏，还是处罚？主人公如何对待失败？成功与失败的比率为多少？快乐和不快乐的结局比率是多少？

第五步，简单和复合的考虑。一个单一主题是主人公需要与压力或压力与结果的融合（如主人公的成功或失败）的一种相互作用。复合主题为简单主题网状结构的组合。一些共同主题侧重于一些问题：如欲望、爱情、处罚、战争、成就等的矛盾。

第六步，估计兴趣和情操。说故事的人把怎样的特征性兴趣和情操归因主人公？这些兴趣和情操的性质如何？如何和为何要选择它们？用何态度对待这些兴趣和情操？他们与他们"所爱的对象"是怎样的关系，男人与男人，妇女与妇女是怎样的关系？他们的关系形成用什么样的机制来维持？

3.TAT 的应用

TAT 的应用很广，MMY-3 收集了 102 篇文献，以后到 MMY-4，MMY-9，各卷所收集的文献分别为 198，311，287，297，241，51。1978（MMY-8）到 1985（MMY-9）7 年间，文献锐减，如果文献多少能推测应用率的话，可见近来用的比以前大大减少了。

TAT 是人格测验，临床不能将它作为诊断测验，而是通过它来发现一些特征性病理症，或者说不同精神障碍的人，在此测验中有些什么样的特征性表现，用以了解不同疾病在人格方面的变化特点，这些信息，也可作诊断参考。以下简要列举几种病理情况下的测验特点。

（1）情绪不稳。受测者对刺激图有过分的情绪反应，如解释、批判、充满情感的描述、任意编造故事内容，这类人过于重视故事的情感，哭泣，因情感而中断故事，只描述图片的心境或情调等。

（2）抑郁。在讲故事中表现出抑郁，因病种不同（如精神病性的、严重的神经症或神经质等）而有差别，但都具备一个共同的特点，即观念性活动受阻。所以，大部分故事内容都是在询问中获得的。即使如此，回答询问时通常也都是言词简短或只有个别单词。

（3）强迫观念和行为。强迫行为者在描述图时很详细，详细得出奇甚至古怪。在将图画的某一部分或某方面进行分割时非常刻板。强迫观念者过于智力化，在意识中出现过多的可能解释、怀疑、卖弄学问、往往限于故事叙述。

（4）偏执的指针。包括各类偏执情况。他们见到的主题常是猜疑、特务、偷偷摸摸和从背后的袭击。从图画来推断主试者的动机，将图片和人物过于道德化或进行道德批判。

4.TAT 的信度和效度研究

TAT 的信度和效度研究类似洛夏测验的，研究的多，结果满意的少。其原因也与洛夏测验的相似。TAT 也有各学派和各系统，他们都有自己的实施、记分和解释方法，所以记分之间的结果符合率不高。在用相同的判断标准，实施者经过统一的严格训练后，信度便升高。此外，影响信度研究结果的重要原因，可能还是受试者讲述的故事是凭幻想，而不是事实。这便受许多因素的影响，如当时的心境和近期经验的影响。这些因素是比较难控制的，所以在投射测验中都有相似的信度不高的现象。因此，TAT 可作为来访者的一般兴趣、动机、情绪创伤方面的指数，而不能作为预测一个人的行为或特殊人格特质的工具。

5.TAT 的其他变式和 TAT 的评价

TAT 虽然用途广泛，但也有一些限制，例如在年龄、教育水平上的限制，一些无能的人群以及一些特殊的临床问题者都不能采用。为了扩大应用，便发展了一些变式的统觉测验，如适应不同教育水平的统觉测验，针对儿童、老年和身体残疾者的统觉测验等。在这里只讨论儿童统觉测验。

儿童统觉测验（CAT），系 L.Bellak，S.S.k 和 M.R.Haworth 等编（1949—1980），是继成人用的 TAT 后而有的。可用于 3 ~ 10 岁，分三个版本:（1）儿童统觉测验（CAT）:10 张动物图片，为 1949—1980 年编。（2）儿童统觉测验补充（CAT-S），10 张动物图片，用其中 1 张或多张来补充 CAT。为 1952—1974 年编。（3）儿童统觉测验（人形）（CAT-H），10 张图片，是 CAT 的平行本，但不是动物图，而是将 CAT 中的动物变成人形，其情境仍为 CAT 中的。1965—1974 年编。

CAT 的实施方法、记分和解释等与 TAT 相似，不过为了适应儿童特点，图片数目减少，刺激图改为动物，故事要求也比成人的短。

作者所以将 CAT 采用人格化的动物图，因为他认为，TAT 的人形图只便于成人和青少年，不便于儿童，对儿童来说，他们把自己更容易与动物认同，动物受文化影响少，在性别、年龄上比人形图也"少一些结构化"。动物形状是不是比人形好？便设计了 CAT 的一个修订本，即 CAT-H。研究的结果说明，在 7 ~ 10 岁的受试者，CAT-H 比 CAT 并无明显的优点，儿童的智力水平在 10 岁以上时，会认为动物图太幼稚了，喜欢用人形图。

CAT-S 是 10 张特殊情境的动物图，用以引起儿童对身体活动，身体受伤，竞争，身体意象，性行为，教室情境问题的回答。论者们认为，CAT 是一套对 3 ~ 10 岁儿童有用的临床工具，但对它的实施方法和解释方面的经验，还有待进一步积累，其心理测量学性质也有待改进。

（三）联想技术

心理学家早就用墨迹、图画、词的联想实验来研究想象、记忆和其他认识能力，英国和美国的心理学家多用来研究智力的个别差异。后来用来研究人格和精神障碍的诊断，其中"词的联想""早年回忆"技术还成为精神分析学家研究潜意识的重要手段。此外，许多其他投射技术在用于人格研究时无不都与精神分析有关。

1."早年回忆"技术

联想技术，最常用的有"早年回忆""词的联想"和洛夏墨迹测验中的联想等。

阿德勒（A.Adler）首先以投射方式将"早年回忆"技术用于临床。精神分析者强调早年生活经验在形成人格中的意义，所以应用"早年回忆"来研究人格是合乎逻辑的。

"早年回忆"的指导语很简单，"请把你最早的记忆告诉我"。要求是特殊的、具体的和一个一个的，通常要获得3至6个不同记忆，它不同于一般早年回忆报告。

解释一个最早的记忆是印象主义的主观过程，需要有很好的常识和一些概念的和理论的指导。从受试者的每个早年回忆分析出它的认识和行为型式，努力来确定一个统一早年回忆的大概主题和其中反映的参照构架。有人（Manaster等，1974）把早年回忆的内容分成7个范畴：特征、主题、有关细节、背景、活动水平、控制源和情绪。

一些研究结果支持阿德勒的观点：早年回忆反映了受试者的参考构架，有的研究成功地说明了同性恋和预测职业选择。但也有人发现，不能只凭早年回忆来作为心理诊断的唯一信息基础。

2.词的联想测验

现在词的自由联想测验是主试者读一词，受试者作自由联回答，记录反应时和内容。

戈尔登（F.Galton，1879）最早用词的联想测验方法。呈现一些无联系的词，要求受试者回答出见到每个词后出现于脑中的第一词。随后有人（Trautscholt，1883；Cattell，1887）记录联想回答内容和呈现刺激词到做出反应的时间（反应时），并第一次将刺激词印于卡片上。以后冯德的心理实验室也用了此测验，克利丕林（E.Kraeplin，1892）用它研究饥饿和疲劳时的心理状态。精神分析学家用作一种研究人格的投射技术，荣格（C.Jung，1910）用来发现心理冲突和情结（Complexes）。有时将词的联想测验视为半投射性的，因为刺激词有结构，只是回答无限制。

一些研究者编制出自己的联想刺激词表，如荣格提出，阿德勒修订的100词表，康德·罗森洛夫（Kent-Rosanoff，1910）的100词表，拉佩颇特（Rapaport，1946）的100词表，龚耀先的50词表（1963）等。

刺激词的选择是根据编者的目的进行的，例如荣格和阿德勒用词的联想来寻找情结，所以多用情绪词，或把对受试有意义的词放在一些中性词中。康德和罗森洛夫则企图获得1000名正常人联想回答常模，所以用中性词而不用情绪词。龚耀先为了研究病人思维及病点活动，所以采取中性抽象词与具体词来获得正常人的回答常模，另加对病人有特殊意义的情绪词来引起病点活动，来观察对中性词的联想以及条件反射活动和脑电波的改变。

康德·罗森洛夫的测验回答，可分出共同的和个别的两种。个别回答包括下面一些范围：不成熟的回答，语词新作，重复，不完全的词语，联想到一个以前的刺激词或回答词，造句。在这系统中有 25 种联想失调和 6 种再生失调。有人（SA.Appelbaum，1960）在上述系统中加了中断、多词、自我参照、持续和重复刺激词。龚氏总结出五种高质量联想（因果、概括、接近、类似、对比），四种一般联想（具体化、形容、用途、同义），四种低质量联想（解释刺激词、个人态度、重复刺激词、特殊不恰当的回答）。

拉佩颇特将词的联想分三步进行：①记录每个刺激词引起的第一回答词及反应时；②再一次呈现每个刺激词，同第一步方法，比较再次的回答词和反应时的差异；③询问，以查明回答词与刺激词的关系。

另有人将词的联想与填句测验相结合（Sutherland 等，1970）。例如，如果回答词为"花园"，要求受试者用一完整的事来回答，如"我最恨在花园里工作"。目的是试图借此来对在不同情境中的自我功能作量的分析。

拉佩颇特等（1968）提出一些诊断假说，主要有如下一些：

①不能进行联想（阻断）是衰退的精神分裂症患者和某种前精神分裂症者；②反应时很长，可能表明抑郁；③紊乱的或非常松散的联想指示这个刺激词对受检者有矛盾。虽然支持这些假说的研究并不太多，但这一技术方法简便，有时也不失为一种有助于心理诊断的手段。

3. 填充技术

这种技术是要求受试者完成一句未完成的句子，讲完一个未讲完的故事（续事），根据图画来讲故事，或其他的从一部分来构成整体的方法。它比起洛夏墨迹测验以及其他的投射测验来，比较有结构一点。因此而比其他少结构的投射测验的信度要好一些。它们可以比墨迹测验挖掘出较多的意识方面的和表面的人格特性。在这里讨论填句测验和图画挫折研究。

（1）填句测验。要求受试者完成一个未完成的语句，指导语简单，实施容易，填句测验可用于所有年龄，不过句子的设计要根据年龄而有所差别。

所有用句都用第一人称，在个别实施时，回答采取口述或笔记，同时观察回答时的情绪反应和其他，也可以用于团体测验，此时只能用纸笔方式，不能同时观察。

填句测验的性质属于半投射测验，因为所用句子的语干很清楚，是有结构的，这便不同于洛夏测验及 TAT 等投射测验，但同时又与其他投射测验有相似之处，在完成一句子时，可反映回答者的潜在态度、欲望和恐惧。因此属半投射测验。

测验的用途：心理学史上，甚至近代都曾被用作智力测验（Ebbinqhaus，1897；Copple，1956）；也有人用作人格测验（Payne，1928；Tendler，1930；Rohde，1947）；第二次世界大战时曾被用于军事服务（选择飞行员、陆军军官和战略服务人员的候选人）；50 年末被标准化，并发展了一些有名的填句测验，如"Rotter 未完词句空白单"（ISB，

1950），"Bloom 填句调查"（BSCS，Peterson，1985），以及"未完句的任务"（B.P.Cundick，1979—1980）等。一般来说，填句测验可用作获得个人兴奋、教育的渴望、未来目标、恐惧、矛盾、需要等的信息。此测验有高度的表面效度，但在投射测验中，它恐怕是受试者容易装好或装坏的一个测验。在解释回答时，必须注意受试者的情绪（消极或积极），受试者的角色（主动或被动），回答形式（明确的或有限度的，命令或宣言之间），时间（过去，现在，未来），承诺程度（专心一意与一定范围），一个回答的确定性（确定与模糊），一个个回答词不同（Rabin& Zlotogoski，1981）。

各个填句测验的记分系统则有所不同。例如，上面已提到 Rohde 填句测验（1947），对 38 个变量计分，如内部综合、情绪阶段和一般特质。加上内容方面的记分，也可以不做内容记分。在不做内容记分时，分析所填出的长度，所用的代名词，反应时，动词、形容词比率，用词长度，文法的错误，所用的第一个词。

大多数填句测验未标准化，也未出版，不过是为了某一特殊目的、在一特定情况下应用，在这里以一个已标准化了的填句测验作例子，即 Rotter 的未完语句测验（RISB）。

RISB 是标准化的，含中学、大学和成人用三个版本。每一本有 40 句未完成的句子。大多数用第一人称，20 ～ 40 分钟可完成测验。记分分冲突或不健康（C，例如"我恨……几乎所有的人"）；积极回答（P，例如，"最好是……尚未来"），中性回答（N，例如，大多数女仆……是妇女）三种，填句太短导致意义不清记成遗漏。C 的权重分：C1=4，C2=5，C3=6，这表明冲突程度从最低到最高；P 的权重分为 P1=2，P2=1，P3=0，说明从最少到最多的回答，N 回答无数字权重，各回答记分后，可计算出一个总的适应（在冲突和积极范围内）分，分数可从 0 到 240，高分表示适应不良。

（2）图画挫折研究。图画挫折研究（P-F, Rosenzweig, 1944—1981，1978）是另一个半投射测验，分三式，即儿童（4 ～ 13 岁），少年（12 ～ 18 岁）和成人（18 岁以上）。每式包括 24 个有趣的线条图，印在 8 页 8.5 寸 ×11 英寸的册子上。每一图有两个人，左边一人正说一些挫伤右边人的话，或者是描述挫伤情境。主试者向受试者读指导语后，受试者把第一个回答写在受挫人头顶的空白框内。这样做是假定受试者等同受挫者，受试者的回答代表他们自己对此挫折情境的反应。在所有图都填写完回答后再进行询问，便于以后记分。

按精神分析理论来说，对挫折的典型反应是某种攻击表现，包括：

① 攻击方向：分三个因素，即外向攻击（E-A），对外或对环境；内向攻击（I-A），向内或对自己；想象攻击（M-A），逃避或无攻击表现。

② 攻击类型：也分三个因素，即障碍统治（O-D），挫折物显著；人格防御（E-D），受试者的自我占优势，防御自我本身；需要持久（N-P），不顾挫折来追求目标。

第七个因素是一个人的回答与大多数人（常模）所作回答的符合率（GCR）。6 个记分范畴，按两个轴排列，交叉指数形成 3×3 个格子，每一回答可分别记于 9 个因素之中。

P-F 在许多国家中应用，是投射测验中标准化最好的一个。不足之处是受试者在阅读题目内容和书写回答时受教育程度限制。从测验学来看，项目是异质的，分半相关系数低。

还有人怀疑对 P-F 的挫折情境的反应，是不是与真正生活中的情境相符合。

（3）投射画——"画—人"的测验。上面的各测验或者口述，或者书写，投射画不用这两种言语方法而只用自由画图，对画图进行全面分析。心理学家早就用书法分析来对人格做研究，临床心理学家广泛采用投射画（projective drawings）来研究人格，常用的有"画—人"的测验，"画屋树人"测验和"视觉运动格式塔"测验。这些测验，本来不只用于人格研究，同时用于智力、认识发展、视觉运动协调（神经心理）测验。但在这里只介绍在人格研究的应用，而且只以"画—人"测验为例。

古德因纳夫（F.L.Goodenough，1926）的"画—人"测验（DAP）是第一个正式用作智力测验的。而美柯威（K.Machover，1949，1951）把 DAP 与冲动、焦虑、冲突和个人的广泛特征相联系，成为人格测验。

DAP 的实施很简单，给受试者准备一张 8.5×11 英寸的白纸和一支铅笔，告诉他"画一个人"。画完后要受试者讲解一下，随后或在此纸的反面，或另给一张，要求再画一个与先前所画的性别不同的人。最后让受试者对两个人讲一个故事，包括年龄、企图、教育水平、恐惧和其他方面。

对 DAP 的解释是按画图的各种属性，如大小、身体的细节、位置、衣着，用铅笔的压力、对称性、线条质量、阴影、橡皮擦迹、面部表情、姿势和总的仪表。

DAP 各变量的意义：男女的相对大小，有关受试者的性别认同。

根据画图的细节考虑人格特征或心理病理：长睫毛联系癔症；双眼扩大指示多疑；对衣着描写详细提示为神经症；大画提示冲动；黑、深阴影提示强烈攻击性冲动；小画、少面部属性或沮丧的面部表情，指示抑郁；身体周围细节不多，指示有自杀倾向；少身体属性提示精神病或脑损伤。非常的轻压，提示性格失调。画在纸的右边提示指向未来；在左边，指向过去；右上提示欲望，压抑不愉快的以往，对未来乐观；左下提示压抑欲望消逝在过去中，大眼或大耳提示猜疑，援引观念，或其他妄想特征。男性画出非常的大胸，指示有未解决的带母亲依赖的奥蒂普氏问题。长领带提示性攻击或者对害怕阳痿的过度补偿。纽扣提示依赖、幼稚、不恰当的人格。

有人认为，对 DAP 的解释和概括是在临床经验基础上得出精神分析的，甚至是常识的意义，但不够审慎，有些研究发现了画图质量与总的心理学判断有正性关系，但大多数解释假说没有研究支持。

第五章 大学生心理健康与心理健康教育

第一节 心理健康研究的对象

心理健康研究的对象是人的心理健康的形成、发展、变化的规律，以及如何维护和增进心理健康，其含义等同于心理卫生学。

一、现代人的健康观

传统的健康观认为躯体没病就是健康，因此健康问题理应是医生的事，表现在日常生活中，人们也只注重锻炼身体，忽视心理卫生的保健。

中国古代医学中就强调七情（喜、怒、忧、思、悲、恐、惊）失调致病，《素问·阴阳应象大论》写道："怒伤肝，喜伤心，思伤脾，忧伤肺，恐伤肾。"就是指由于七情失调，从而引起阴阳失衡，气血不和，经络阻塞，脏腑功能失常而患病。

随着时代的发展，生活节奏的加快，竞争的加剧，都市化的生活等一切不良的精神刺激，不恰当的生活方式、行为和环境因素，都可以引起疾病；许多疾病根源于心理和社会因素。

过去从医学的角度认为引起疾病的原因仅仅有生物的因素，即"生物医学模式"。1977年，美国曼彻斯特大学教授恩格尔提出了"生物—心理—社会医学模式"的最新理论。

世界卫生组织在最近的报告中指出：在年满20岁的成年人口中忧郁症患者正以每年11.3%的速度在持续增加，近20年来呈迅速增长趋势，全球约有5000万人患有此病。

根据上海市精神卫生研究所的调查，在1300万人口的上海市已有逾75万的各类精神、心理障碍症患者。他们大多是工作、学习、生活压力过大，长年超负荷运转的青年人，其中大学生中的发病率高达35%。

世界精神病协会的专家认为，从疾病发展史来看，人类已经从"传染病时代""躯体疾病时代"进入"精神疾病时代"。

如果说心理卫生在20世纪初的发展是以改善精神病患者的待遇、防治心理疾病为主要目的，那么随着社会的发展以及人类对自身认识的不断深化，人们对健康的概念又赋予了新的含义。1948 年,联合国世界卫生组织(WHO)成立时,在其宪章中开宗明义地指出:健康不仅是没有疾病,而是身体上、心理上和社会适应上的完好状态。

1989 年联合国世界卫生组织又提出了 21 世纪健康新概念:"健康不仅是没有疾病,而且还包括躯体健康、心理健康、社会适应良好和道德健康。"21 世纪人类的健康是生理的、心理的、社会适应与道德健康的完美整合。在这一新概念中,以生理健康为物质基础,发展心理健康与良好的社会适应,道德健康则是整体健康的统帅。

二、心理健康的一般标准与模式

(一)心理健康的标准

关于心理健康的标准,心理学家有很多的论述,各家观点不一,并提出了许多健康心理的模式。

第三届国际心理卫生大会将心理健康定义为:"所谓心理健康是指在身体、智能以及情感上与他人的心理健康不相矛盾的范围内,将个人心境发展到最佳的状态"。

世界心理卫生联合会还具体明确地指出心理健康的标志是:

(1)身体、智力、情绪十分调和;

(2)适应环境,人际关系中彼此能谦让;

(3)有幸福感;

(4)在工作和职业中,能充分发挥自己的能力,过着有效率的生活。

(二)心理健康的模式

1. 马斯洛"自我实现的人"模式

马斯洛采用"尖端样本统计"的方法,通过对心理健康水平出众的人进行跟踪、观察和综合研究,提出自己的心理健康模型。如良好的现实知觉;接纳自然、他人和自己;自发、坦率、真实;以自身以外的问题为中心;有独处和自立的需要;功能发挥自主;愉快体验常新;有顶峰体验;有社会兴趣;人际关系深刻;有民主性格结构;有创造力;抗拒遵从。

2. 罗杰斯"功能充分发挥者"模式

罗杰斯认为,每一个人都依赖自己对于世界的经验,一个自身功能充分发挥者有五个特点:他们能接受一切经验;他们可以时刻保持住生活充实;他们相信自己的机体;他们有自由感;他们具有高创造性。

马斯洛和罗杰斯的模式都是优秀者模式。

3. 奥尔波特的心理健康模式

奥尔波特认为心理健康者的功能发挥是在理性和意识水平上进行的。他提出健康个性的七个特征:自我意识广延;自我与他人关系融洽;有情绪安全感;知觉客观;有各种技能,并能专注于工作;现实的自我形象;内在统一的人生观。

心理学家英格里士指出:心理健康是指一种持续的心理状态,当事人在那种情况下,能做出良好的适应，具有生命的活力，而能充分发挥其身心潜能，这是一种积极的丰富的体验。

综合各家的观点，我们认为：心理健康就是指一种高效而满意的持续的心理状态。心理健康是人的基本心理活动协调一致的过程，即认识、情感、意志、行为和人格完整协调，能顺应社会，与社会保持同步的过程。

三、心理健康的特点

（一）心理健康的状态具有相对性

假如有这样的情景：

一位男青年在站台上焦急徘徊。列车进站了，一位女青年走下列车，尚未站稳，接她的那位男青年不顾一切地跑上前去，抱起她拼命地狂吻，全然不顾站台上众多乘客的目光。他的表现正常吗？心理健康吗？如果告诉你这对男女青年是两位美国青年，你的结论是否有所改变？

有一个人正在玩扑克，忽然手中的牌被别人夺去，于是，他大哭大叫起来，他正常吗？如果告诉你，他是一个四五岁的孩子，你的结论又将如何？

有一位大学生，平时性格开朗，活泼开朗，可近几个星期来，他变得抑郁，不能集中精力学习，还常常半夜里哭醒，他精神失常了吗？如果告诉你，他的亲人刚刚去世不久，你又会怎么认为？

通过以上的几个例子，可以看出，人的心理健康具有相对性，与人们所处的时代、环境、年龄、文化背景等方面的因素有关，所以不能仅仅以一种行为或者一种偶然的行为来判断他人或自己心理是否健康。

（二）心理健康的状态具有连续性

"心理健康"与"不健康"不是泾渭分明的对立面，而是一种连续或交叉的状态。良好的心理健康状态到严重的心理疾病之间是一个渐进的连续体，异常心理与正常心理，变态心理与常态心理之间没有绝对的界限，只是程度的差异。

（三）心理健康的状态具有可逆性

如果我们不注重心理保健，经常出现不良的心理状态，那么心理健康水平就会下降，甚至出现心理变态和患上心理疾病；反过来如果心理有了困扰或出现失衡时，学会及时自我调整和寻求心理咨询的帮助，就会很快排忧解难，恢复愉快的心情。

（四）心理健康的状态具有动态性

心理健康的状态不是一成不变的，是一个动态发展过程。心理健康的水平会随着个人的成长、经验的积累、环境的改变，及自我保健意识的发展而发展变化的。

四、大学生心理健康的标准

大学生是处于青年中期的、具有一定知识层面的特殊群体，参照心理健康的一般标准，我国大学生的心理健康标准有如下八条：

（一）具有旺盛的求知欲和浓厚的学习兴趣

大学生的智力水平一般都是优秀者，学习是大学生活的主要内容。具有健康心理的大学生目标明确，学习热情高，精力旺盛，朝气蓬勃，不畏艰难，孜孜不倦，在学习中经常体验到满足与快乐。而"六十分万岁，多一分浪费"的大学生终日懒洋洋，糊里糊涂混日子，体验不到成功的喜悦。

（二）具有独立生活的能力

独立生活的能力体现了一个人的生存能力。在竞争的时代，在当今众多选择的面前，要有独立处理自己生活的能力，要学会自己做决定，不会做决定，则做事唯唯诺诺，缺乏独立性。

（三）具有正确的自我意识，能悦纳自我

自我意识是人格的核心，是人对自己以及自己与周围世界关系的认识与体验。健康的心理，应该是自我评价客观，能够接纳自我，不苛求自己，既不自大而做力所不能及的事情，也不妄自菲薄而甘愿放弃可能发展的机会，自信乐观，理想我和现实我达到完美的统一。

（四）具有完整统一的人格品质

人格是个人比较稳定的心理特征的总和，人格完整是指构成人格要素的气质、能力、性格和理想、信念、人生观等各方面均衡发展，不存在明显缺陷，有积极进取的人生观，并以此为中心，有效地支配自己的心理行为。

（五）具有协调和控制情绪的能力，心境良好

良好的心情使人保持愉快、开朗、自信、乐观、满足的心情，对生活充满希望。心理健康者在痛苦、忧伤等不良情绪袭来时，善于调整并保持情绪的稳定，保持与周围的平衡。

（六）具有良好的适应和改造环境的能力

对环境的适应和改造的能力，是受一个人的生活态度决定的。心理健康的人，能在环境改变时正确地面对现实，对环境做出客观正确的判断，不怨天尤人；能与社会保持良好的接触，使自己的思想、行为与社会协调一致。

（七）具有良好的人际交往能力，人际关系和谐

良好的人际关系是心理健康的润滑剂，人际关系和谐的人所以体会到安全感和幸福感。健康的人善于与他人接触，以乐观豁达，宽容理解的心态与人相处；能够正确处理个体与群体的关系，有独立的人格和乐于助人的精神。

（八）具有符合年龄特征的心理行为

不同年龄阶段有不同的心理行为，心理健康者应具有与同年龄多数人相符合的心理行为特征，如果严重偏离，就是不健康的表现。

第二节　大学生心理健康的内容

一、大学生成长的特点

青年是整个社会中最积极、最有活力的力量。在校的大学生是最富有理想、有生机、文化层次较高的青年群体。大学生肩负着将来社会主义现代化建设的主力军的重任，他们是成长中的社会主体。

（一）学生的生理成长特点

我国的大学生 18 岁左右进校，23 岁左右毕业，正是处于青年中期。李大钊先生讲："青年者，人生之王，人生之春，人生之华也。"

青年在这一时期生理特点主要表现在体、力、脑、性四个方面的巨大变化。体，突出地体现在身高和体重的急剧变化。人一生有两次生长高峰，一是出生到周岁，这一时期身高可增加 50%，体重可增加一倍；第二个高峰是青年期，男青年平均每年身高长 3 ~ 4cm，体重平均每年增加 3 ~ 4kg；女青年平均每年身高长 3cm，体重平均每年增加 2 至 3kg。迅速的成长使青年人骨骼粗壮，肌肉发达，在体形上挤入了成人的行列。

力，青年期生命力处于最旺盛时期。身体的各系统、器官全面发展，内部机构、机能最发达、完善。心脏的重量猛增至出生的 10 倍，肺活量达 4800ml，食欲极佳，胃肠容量达到最大，体温、脉搏、呼吸、血压发生明显变化，脑垂体加快各种激素的分泌，新陈代谢处于最佳状态。青年人充满了生机和活力。

脑，大脑和神经系统都处于最发达状态。脑重量达到极值，脑的神经细胞的分化机能达到成人水平，大脑的第一和第二信号系统的功能已经完善。由于大脑的发达和完善，使得青年人能够理智地走向社会。

性，青春期是性萌发和性成熟最神秘最敏感的时期。第一、第二性征突出变化，男女性别差异明显。在青年中期，个体的生理发育已接近完成，已具备了成年人的体格及种种生理功能，故又称此阶段为性成熟期。

青年时期的体、力、脑、性四方面的巨大变化，为青年的心理变化提供了良好的物质基础。

（二）大学生的心理成长特点

1. 心理发展的过渡性

青年期是少年儿童向成年人转变的过渡期，也是少年心理向成人心理过渡的关键期。从心理发展水平来看，多数大学生的心理正处于迅速走向成熟又没有完全成熟的时期。从心理发展过程来看，认知迅速发展，达到了相对成熟。认知的核心要素思维已由经验型向理论型转化。情感也从激情体验、易感状态逐步升华过渡到富于热情，充满青春活力，社会道德感和社会责任感增强。在意志行动上则从容易冲动发展到具有一定的自控力，形成了相对稳定的行为习惯。从个性发展来看，性格、能力等个性心理特征都达到相对稳定和渐臻成熟的水平；理想、信念、自我意识等个性意识经过大学阶段逐渐接近成人的发展水平。

2. 心理发展的可塑性

青年期是人生各种心理品质全面发展、急剧变化的时期。大学生在这一时期心理发展存在着不稳定、可塑性大的特点，如在认知方面容易偏执；在情绪方面容易走向极端；在意志方面有时执拗；在个性方面，虽然许多个性品质已基本形成，但是容易受外界或生活情境的影响。

3. 心理发展的矛盾性

当代大学生由于在学校受教育期长，从校门到校门，没有社会生活经验；心理、社会成熟滞后于生理成熟；经济上不独立；传统价值权威的衰落，以及现代价值多元化的影响等，使大学生的心理既存在积极面，又存在消极面，就必然导致矛盾和冲突。在这一过程中，大学生处于心理断乳期，种种矛盾冲突交织在一起，势必影响大学生的健康成长。此阶段大学生常见的矛盾冲突有：

（1）独立性和依赖性的矛盾；

（2）理想性和现实性的矛盾；

（3）强烈的成才意识与知识经验不足的矛盾；

（4）心理闭锁与寻求理解的矛盾；

（5）群集友谊与争强好胜的矛盾；

（6）性生理成熟和性心理成熟相对迟缓的矛盾，等等。

4. 大学生心理发展的不同表现

不同年级的大学生心理发展的特点不同。

（1）适应期。大学新生以"胜利者"的喜悦进入大学后，突出的问题主要是如何适应大学生活，建立新的人际关系。南京大学心理健康教育与研究中心曾对1996年入学的226名新生进行访谈，结果有适应不良和人际交往问题的占访谈学生的67%。他们的心理矛盾主要是：自豪感和自卑感交织；新鲜感和恋旧感交织；轻松感和紧张感交织；奋发感和被动感交织。这个时期一般是在一年级。

（2）发展期。当新生适应了大学生活，建立起了新的心理平衡后，大学生活进入了相对稳定的时期，是大学生成才定型的关键时期。大学生大多产生了自信心，竞争意识增强，突出的心理问题是：成才道路的选择与理想的树立，学习目标的实现与学习态度、学习方法的掌握以及形成优良的学习心理结构。这个时期是大学生人生观的形成时期，也是实现教育目标的关键时期。这个时期一般处于大学二年级至三、四年级。

（3）成熟期。大学生经过四年的生活和学习，世界观、人生观逐步形成，心理机能逐渐成熟，他们的心理特点与成人的心理特点有许多相近之处。但是这个时期又是大学生从学生生活向职业生活过渡阶段，他们又要面临新的心理适应，如是继续深造，还是就业？继续深造留在国内还是联系出国？择业就业中双向选择的压力等，使大学生们的心理又掀起波澜。这时他们的心理特点主要是：紧迫感、责任感和忧虑感。

二、大学生心理健康研究的任务

第一，研究大学生应如何积极调节个人的心理状况，顺应变化的环境，提高生活、学习的效率和满意度。人是环境的产物，人的身心发展不总是与环境发展完全同步，他们之间是一种动态关系，当这种平衡被打破不协调时，人们感到困惑、痛苦、不知所措。如何帮助人们建立起新的平衡，学会适应环境的技能，既能提高学习效率，又能维护身心健康。这是大学生心理健康研究的任务之一。

第二，研究大学生应如何富有建设性地、有效地发展和完善自我，不仅要学会适应环境，还要学会去能动地改造环境，从而找到生活、学习的价值和意义，发展积极而良好的个性。这也是大学生心理健康研究的重要任务。

第三，研究并揭示导致大学生心理困惑、障碍与心理疾病的原因及其规律，针对影响心理健康的原因，展示预防的方法与手段，以求尽力防病于未然，并提高大学生自我保健的意识。这是大学生心理健康研究不可忽视的任务。

三、大学生心理健康教育的内容

大学生心理健康的研究是以大学生健康发展教育为主，心理疾病预防为辅的原则，积极主动地开展大学生心理健康教育工作。

（一）环境适应教育

无论是谁，面对环境的改变都要有一个适应的过程。要了解环境有哪些变化，有什么新要求，如何进行及时的调整，学会正视现实，提高心理承受能力，敢于迎接挑战。

1. 环境与角色的变化

（1）生活环境的变化。十七八岁的大学生，大多数没有单独外出的经验，第一次离开家门，许多的事情都要从头开始。

从生活方式来看，中学生大多数住在家里，不少人拥有自己的生活空间，起居由父母安排，除了学习，凡事不用操心；大学生活是集体生活，住宿舍吃食堂，凡事要靠自己处理。这种改变对缺乏独立生活能力的学生是一个严峻的挑战。

从生活习惯来看，饮食方面的差异，气候与语言环境的变化，作息制度与卫生习惯的不同，经济上安排不当等，都可能造成适应不良。

从生活范围来看，中学生生活领域较窄，基本上是从家门到校门。由于高考所施加的压力，学习便成了生活的中心内容，课余时间很少，校园生活单一，而进大学犹如来到"大世界"，丰富多彩的校园文化活动使新生目不暇接，生活的领域大大拓宽。

（2）学习特点的变化。从学习任务来看，中学是学习科学文化的基础知识，大学是培养科学技术的高级人才；从学习内容来看，大学生不仅要学习经典的、基础的理论知识，而且要学习科技最新发展的成果，学习内容多、任务重、范围广、要求高；从学习方式来看，中学学习的主要形式大多是以课堂讲授、灌输为主，学生巩固知识的主要方式靠做题，学生对老师的依赖较大；大学学习强调在教师启发下的自学，课堂讲授时间相对较少，学生自由安排自习、阅读、钻研学问的时间，要求学生独立思考、融会贯通，举一反三。学习方面的变化带来学生适应不良的现象非常普遍。

（3）人际关系的变化。中学时代人际关系的含义比较狭窄，而一旦成为大学生，人际关系就不那么单纯。复杂的交往环境决定了新型的人际关系不能仅从个人的好恶决定，必须学会与不同的人建立和保持协调的关系。

从人际交往的方式与对象来看，中学时代人际交往的对象主要是同窗好友、父母亲戚、老师，尤其是班主任每天与同学们见面，饥饱冷暖，学习成长样样关心，父母体贴入微，关怀备至。但是到了大学，从各地而来的同学素昧平生，生活在一个宿舍，脾气习惯各不相同，常常难以适应，知心难觅，师生关系也不像中学那么亲密，远离父母难诉衷肠。

从人际交往的要求来看，中学生大多依赖较强，不善交往，有父母的照顾和学习的压力，对友谊的渴望不那么强烈。进入大学，新的伙伴，新的环境，要求大学生独立地、主动地与各种陌生人交往，社会化要求急速提高，从大学生自身来讲对友谊的渴望度也愈加强烈，但由于交往技巧缺乏等原因，难以建立友好的关系，甚至发生不可避免上的人际冲突。

（4）管理制度的变化。主要体现在教学管理方法和管理系统方面的不同。

总之，从中学到大学的环境改变是一个客观事实。大学生活和中学生活相比，最大的特点是要求学生必须独立自主，无论衣食住行还是学习、交友乃至认识社会和人生，都需要更多地依靠学生自己的知识、能力去思考、判断、选择和行动。而这样的要求，作为刚刚离开中学校门的学生来说是要有一个适应过程。如果适应不良必定会带来心理问题。

2.适应过程中的问题

（1）角色改变导致自我评价降低。许多大学新生在中学是尖子，常受到老师的称赞，家长的夸奖，得到同学们的羡慕，是生活的中心和重心。然而到了大学，个个都有辉煌的历史，在新的集体中要进行新的排列组合，多数同学从中心角色向普通角色转变的过程中，自我评价会受到不同程度的冲击。这种冲击来自两个方面：与他人在学习成绩的比较和能力方面的比较。

成绩的好坏，一直是中学生评价自我和他人的重要标准。那些以"学习成绩不好个人价值就降低"信念支撑的学生，一旦学习成绩暂时落后，就会陷入否定自我，丧失自信心，许多人因此而失眠、神经衰弱或忧郁。

也有许多同学评价人的标准并非仅以成绩论长短，能力特长在实际生活中越来越受到重视。如一位大学生知识面很宽，或社交能力很强，或能歌善舞，或有体育专长，这些都能令人刮目相看。这会使一些只重学习成绩而缺少能力和特长的学生心理上产生不平衡感，也会对自己的认识和评价发生动摇。

（2）理想与现实差异导致失望迷惘。进大学以前，许多学生对大学生活了解甚少，往往凭想象，把大学生活描绘得过分理想化，抱有不切实际的幻想和过高的期望。一旦进入大学，就会发现现实生活中有许多不完善、不尽如人意的地方，与期望形成强烈的反差，从而使他们感到困惑、迷惘，产生失落感，情绪消极低落。

（3）人际适应不良导致孤独压抑。进入大学的学生更需要友谊，需要伙伴，但是入学前，他们与人相处的机会相对要少，经验也少；进入大学后，对新的人际关系的适应远比对学习和生活环境的适应要困难，特别是与周围同学的交往中，因缺乏经验、技巧而不善交往；因担心别人轻视自己而不愿交往；因异性相处而不敢交往；因性格内向孤僻而不会交往等，由此造成与他人难以沟通，感到非常压抑，所以有人说"年轻人的心比老年人更孤独"，为深深的孤独感所困扰。

3. 调整心态，迎接新生活

如何适应新的环境呢？建议从以下几面去努力：

（1）尽快提高生活自理能力。掌握和学习必要的生活自理能力，不仅是适应环境的要求，也是个人成长所必要的条件，应该看到自身在生活自理方面的不足是由于以前的依赖心理和环境造成的。上大学后应该一切从头做起，虚心学习，不怕失败，大胆实践，积累生活经验，自觉主动参与集体活动，学会自己照顾自己，独立处理生活与学习中的问题。

（2）摸索适应大学的学习方法。对大学学习不适应最容易产生情绪波动与自我评价偏差。摸索适应大学学习的方法，除了向有经验的高年级同学请教，接受任课老师的指导与辅导员老师的帮助外，大学生自身首先要正确认识大学学习的特点，克服过去依赖老师的习惯；其次应从个人实际出发，逐步摸索与自己水平、基础相适应的学习方法；再次注重自学能力的培养，学会自由支配时间，安排计划，养成预习、复习的习惯，善于抓住学习中的难点和重点，学会应用工具书，利用图书馆等条件。当学习中遇到困难时，不畏惧、不气馁，善于利用各种有限资源，逐渐走出困境。

（3）重新树立正确的自我形象。在大学新的坐标中，重新找到自己的位置，正确认识自己，重新估价自己，主动接纳自己，将会极大地影响学生的适应过程。在新环境下，首先要看到自己的实力，提高自信心。入学后，学习成绩相对下降以及表现不如以前突出并非个人因素的影响，没必要为自卑而丧失信心；其次，客观分析自己的优势与劣势，承认差距，看到长处，扬长避短，不事事处处苛求自己；最后，加强自我修养，学习他人的优点，取长补短，不断提高自我完善的目标。

（4）学习掌握人际沟通的技巧。面对来自各地，性格、习惯各异的同学，如何建立起协调、友好的人际关系，往往需要把握机会，学习沟通技巧。良好的人际关系来自交往双方相互尊重，相互理解，相互信任的态度，其次应采取积极的、主动的方式，与他人交往，在实践中改善人际关系。如果过于拘谨畏缩，缺乏交流沟通，人际关系便无从谈起。

（5）确定新的奋斗目标。高考的压力和就业的待定性，使大多数中学生只考虑近期目标，缺乏长远目标，眼睛盯着高考，不敢或极少奢想上大学以后的事情。进了大学，高中的近期目标已成为现实，新的目标又未确立，在一种前所未有的轻松感过后，不少学生感到茫然、空虚，进入了一个"动力真空带"或"理想间隙期"，出现松劲情绪。因此树立一个新的目标对即将跨进大学校门的学生非常重要。有这样一首诗"理想是石，敲出星星之火；理想是火，点燃熄灭的灯；理想是灯，照亮远行的路；理想是路，引你走向黎明。……理想就像罗盘，引导人生航船的方向；理想就像火箭，一程一程向前推进，才能达到最后的目标。"

（二）智力发展教育

了解智力发展的规律、特点和自身智力发展水平，通过培养学生的观察力、记忆力、想象力，以提高学生的思维能力，挖掘开发学生的智力潜力，掌握有效的、科学的学习方法，养成良好的学习习惯，提高学习效率，促进大学生智力发展。

1. 大学生学习心理障碍

（1）动机冲突。动机冲突是指个体在两个以上的动机同时存在而又无法同时获得满足时所产生左右为难取舍不定的心理状态。大学生的需求是多方面和多层次的，由此激发的动机也是各种各样的。有时有些需要和动机所指向的目标是一致的，可以同时获得满足，但有时也会不一致，无法获得同时满足，导致动机冲突，如既要学习，又要恋爱，当这两者发生矛盾，恋爱动机增强时，学习动机就会受到阻碍和干扰，导致学习退步。

（2）认知障碍。大学生认知阻碍主要有记忆阻碍与思维阻碍。记忆阻碍是指记忆力减退或对该记住的内容经常遗忘。思维阻碍是指思维僵化、自学能力和言语表达能力差，表现为听课、读书抓不住要领和重点，不会举一反三、触类旁通，不善于归纳和总结，拙于言辞或善侃不善写等。之所以产生认知阻碍，主要与大学生的学习兴趣、学习策略、学习方法、思维方式和科学用脑有关。

（3）注意障碍。有些大学生在学习过程中会出现注意减弱、注意涣散、注意转移困难、注意范围狭窄等注意障碍现象。注意减弱是指在无外界干扰，主观上想集中注意力，但还是集中不起来，表现为上课、看书或考试时经常走神。注意涣散是指注意力离开学习任务，而被无关刺激所吸引。注意转移困难是指对某一对象过分注意，该转移而不能转移，钻进在牛角尖出不来。注意范围狭窄是指注意不能合理分配，出现顾此失彼现象。注意障碍产生的原因有生理的，也有心理的原因。

2. 大学生的学习指导

对大学生的学习指导，主要是明确学习目标，摆脱学习困境，发挥其内在学习潜能，获得学习成功。根据大学生学习的特点，我们认为主要从以下几方面入手对大学生进行指导：

（1）确立正确的学习动机，把握学习方向。首先要确立优势学习动机。大学生首先要弄清楚"为什么要学习"这个问题，他一旦确立了优势学习动机，就能把握自己学习动机的实质和发展方向，抵御其他各种动机的干扰。当代大学生的优势学习动机，应当是"面向现代化、面向世界、面向未来，投身于建设中国特色社会主义伟大事业"这一富有时代特征和社会责任感的远景动机。大学生只有确立了这一优势学习动机，才会有刻苦学习的持久动力，才能抵御任何其他动机的诱惑和阻碍。其次要激发认知性动机和成就动机，认知性动机和成就动机能满足近期需要并对远景性的学习优势动机起强化作用，所谓认知性动机，是指当外界输入的知识、信息与学生原有的认知结构和期望产生不一致时，为了消除这种不一致而产生的行为动机。这是一个不断地从外界摄取知识、信息并将这些知识、信息纳入自己的认知结构之中的过程。所谓成就动机，是指激励学生努力克服障碍，施展才能，为自己认为重要的或有价值的工作去追求成功的一种内驱力，认知性动机和成就动机所追求的目标都是现实和近期的，一旦达到目标将进一步树立学生的自信心，强化优势学习动机。

另外，还要树立正确的世界观、人生观和价值观。世界观是人们对整个世界、人和社会的总的看法和理解，它是一个人信念、理想的高度概括，表明一个人在解释和对待世界时的立场、观点等方面的心理倾向。人生观是对个人生活的认识，其中包括恋爱观、婚姻观、价值观等。当大学生树立了"人的价值在于对社会的贡献"时，心胸必然开朗，一切动机冲突都可能减弱或消失，优势学习动机必然发挥出主导作用。

（2）激发学习兴趣，发挥内在学习潜能。教育家陶行知认为：学生有了兴趣，就肯用全部精力去做事，学与乐不可分。大学生的学习兴趣在学习中具有十分重要的意义，学习兴趣是大学生学习的内驱力，学习兴趣的激发必然有助于其认知水平的提高。兴趣的发展是一个"有趣—兴趣—志趣"逐步深化的过程。

首先寻找和发现"有趣"点。"有趣"是兴趣发展的低级水平，它往往是由某些外在的新异现象所吸引而产生的直接兴趣。大学生在学习过程中，应注意从每堂课老师所授的内容中，从所学专业或学科的发展前景、最新研究成果中寻找和发现"有趣"点，引发"好奇心"，逐步将注意力引向所学内容，通过一定的学习、研究而进入"乐趣"阶段。

其次，推动"乐趣"向"志趣"发展。"乐趣"是兴趣发展的中级水平，它是在"有趣"的基础上逐步形成的，它的持续时间较长，但它还不足以推动个体为了某种目标而奋斗终生。只有当兴趣上升到"志趣"阶段，才会使个体全身心地投入到学习中去。"志趣"是兴趣发展的最高水平，它与崇高的理想和远大目标紧密结合在一起。大学生在学习过程中，不能仅停留在"乐趣"阶段，应树立崇高的社会理想和学习目的，将学习兴趣发展到"志趣"阶段。从一定意义讲，学习只有与理想、目标相一致，才能促进学习兴趣的不断深入发展，才能促使大学生长期保持旺盛的学习精力。

（3）掌握有效的学习方法。如何学习是学生进入大学首先要学习的一课，学生可以根据自己的学习特点选定一种或几种适合大学学习的方法。为了提高学生的自学能力，可以指导学生学会如何读书、做笔记、利用图书馆、制订切实可行的学习计划并合理安排课余时间等。

（4）培养创造性思维。创造性思维是指学生独立地获取或发现知识，并运用知识和技能不断解决问题的能力，创造性思维过程具有强烈的探索动机，经过质疑、假设、推理、验证等阶段，以达到对事物的深刻认识。创造性思维的特点是求异、独创、新颖和深刻性。它能激发出想象和灵感，活跃思维。培养大学生创造性思维能提高其学习的主动性和积极性，大大地提高其认知水平和学习效率。培养的途径和方法可以有：积极参加科研和社会实践活动，提供一个运用所获得的知识去独立地、创造性地解决问题的机会；敢于提出与众不同的疑问，激发丰富的想象力和灵感，学会深刻地揭示事物的本质并加深理解；敢于发表与众不同的观点，在学习与实践的基础上，不断地追求真理，突破书本框框，突破老师的思想观念，这才可能培养创造性思维。

（5）科学用脑，劳逸结合。指导大学生在紧张的学习过程中，注意科学用脑，利用记忆规律，提高学习效率，做到劳逸结合，力戒"疲劳战术"，提倡"积极性休息"。疲劳现象，从生理角度来说，是大脑高级活动的相应部位产生的一种保护性抑制，即警告你不能再干了。如果勉强学习不仅学习效率低下，而且会打破大脑皮层的兴奋与抑制的平衡，导致心身疾病。提倡"积极性休息"，使大脑皮层活动低耗高效，不易产生疲劳，提高记忆力和思维力，从而提高学习效率。

（6）注意考试心理卫生，掌握应试技巧。考试是大学生学习生活的重要方面，考试焦虑或紧张是大学生中普遍存在的心理问题，产生考试焦虑往往与生理、认知评价、知识经验、应试技能、外在环境等多方面因素有关。

第一要端正考试动机。明确考试只是衡量自己掌握知识程度的手段之一，考试的目的是为了巩固所学知识，检验知识掌握情况，以此来更扎实地掌握文化知识。

第二要保持身体健康。考前复习阶段和应试阶段，要充分保证有足够的睡眠时间，适当增加营养，可以进行运动量较小的体育锻炼，做到劳逸结合，保证有充沛的精力、清醒的头脑和强健的体魄。

第三要增强应试信心。要分析并看到自己的优势和长处，对自己树立起信心，相信以自己的知识水平完全能考出好成绩，同时根据自己的实际水平和基础，制定切合自己的努力目标，不做过高期望，减轻心理压力。目标一旦达到，更能增强应试信心。

第四掌握应试技巧。知识水平相当时，学会运用应试技巧，能有效消除应试焦虑和怯场，比如，对应试心中有数，考前对考试题型、解题思路、答题要点以及评分标准要做到心中有数，应试时要注意倾听老师的说明，尤其是对老师交代的试题中出现的错误要及时更正，以免紧张时遗忘；平静放松，当心里感到紧张时，可以做深呼吸等放松训练，情绪稳定后再去答题；答题中采用先易后难等技术，以保证用平静、放松的心情考试。应试心理调适的方法因人而异，根据自己的具体情况进行调适。

（三）人际关系和谐教育

了解人际交往和人际关系的基本知识与技能，学会与他人交往，优化人际关系，学会共同生活。从心理咨询和大学生的日常生活不难从中发现，有的大学生因缺乏人际交往技巧和人际交往经验，有的因性格内向或对人际交往的认知偏差等原因，从而导致大学生人际关系的紧张。大学生人际交往存在多种多样的问题，可以概括为六种类型：不敢交往、不愿交往、不善交往、不易交往、不利交往、不懂交往。

1. 大学生人际交往的心理因素

（1）认知障碍：晕轮效应。晕轮效应又称光环效应，是指人们仅仅依据某人身上一种或几种特征来概括他在其他方面一些未曾被了解的人格特征的心理倾向。在人际交往初期，人们往往会利用少量的资料信息对别人做出广泛的结论。晕轮效应较大的知觉偏差在于将外貌特征作为人的个性品质认知的根据。有资料表明，男女大学生往往为那些长相比较动人的人设计更美好的未来，赋予更多理想人格。但以外表作为交往的基础难免会有不利的后果。首因效应。首因效应又称优先效应或第一印象，是指人们初次对人的知觉所形成的印象往往深刻牢固，并对以后的人际知觉起指导作用。如某人在初次会面时给人留下了良好的印象，这种印象就会在很长一段时间内影响人们对他以后的一系列心理与行为特征的解释。近因效应。近因效应是指最近的信息对人的认知具有强烈的影响，最后留下的印象比较深刻。一般来说，人际交往中第一印象和最近印象对人的影响都是比较重要的。近因效应在大学生日常生活中也是经常可见的，如平时宿舍卫生搞得不好，待卫生检查时突击一下，争取留下一个好印象。比较而言，在对陌生人的知觉中，首因效应较明显；而对熟悉的人或分别很久的人的认知中，近因效应则更明显。近因效应同样具有很大的片面性，妨碍对人的正确认识。刻板效应。刻板效应表现为在人际交往中有些人习惯于机械地将交往对象归于某一类群体中，不管他是否表现出该类群体的特征，都认为他是该类群体的代表，而总是把对该类群体的评价强加于他，从而影响正确的认知。尤其是在这类评价带有偏见时，就可能损害人际交往。比如，一般来看，北方人体格健壮、性格粗犷、为人忠厚，南方人体质羸弱、性格拘谨、为人刁钻，这种刻板印象容易形成大学生人际交往的心理定式，从而妨碍良好人际关系的建立。投射效应。投射效应是指把自己具有的某些特质加到某人身上的心理倾向，即"以己之心，度人之腹"，认为别人和自己一样有着相同的好恶，相似的观点，比如，心地善良的人总以为别人也都是善良的，一个经常说别人坏话的人总以为别人也在背后说他的坏话。投射效应有时会有利于人们相互理解，有利于人们进行自我心理调节，但有时也会适得其反。比如，大学生的单恋现象中，由于投射效应的作用，他往往倾向把对方表现出来的并不具有特定含义的信息解释成："他对我有意"，于是鼓足勇气向其表白，结果遭到拒绝，但他仍然固执地认为对方是不好意思。从众效应。

从众效应是指在社会群体的压力下，个人放弃自己的意见而采取与大多数人保持一致的行为，如同一个宿舍中某个人，尽管此人有许多优点值得自己与他交往，因为同学们都不喜欢他，自己也就远离他，孤立他，放弃与他的交往。事实上，从众效应影响一个人主动地去建立自己的人际关系，使人际交往活动处于被动状态。这样，一方面容易导致交往的失败，另一方面也易造成内心的压抑，不利于自己的心理健康和人际交往的顺利发展。

（2）情绪障碍。在我们日常交往中，情绪总是伴随着我们的行为出现，离开了情绪的共鸣我们的生活是无法想象的。人际交往中健康的情绪应该是适时、适度的，也就是说，应当与引起情绪的原因及情境相称，并随客观情况的变化而变化。

若情绪反应过于强烈，则会表现出不分场合、不分情境、不看对象、不顾轻重地恣意纵情行为。积极型的情绪如欢愉之情，有时也会带来消极性的效果。如与不熟悉的人初次见面，就像老朋友一样勾肩搭背会使人觉得轻浮可笑。消极型的情绪如恐惧、愤怒、嫉妒等，比如无论什么场合，跟什么人打交道，总是面红耳赤、局促不安，处于紧张状态中；受一点损伤就过分悲伤，遇到一点不公平的待遇就愤怒不息、大发雷霆等情绪反应不适度，就会造成人际交往障碍。

若情绪反应过于冷漠，对本可以引起喜怒哀乐的事情无动于衷，不能与大家一起引起感情的共鸣，在交往中会被认为麻木、无情。

还有一种是与一般正常人情绪相反的倾向，称之为逆向情绪。若非神经病症则多半是故意做作。如大家高兴时他却在一旁暗自落泪，别人因不幸而伤心时他却在一旁兴高采烈。这种表现常给人以"缺乏人性"的感觉，极易引起别人的厌恶。以上这些不良情绪都会影响大学生的人际交往。

（3）人格缺陷。大学生人际交往中，人格因素至关重要，但不良的人格特征或人格缺陷容易给对方不良的评价、不愉快的感受和不安全感，从而影响人际间的交往。

一些较常见的人格缺陷和特征如：为人虚伪；自私自利；不尊重人；报复心理；嫉妒心强；猜疑心理；苛求于人；过分自卑；骄傲自满；孤独固执等。这些人格缺陷严重影响着大学生的人际交往，因此，健全大学生人格非常必要。大学生的人格尚未定型，还具有很大的可塑性，进行自我改造和自我完善是完全可能的。

（4）能力因素。对大学生来说，人际交往的能力欠缺也是影响人际交往的原因之一，甚至是主要原因。有一些大学生在日常生活中已体会到人际交往非常重要，但是由于平时忽视了对人际交往能力的锻炼，往往是想关心别人却不知从何做起；想赞美别人却不知从何开口；想协调人际关系却越协调越复杂；想表现自己却又总出洋相；想与人为善但控制不住自己的冲动而言语生硬。

2.大学生人际交往的指导

大学生人际交往能力的提高，关键是靠自己有意识地培养和锻炼，要多动脑筋多交往。人际交往的能力是一个人的知识、人品、修养以及各种心理能力的综合，反映了一个人的综合素质。

（1）遵循交往的原则。每位大学生都要与不同的人进行交往，虽然交往的对象、环境千差万别，但在交往的过程中还是有一些基本不变的规范、原则可以遵循。遵守以下这些原则，人际交往就能得以顺利进行，良好的人际关系就便于建立。

①平等原则。平等是建立良好人际关系的前提，也是人际交往的第一原则。苏霍姆林斯基曾经指出，不要去挫伤人的心灵中最敏感的东西——自尊心。因为人人都有自尊心，人人都需要得到别人的尊重。因此，缺乏平等待人的观念，就不能顺利地与他人进行人际交往。②相容原则。相容原则是指人们对交往关系的满意，对交往对象的喜爱，以及双方愿意或经常有形或无形的心理接近。相容不仅表现在一个有自信心、开朗、豁达的人对他人的谦和、忍让，还表现在对他人的理解、关怀和喜爱上。心理相容原则要求人们在相互工作、学习、生活中，要注意双方的接近，适当地增加双方的交往频率。③互利原则。互利原则就是指交往双方的互助互利。人际交往就是指交往的双方为了满足某种需要而进行的交流或联系。也就是说，只有在满足双方需要时，人际交往才能顺利发展。互利原则要求我们在人际交往中，了解对方的价值观倾向，多关心、帮助他人，并保持对方的得大于失，从而维持和发展与他人的关系。④信用原则。讲信用是处理好一切人际关系的基础，是从道德方面对人际关系提出的要求。信用是指一个人诚实、不相欺、遵守诺言，从而取得他人的信任。在现代社会竞争日趋激烈的情况下，信用原则尤为重要；对于每一个立志成才的大学生来说，信用将使你的形象更添光彩。在人际交往中，与守信用的人交往有一种安全感，与言而无信的人交往内心则充满着焦虑和怀疑。

（2）建立良好人际关系的方法和艺术。把握交往尺度。任何事物都有一个度，超过了"度"就会改变事物的性质，带来不良的后果。人际交往固然有许多功能，也要交往有度，要有所选择。所以，人际交往不仅要遵循一定的原则，还要注意把握人际交往的尺度。社会学家提出，正确的交往应该具有"四度"，即向度、广度、深度和适度。

向度，是指交往的方向性，即同哪些人交往，交往的目的是什么？交往应该是有目的、有选择的，交往的对象不是多多益善的。因此，大学生交往要有选择。

广度，是指交往的范围，包括人数多少，时间范围的大小。大学生的交往不仅要重视横向联系也要重视纵向联系。因为交往有利于青年人的人际交往向深度发展。

深度，是指交往的程度和频率。依据人际交往距离选择人际交往的频率。对待与自己人际距离比较近的人，应该采取较高的交往频率，多交往多保持联系，以保证彼此之间友好关系的不断发展；对待人际距离较远的人，起初应采取较低的交往频率，逐渐地相互了解，相互认识，在逐渐增多的交往中不断增进彼此之间的感情，从而使人际距离越来越近。

适度，实质就是一个交往质量的问题。交往要有适度，一方面，要处理好交往和其他社会活动的关系，不能让精力白白花费在无益的交往活动中；另一方面，就是处理好与不同的交往对象之间的关系。因为有度，就会在有限的交往中，努力去追求交往质量，深化交往的内容，提高交往的时间效益。

（3）运用人际交往的基本技巧。例如，给人留下良好的"第一印象"的技巧；学习交谈的技巧；听的技巧；说的技巧和批评的技巧；拒绝的技巧等。

总之，大学生要建立和谐的人际关系，必须着力培养自己的交往能力，可以从这几方面入手：一要培养广泛的兴趣和爱好，交友就有吸引力，交往内容就丰富、生动，交往面就会扩大；二要勤奋学习，学习书面知识，能使自己的知识面广、知识结构新，交谈时会言之有物，学习交往知识，会提高自己的修养，增强吸引力；三要善于实践，要大胆参加交往活动，特别是校园文化活动和社会实践，从中锻炼和培养各种交往能力。

（四）健康恋爱观教育

了解性生理和性心理的基本知识，正确处理恋爱中的心理问题，建立健康恋爱观，上好人生必修课，促进大学生人格完善和健康成长。

1. 大学生恋爱与性心理特征

大学生处于青春萌动期又叫思春期，是人生很有特色的时期。青春萌动期性心理的发展大致要经过四个阶段，每个阶段各有特点。

第一阶段是少年的异性排斥期。这一时期的少年性心理表现出一种本能的朦胧的特点。随着第二性征的出现，他们开始意识到两性的差异和两性的关系，男女之间那种两小无猜的单纯没有了，对异性采取疏远回避的态度，男女之间界限分明，特别忌讳在同伴面前与异性接触，似乎表现他们对异性非常排斥，实际上排斥的背后是吸引。

第二阶段是青年初期的"牛犊恋"期。这一时期的少男少女，由于生理方面进一步成熟，也就产生了许多关于性的疑惑，而社会、学校、家庭对此讳莫如深或严加压制，使他们对性的好奇心被不正常地强化了，对性更充满了神秘感，对有关性的各种信息极为敏感，更注意两性之间的特殊感情和关系。这是因为同龄男女处于大致相同的生理发育阶段，心理状态也基本相同，双方都有互相探索对方奥秘的愿望，各自又把自己心理紧紧地封闭起来，害怕让对方知道，这就无形地形成了两个封闭的阵营。

第三阶段是青年中期积极接近异性的狂热潮。这个时期的青年男女，由于生理发育已经日渐成熟，社交圈子范围扩大，知识日益增多，没有必要装模作样疏远异性了，对异性由内心向往渐渐转化为外在行动，常以种种方式主动接近异性，并希望得到对方的积极反应。特别注重自身在异性心目中的现象，注重衣着打扮、仪表修饰，讲究体型美，爱照镜子，对脸上的粉刺很敏感，常为自己缺乏吸引异性的魅力而苦恼。

第四阶段是青年末期的浪漫恋爱期。这一时期的青年，由于知识的增多，思想日趋成熟，已初步形成自己的性道德观和恋爱观。社会舆论对这一时期两性青年交往的压力大大减轻了，自身的成熟也使他们学会了如何正确对待社会舆论。男女青年开始了广泛的交往接触，建立友谊，物色意中人，最后把爱情集中在某一个异性身上，与自己所喜欢的异性单独活动，开始了热情浪漫的恋爱生活。

此时大学生恋爱的特点有：

浪漫性。大学生在恋爱过程中较多的是重视对方的人品、才学和感情，谈论的话题大多是人生、社会、学习等，追求丰富多彩的精神生活，而很少涉及家庭、经济等现实问题，从而使得大学生恋爱富有浓厚的浪漫气息。

冲动性。大学生恋爱有很明显的冲动性。一方面表现在感情发展较快，从大学生初恋到热恋，很难找到一个明显的分界线，过渡期很短，便很快达到了高潮，称为"快餐式恋爱"。约会相当频繁，形影不离。另一方面，表现为情感的强度大，不易控制，对亲吻、拥抱等行为要求迫切，有的还冲破理智的防范出现越轨行为。

公开性。如果说在传统大学校园里谈恋爱还是一种"地下活动"的话，那么，改革开放后外来文化的引入，在今天，大学生谈恋爱已经没有什么秘密可言了。"谈恋爱""找对象"已经成为大学生茶余饭后和"卧谈会"的热门话题，对花前月下、勾肩搭背、亲吻拥抱、餐桌上同盆而食等现象，学生也很少有惊讶之色。

轻率性。大学生恋爱的轻率性，一方面表现为仓促上阵，没有形成完整统一的择偶标准，有许多学生只是在好奇心、神秘感、性冲动或效仿心理促使下与异性一拍即合，并出现恋情的。一旦恋爱受挫，造成不应有的苦恼和焦虑。另一方面，表现在恋爱的动机是为了寻找一个避风港，摆脱自身的孤独感和情感危机。由于恋爱的轻率性，使得大学生恋爱基础十分脆弱，经不起时间和理性考验，广种薄收，甚至只种不收，出现了高失败率，导致大学生"恋场悲歌"。

竞争性。有的学生受西方恋爱方式的影响，不顾中国的传统文化、伦理道德，在两人的爱情世界里敢于发起挑战，有的崇尚情场实力论，敢于群起而爱之。"情敌"之间，钩心斗角，争风吃醋。少数学生置学业于不顾，把追逐异性当作一种乐趣，这是一种不道德的恋爱行为。

自主性。大学生脱离了家庭生活，自主自立意识明显增强，表现在恋爱上也是自由恋爱、自己做主。由于大学生恋爱的自由性很强，可以根据自己的标准自由地寻找"意中人"，但又由于缺乏成人的指导，往往使爱情无法摆脱挫折。

2.大学生恋爱与性心理的困扰

我国大学生恋爱与性心理的困扰主要包括以下几方面：

（1）性认识的偏差。一种是性知识的缺乏，认为性是神秘、可耻、污秽、禁忌的，对性充满恐惧；一种是忽视性的社会属性，两性交往缺少责任，抱着"玩"的态度，将性与爱割裂开来。

（2）性冲动的困扰。性冲动是青年男女生理心理的正常反应，但许多人对此难以接受。一方面是性的自然冲动，另一方面是对性冲动持否定、批判态度，于是就形成了深刻的矛盾。有的人压抑自己，有的人寻求不正常的发泄途径。从心理卫生观点来看，大学生对性冲动的适应首先应接受其自然性和合理性，越是不能接受、越压抑、越矛盾，性冲动有时会表现得非常强烈或表现为病态。

（3）性焦虑和性行为的困扰。性心理的矛盾冲突以及各种不适应就会产生焦虑。比如，由于对性知识缺乏充足的了解而产生对个体的体形、性功能、性自慰和婚前性行为而产生焦虑不安。

（4）爱情错觉。所谓"爱情错觉"，就是自以为异性爱上自己的主观感觉。它的产生主要是受对方的言谈举止的迷惑和自身的各种主观体验。这种"爱情错觉"就是一厢情愿式的爱情，俗称单相思。"单相思"的人由于自己有意，心理上就造成一种定势，即把对方的一言一行、一举一动都视为对自己有情，实际上是在自我观念之中搞热恋，一旦发现对方并无此意，往往在精神上蒙受痛苦。

（5）恋爱嫉妒。恋爱嫉妒是由于拒绝他人分享自己的爱情，害怕所爱的人感情转移而产生的一种心理和行为状态，这种嫉妒的基础是爱。因为恋爱具有排他性，而大学生相比其他人有更高的敏感性，由猜疑导致嫉妒而影响大学生的情绪。

（6）网恋。网恋现象在高校越来越多，带来表错情、认错人、交错友，导致失身甚至凶杀案件均有发生，这是高校大学生中一种新型恋爱方式。

（7）失恋。由于大学生易受感情冲动，缺乏处理恋爱中情感纠葛的能力，因此，一旦恋爱失败则易表现出难以自持，陷入悲观的旋涡，无法自拔。

3. 大学生恋爱与性心理的调适

恋爱，是大学生们永恒的热门话题，这是青春期生理、心理发展的需要。爱情的萌生也是他们逐步走向成熟的标志。然而，由于众多的原因，大学生在恋爱中往往把握不住自己的爱情而走进误区。走出恋爱与性的误区，谱写自己美好的青春颂歌，是每个青年大学生的良好愿望。

（1）科学地掌握性知识。通过学习，使大学生知道性是人的自然属性，同时又要符合社会规范，学会以科学的态度对待性的问题，如性的自慰、性的冲动以及性倒错等。

（2）树立正确的恋爱观。正确的恋爱观念就是自己对待恋爱正确的看法和态度。要培养大学生自然、友好、文明地与异性交往的能力。爱情是人生百花园中一朵鲜丽的花，需要健康的个人修养与素质去培育。健康的人谈健康的恋爱，建立健康的家庭，培育健康的后代，造福人类社会。

（3）正确对待失恋。既然恋爱，就有可能失恋。失恋的痛苦会造成一个人的情绪低落，心情压抑。面对失恋的打击，及时调整自己的心态，尽快摆脱低落情绪，是一个人成长的过程。学校的老师和心理辅导人员要帮助学生走出情绪的低谷，学生个人也可以找同学倾诉。更重要的是打破其现有痛苦的状态，面对新生活，增强愉快生活体验，走出自我闭锁的小圈子。

（五）择业求职的心理教育

对即将毕业的大学生来说，选择职业是人生路上面临的一次重要抉择。大学生择业是一个选择与被选择的过程。面对选择与被选择，竞争日益激烈的就业市场，毕业生在择业过程中，常常会出现种种惶惑和不安，轻则影响择业的成功，严重时甚至会干扰正常的学习与生活，影响身心健康。

1. 大学生择业的矛盾心理

（1）理想与现实的矛盾。大学生在择业中对理想的追求更加强烈，更加远大，他们踌躇满志，豪情满怀，但个人理想往往脱离客观现实与主观条件。在择业中他们并未真正思考自己理想与现实之间的差距，也较少考虑所定的目标是否有利于个人的发展，甚至不了解自己的气质、能力、兴趣适合于何种工作，因而出现理想与现实之间的矛盾。

（2）"鸡头"与"凤尾"的矛盾。在大学生中经常会发生做"鸡头"还是做"凤尾"的辩论，也就是到小地方做人才还是到大地方做闲人。在大城市或者沿海开放城市，经济发展迅速，机遇相对较多，但这类地区人才相对饱和，在这些地方工作只能做"凤尾"。相反，一些中等城市和广大农村地区，人才相对匮乏，本科生都不多见，到这样的地方工作，必然会做"鸡头"。然而，"鸡头"虽好但是吃苦较多，"凤尾"虽然埋没人才但很安逸，这是一个矛盾，对于许多毕业生来说，它是一个"两难选择"。这样的矛盾不仅表现在择业地域方面，也表现在对工作单位的选择上。

（3）所学专业与未来工作的矛盾。不少大学生对自己的专业看得很重，在择业中只要是专业不对口就认为不适合自己，于是就产生了所学专业与未来工作的矛盾。当前，许多大学都在强化对本科生的基础知识的培养，一些高校对入学新生不分专业，这些做法都是在淡化本科生的专业意识。国内许多大公司更是对专业看得很淡，如"宝洁公司"在招收毕业生时就根本不限制专业，仅对应聘者进行基本能力测试和面试。

（4）择业工作与继续求学的矛盾。在高校中，考研的学生逐年递增，这一方面是因为大学生已经全面认识到知识带来的重要性，另一方面也说明学历在择业中仍然起着举足轻重的作用。大城市对学历的限制比较严，好单位也要求高层次人才，因而，不考研就很难找到好工作。但择业与继续求学之间常存在矛盾，一是时间上的矛盾，二是用人单位制造的矛盾（声明自己考研的毕业生往往签不到单位），这两方面的矛盾解决不好，很可能既耽误了考研又延误了找工作。继续求学还包括是在国内还是到国外求学，也会带来内心的焦虑与冲突。

（5）亲情与爱情的矛盾。亲情与爱情的矛盾也是毕业生经常遇到的烦恼。现在的大学生中独生子女增多，父母大多希望他们毕业后回到自己身边，尤其是女生，家长不放心她们独自在外地生活。那些在读书期间谈恋爱的大学生们，毕业时为了能到一起，想尽了办法，但由于父母的期盼，又增添了许多烦恼。男生希望女生到自己家乡落户，女生却希望男生到自己父母身边安家，即使双方妥协，双双留在外地，却又伤了亲人的心。

2. 大学生择业的心理误区

就业制度的改革，使大学毕业生面临着巨大竞争压力，大学生心理矛盾的扭曲和沉积，往往使大学生在心理上出现种种困惑和不适应，产生心理误区，主要表现有：

（1）对现状不满意，引起心理失衡。就业制度改革给广大毕业生提供了良好的机遇，受到了普遍的欢迎，但有一部分大学生对改革后的就业制度仍觉得力度不够，可选择的余地太小，他们希望改革能一步到位，就业能全部放开。而社会不正之风等腐败现象的存在，使得部分毕业生对现状不满，引起心理失衡。

（2）只顾眼前利益，忽视个人发展。由于受市场经济大潮的影响，一部分大学生择业的过程中只顾眼前利益，过分注重经济效益，讲究实惠，忽视个人的发展。在与用人单位洽谈时，有些毕业生首先问及的是单位的效益如何，待遇怎样，住房能否落实，奖金是否高；有的同学认为"前途、前途，有钱就图"，"对不对口无所谓，只要能挣大钱"，在择业中表现出急功近利的趋势。

（3）渴望竞争环境，缺乏竞争勇气。毕业生就业制度的改革，为广大学生择业提供了公开、平等的竞争环境。但也有一些大学生感到不适应，缺乏竞争的勇气，长期形成的"等""靠""要"的依赖心理一时还难清除，然而面对竞争，他们顾虑重重，一些毕业生在择业过程中遇到困难，就一蹶不振、压力重重，失去了竞争的勇气。

3. 困扰大学生择业的几种常见心理现象

大学生在择业中出现的矛盾心理以及心理误区，如不能得到及时的疏导宣泄，则可能发展成为阻碍择业成功的不良心理结构，使人失去应有的心理平衡。

（1）焦虑。焦虑是由紧张、不安、焦急、忧虑、恐惧等感受交织成的情绪状态。绝大多数大学生在择业过程中，或多或少会出现焦虑。优秀学生焦虑的问题是能否找到实现人生价值的理想单位；成绩不佳的学生焦虑的是没有单位选中自己怎么办；来自边远地区的同学为不想回本地区而焦虑；恋人为不能继续在一起而焦虑；女同学为用人单位"只收男性"而焦虑；还有一些大学生优柔寡断，竟因不知自己毕业后向何处去而焦虑。如果焦虑不能得到及时地缓解，就有可能向病态发展，表现出情绪紧张、心情紊乱、注意力不能集中、身心疲倦、头昏目眩、心悸、失眠等症状。

此时，焦虑不但干扰了大学生正常的生活、学习和娱乐，还成为择业的绊脚石。

（2）自负。自负心理是过高地估计个人的能力，失去自知之明。一部分毕业生自认为是"天之骄子"，在择业过程中，总是抱有洋洋自得、自负自傲的心理。面试时，夸夸其谈，海阔天空，给用人单位留下浮躁、不踏实的印象。在自负心理的支配下，不少大学生的择业观念不正确，心理定位偏高，结果高不成低不就，迟迟不能落实单位。看到别人都签了约，他们常常会牢骚满腹、怨天尤人，对社会、学校和他人都可能怀有不满情绪。

（3）自卑。自卑心理表现为对自己的能力评价过低，看不起自己。一些性格比较内向，不善言辞，成绩平平的学生面对择业市场，常常产生自卑心理，不敢大胆推荐自己，认为自己竞争力不够。有些大学生不能客观地认识自己，在择业中缺乏自信心，勇气不足，他们会认为自己相貌不好，怕用人单位以貌取人，更害怕被用人单位拒绝而无地自容。强烈的自卑心理会成为他们择业乃至生活的最大障碍。

（4）怯懦。怯懦者害怕面对冲突，害怕别人不高兴，害怕伤害别人，害怕丢面子。所以在择业时，因怯懦，他们常常退避三尺，缩手缩脚，不敢自荐。在用人单位面前他们唯唯诺诺，不是语无伦次，就是面红耳赤、张口结舌。在公平的竞争机遇面前，由于怯懦，他们常常不能充分发挥自己的才能，以至于败下阵来，错失良机，于是产生悲观失望的情绪,导致自我评价和自信心的下降。

（5）依赖。在择业中,有的大学生对自己缺乏清醒的认识,择业依赖父母,依赖社会关系,依赖学校和老师。在人才市场上,父母代替子女、朋友代替自己与用人单位洽谈的场面屡见不鲜。他们缺乏自我选择决断能力,不能积极主动地去竞争,去推销自己。由于大多数毕业生不能通过他人的关系找到工作,因而,依赖心理往往成为择业的又一绊脚石。

4. 大学生择业求职的心理调适

大学生进行自我心理调适一般有以下三方面途径:

（1）树立自信心。在大学时应注意培养自己良好的人格品质,培养自信乐观,自强不息,宽容豁达,开拓创新等品质,树立自信心,在求职中遇到挫折困境时,要相信自己的能力,不被暂时性的困难所吓倒,对自己抱有合理而坚定的信心,定能达到理想的彼岸,同时要适时调整自己的不良心理,对求职的期望不要定太高,保持实事求是,知足常乐的心理。

（2）培养独立性。第一,要培养自己独立生活的能力,学会自立。第二,要注重培养独立处理学习、生活、应付工作的能力。第三,要在思想上和心理上走向独立。思想上要有自己独立的见解;心理上要树立自信心,无论身在顺境还是逆境都能坦诚地对待自己,做到自尊、自爱、自信、自强,保持乐观进取,积极健康的心态。

（3）不怕挫折。大学生在求职过程中应保持健康稳定的心理,积极进取的态度,遇到挫折,不要消极退缩,敢于向挫折挑战,知难而进,百折不挠。而那些一遇挫折就偃旗息鼓的人,只能半途而废,永远不可能成功。

下面介绍几种常用的心理调适方法,供大学生在择业过程中,根据自己的实际情况有选择地加以使用。

（1）自我激励法。自我激励法主要指用生活中的哲理、榜样的事迹或明智的思想观念来激励自己,同各种不良情绪进行斗争,坚信未来是美好的,因为失败、挫折已经成为过去,要勇敢地面对下一次,尽可能地把不可以预料的事当成预料之中的,即使遇到意外事件出现或择业受挫,也要鼓励自己不要惊慌失措,冲动,急躁,而是开动脑筋,冷静思考,寻找对策。大学生在择业过程中,要相信自己的实力,通过自我激励,增强自信心,消除自卑感,保持良好的情绪和心态。

（2）注意转移法。注意转移法即把注意力从消极情绪转移到积极情绪上。当不良情绪出现时,可以采取转移注意力的方法寻找一个新颖的刺激,激活新的兴奋中心以抵消或冲淡原来的兴奋中心,使不良情绪逐渐消失,如听听音乐、参加体育运动、自我娱乐、接受大自然的熏陶、参加有兴趣的活动等,使自己没有时间沉浸在因各种原因引起的不良情绪反应中,以求得心理平稳。

（3）适度宣泄法。当遇到各种矛盾冲突,引起不良情绪时,应尽早进行调整或适度宣泄,使压抑的心境得到缓解和改善。宣泄的较好方法是向你的挚友、师长倾诉你的忧愁、苦闷,使不良情绪得到疏导。在倾诉烦恼的过程中,可以获得更多的情感支持和理解,获得认识和解决问题的新思路,增强克服困难的信心。也可通过打球、爬山等运动量较大的活动，消除压抑心理，恢复心理平衡，但应注意场合、身份、气氛，注意适度，宣泄应是无破坏性的。

（4）自我安慰法。自我安慰法又称自我慰藉法，关键在于自我忍耐。在择业中大学生常常会遇到挫折，当经过主观努力仍然无法改变时，可适当地进行自我安慰，以缓解动机的矛盾冲突，解除焦虑、抑郁、烦恼和失望情绪，这样有助于保持心理稳定。在因挫折而有情绪困扰时，可用"亡羊补牢，未为晚也""塞翁失马，焉知祸福"等话语来做自我安慰，以解脱烦恼。

（5）合理情绪疗法。合理情绪疗法认为，人们的情绪困扰是由于不正确的认知即非理性信念所造成的。因此，通过认知纠正，以合理的思维方式代替不合理的思维方式，就可以最大限度地减少不合理的信念给人们的情绪带来的不良影响。大学生运用合理情绪疗法时要把握三点：第一，要认识到不良情绪不是源于外界，而是由于自己的非理性信念所造成的；第二，情绪困扰得不到缓解是因为自己仍保持过去的非理性信念；第三，只有改变自己的非理性信念，才能消除情绪困扰。

自我调适的方法还有很多，如环境调节法、自我静思法、广交朋友法、松弛练习法、幽默疗法等。这些都是应变的一些方法，但是最主要的是毕业生要树立正确的择业观，对择业要充满信心，要注意磨炼自己的意志，培养乐观豁达的态度，不要惧怕困难、挫折，要始终保持积极向上的精神状态和健康的心理。

参考文献

[1] 布鲁纳.教育过程 [M].上海师范大学外国教育研究室译.上海：上海人民出版社，1973.

[2] 布鲁纳.教育过程 [M].北京：文化教育出版社，1982.

[3] 车文博.心理学 150 问 [M].沈阳：辽宁人民出版社，1987.

[4] 陈鹤琴.儿童心理之研究 [M].北京：商务印书馆，1925.

[5] 陈琦，刘儒德.当代教育心理学 [M].北京：北京师范大学出版社，1997.

[6] 陈琦.教育心理学 [M].北京：高等教育出版社，2001.

[7] 恩格斯.自然辩证法 [M].北京：人民出版社，1971.

[8] 达尔文.人类和动物的表 [M] 情.北京：科学出版社，1958.

[9] 杜威著.我们怎样思维 [M]·经验与教育.姜文闵译.北京：人民教育出版社，1991.

[10] 郭德俊.教育心理学概论 [M].北京：警官教育出版社，1998.

[11] 何更生.语文学习和教学设计（中学卷）[M].上海：上海教育出版社，2004.

[12] 胡启先.当代大学生社会心理问题及对策 [M].南昌：江西人民出版社，1999.

[13] 黄希庭.大学生心理学 [M].上海：上海人民出版社，1988.

[14] 黄希庭.心理学 [M].上海：上海教育出版社，2004.

[15] 贾晓波.心理健康教育与教师心理素质 [M].北京：中国和平出版社，2000.

[16] 李伯黍.教育心理学 [M].上海：华东师范大学出版社，2001.

[17] 李旷等.教师的工作积极性 [M].济南：山东教育出版社，1987.

[18] 李山川.大学教育心理学 [M].合肥：中国科学技术大学出版社，1991.

[19] 李维.认知心理学研究 [M].杭州：浙江人民出版社，1998.

[20] 刘维良.教师心理卫生 [M].北京：知识出版社，1999.

[21] 刘兆吉.高等学校教育心理学 [M].北京：北京师范大学出版社，1995.

[22] 罗伯特·格拉泽编.教学心理学的进展 [M].杨琦等译.北京：华夏出版社，1989.

[23] 皮连生.智育心理学 [M].北京：人民教育出版社，1996.